易学文化丛书

人生智慧六步曲

张其成
著

华夏出版社
HUAXIA PUBLISHING HOUSE

图书在版编目（CIP）数据

人生智慧六步曲 / 张其成著 .-- 北京：华夏出版社有限公司，2023.5
ISBN 978-7-5222-0369-0

Ⅰ . ①人… Ⅱ . ①张… Ⅲ . ①《周易》—通俗读物 Ⅳ . ① B221-49

中国版本图书馆 CIP 数据核字（2022）第 129090 号

人生智慧六步曲

作　　者	张其成
责任编辑	张　平　曾　华
出版发行	华夏出版社有限公司
经　　销	新华书店
印　　装	三河市少明印务有限公司
版　　次	2023 年 5 月北京第 1 版 2023 年 5 月北京第 1 次印刷
开　　本	710mm×1000mm　1/16 开
印　　张	22
字　　数	315 千字
定　　价	79.00 元

华夏出版社有限公司　地址：北京市东直门外香河园北里 4 号　邮编：100028
网址：www.hxph.com.cn　电话：（010）64618981

若发现本版图书有印装质量问题，请与我社联系调换。

前言

化解万千难题，为人生导航

在中国的经典中，《周易》的知名度是非常高的，但真正看过《周易》这本书的人，就没有几个了。

为什么？因为看不懂。

我想大家肯定都想看，但是每个人都很难看得懂，因为《周易》无疑是一本"有字天书"！

那么，这本"有字天书"究竟要告诉我们后人什么秘密呢？

在解答这个问题之前，我先问问大家："在你们的印象当中，一提起《周易》，马上会联想到什么？"

有人会说想到了阴阳、风水，有人会说想到了占卜、算命，还有人会说想到了太极、八卦……这些回答都不能算错，但过于片面，只说出了《周易》的一个方面。譬如盲人摸象，每个盲人的认知都是片面的，只有将所有盲人的认知综合起来，才能呈现一头完整的象。同理，只有将以上对《周易》的所有看法综合起来，才能涵盖《周易》蕴含的全部内容。

不知道朋友们听到《周易》是一种什么感觉，反正我所遇到的人，一问他《周易》是什么，他十有八九会说，《周易》是一本有关算命的书。《周易》当然跟占卜有关系，但是，它绝对不仅仅是一本有关算命的书。如果它仅是一本有关算命的书，那么，中国历代的大儒家、大道家，那些创造中国文化的人，怎么可能都如敬神明般信奉它，不厌其烦、连篇累牍地注释它呢？

因此，我一直对我的学生们讲，《周易》就是中国人的《圣经》。

众所周知，《圣经》在西方人心目中的地位是至高无上的。《周易》既然号称中国人的《圣经》，那么它的作用到底有哪些呢？

> 子曰："夫《易》何为者也？夫《易》开物成务，冒天下之道，如斯而已者也。"是故圣人以通天下之志，以定天下之业，以断天下之疑。是故蓍之德圆而神，卦之德方以知，六爻之义易以贡。圣人以此洗心，退藏于密，吉凶与民同患。

孔子说《周易》是用来"开物成务，冒天下之道"的。什么叫"开物成务"？简言之，就是开启智慧，成就事业。朱熹对此有一个进一步的解释，他说"开物"的"物"指"人物"，"成务"的"务"指"事物"。这就说得明确多了——"开物成务"指开启人的智慧，进而成就他的事业。当然，仁者见仁，智者见智，千百年来，对于"开物成务"有多种不同的解释。有人理解"开物"为"揭示事物的道理"，如此，则"开物成务"四字就可以解释为"揭示事物的道理而成就大的事业"，涵盖了天地万物之大同。"冒天下之道"，其中的"道"指规律。"如斯而已者也"，如此而已，没有其他意思。也就是说，孔子使用《周易》来通晓天下的心智，确定天下的事业，从而决断天下的疑惑。

"蓍之德圆而神"，"蓍"指蓍草。蓍草的茎是圆形的，这里是说，圆的东西可以不断滚动、不断变化，所以蓍草的提示是非常圆通神奇的。"卦之德方以知"，卦的性质在《周易》里是方正而明智的。"知"通"智"。六十四卦画出来是方形的，方形的东西是正直而刚健的，所以它集中了人类的智慧。"六爻之义易以贡"，六爻的意义就在于通过变化而告诉人们吉凶。因此，圣人用卦和爻来洗心，即"圣人以此洗心"。

"洗心"这个词特别重要，《周易》讲的就是洗心的方法。

什么叫"洗心"呢？就是摒除私虑杂念，以净化心灵。"退藏于密"，退

前　言

藏到隐秘的地方。"吉凶与民同患"，和老百姓同甘共苦，患难与共。

也就是说，圣人在摒除了私虑，洗净了心灵，而且退藏在隐秘之处后，就清静无为，任其自然，所以他能够预知吉凶之势，也能够与老百姓患难与共。因为在洗心退藏、清静无为之后，圣人就能够预知自然运行的规律以及吉凶祸福。

所以"神以知来，知以藏往"。"神"，指蓍草能够预知未来之事的神奇作用。"知以藏往"，指卦象蕴藏了过去事物的哲理。这里的"知来""藏往"不是分开说的，而是互文，指蓍草和卦象都可以预知未来之事，都蕴藏着过去事物的哲理。

可是，预知归预知，蕴藏归蕴藏，一般人谁能读懂《周易》并拥有这些能力呢？只有古代那些聪明、睿智、神武，而且不被刑罚讨伐的人才能够如此。所以，只有明白天地的道理、察知百姓的疾苦，才能产生神妙的展示之物，即《周易》，并用它来指导老百姓的日常生活，引导他们逢凶化吉、遇难呈祥。所以，圣人是用《周易》来斋戒的。这个斋戒不是指在祭祀之前沐浴洁身等一系列世俗而具体的事情，而是指洗心和防患。

"洗心"曰"斋"，"防患"曰"戒"。也就是说，要剔除杂念，要有忧患意识。

圣人胸中无纤毫私意，都不假卜筮，只以《周易》之理洗心，因为卜筮只是手段，而"洗心"才是目的。所以，《周易》就是一本告诉人们如何刨除杂念，冷静、客观地看待问题、判断问题、解决问题，从而趋吉避凶的书，是每个人都应该读而且要读懂的人生指南。

我在前面说过，《周易》就是一本"有字天书"。"天书"，一方面指它神奇，另一方面则是说它文字古奥难懂。我之所以把《周易》以直白的语言阐释出来，以六十四卦的六爻为线索，以"人生六步曲"的全新提法展示出来，目的就是燃亮一盏指路明灯，让对人生有疑惑、对《周易》感兴趣的广大读者轻轻松松地步入《周易》的世界，掌握《周易》中蕴藏的人生大智慧，进而"洗心革面"，为以后的人生之路打下坚实的基础。

悠悠我心，君其知之。

是为序。

目录

序章 《周易》就是中国人的人生指南 _001

《周易》人生六步曲 _003

《周易》就是一部个人奋斗史 _007

学会使用《周易》，六步就能成功 _011

第一步 潜龙——完善自我，蓄势待发 _019

初爻多潜 _021

安心居于下位 _024

成功源于能做好小事 _028

用恒处事，不急不躁 _033

少说话，多做事 _039

直面错误，及时改正 _042

人贵在有自知之明 _045

人际关系网就是通往成功的入场券　_050
还不是高兴的时候　_058
反思比前进更重要　_061
知难而退是一种境界　_064
遇事三思而后行　_067
困境是砥砺意志的磨刀石　_071
细节决定成败　_075
不要轻言放弃　_079

第二步　见龙——德才兼备，广结人脉 _083

二爻多誉　_085
自我提升，永无止境　_088
立心要正，行事要明　_092
等待也是一门学问　_95
小人物的生存智慧　_99
先做好分内之事　_103
意气用事必惹麻烦　_106
韬光养晦，等待时机　_108
心存善念，多行善举　_111
对症下药才能真正解决问题　_115
做事要懂得变通　_118
朋友是你一生的财富　_122
忧患和反思　_127
把握和上司相处的技巧　_132

目 录

第三步 惕龙——谨言慎行，每日反省 _135

三爻多凶 _137

人生必须与时俱进 _140

大舍才能大取 _145

防人之心不可无 _148

不做能力以外之事 _150

亡羊补牢，为时未晚 _155

恒心恒德都重要 _158

上善若水，不争而胜 _162

专一成就第一 _165

学会分享，懂得感恩 _169

不要让愤怒影响你的判断 _172

习惯决定成败 _175

善于合作比个人能力更重要 _178

跟对领导，更容易获得成功 _181

媚上取宠要不得 _184

家和万事兴 _187

第四步 跃龙——小有所成，再接再厉 _193

四爻多惧 _195

向着目标不断进取 _198

暂时归隐，静观其变 _201

把谦虚的美德发扬光大 _204

心态决定状态 _208

专注一心走正道 _211
把灾祸消灭在萌芽状态 _215
人生不如意事常八九 _218
人心向背定吉凶 _221
无欲无求，一等境界 _225

第五步　飞龙——抓住机遇，马到成功 _229

五爻多功 _231
飞龙在天，利见大人 _234
美德内蕴，事业有成 _238
财富的吉凶辩证法 _241
刚愎自用要不得 _245
万事以和为贵 _249
忧患和危机意识永不忘 _252
刚柔相济，感化为主 _255
防微才能杜渐 _261
越成功，越要低调 _264
成功距失败往往只有一步之遥 _268
虚怀若谷，知人善任 _271
分享财富，分享成功 _276
诚信助你赢得一切 _279
富贵于我如浮云 _283

目 录

第六步 亢龙——戒骄戒躁，急流勇退 _287

上爻多亢 _289

亢龙有悔，盈不可久 _292

走向全新的开始 _296

才能不够德行补 _299

适应变化，革故鼎新 _302

以人为本，化险为夷 _305

成功源于反省，失败源于自大 _308

会聚人才，包容方圆 _311

摒除猜疑，主动沟通 _317

得人心者得天下 _321

不盲目，不冒进 _324

急流勇退是大智慧 _327

把自我修炼进行到底 _330

反省自己，回归正道 _333

后记 《周易》的精髓——变 _337

序 章

《周易》就是中国人的人生指南

《周易》六十四卦，乾、坤两卦分别多一个有辞无形的用九、用六，分别以为其余六爻的总结，此处略去不计，仍按六爻计算，余下六十二卦各有六爻，共计三百八十四爻，亦即有三百八十四条爻辞。

　　总的来说，每卦一、二爻讲地道，三、四爻讲人道，五、六爻讲天道。这六爻总结成一句话，那就是初多潜，二多誉，三多凶，四多惧，五多功，上多亢。

　　说到底，《周易》就是在讲我们的人生，六爻就是我们人生的六个步骤。六爻喻示了人生的六个阶段、六种状态，也告诉我们应该怎么做才能趋吉避凶、趋利避害，百尺竿头，更进一步。

《周易》人生六步曲

先讲几句题外话。朋友们应该都知道吕不韦这个人，他可是战国至秦时期的一个传奇，经商、从政样样精通，算是范蠡一类的人物。我今天要说的是，他曾经让手下的门客编过一本书，叫《吕氏春秋》，也叫《吕览》。编完后，吕不韦拿来一看，太好了，简直字字珠玑呀。他脑袋一热，当下就把此书张榜公布在吕府大门外，并且立下赏格：有能增删改易一字者，赏以千金。

千金在当时绝对不是一个小数目，吕不韦出手之阔绰让人咋舌。最后有没有人领到赏金史无明载，但这件事至少表明了吕不韦的高度自信。要我看，如果这事属实，那么吕不韦肯定破费了不少真金白银。为什么？因为实词不敢说，但是虚词改动几个，应该没有什么问题，绝对不至于一个字都不能改。

话题转移到咱们学习的《周易》上。我也可以用甚至比吕不韦还高度自信的口气说，有能增删改易《周易》一字者，赏以千金！

《周易》实在太博大精深了，对我们而言太重要了。一个人打从娘胎里出来，能遇到的种种情况、要学习的种种技能、需解决的种种问题，它全都考虑到了、指导到了，并且一直指导到无所不能的"大人"境界。从进德修业到适应社会，从职场生存到创业自立，内外、上下、进退，它无一遗漏，面面俱到。

《周易》是一本有关行为学的书，它不是正襟危坐在三尺讲台上向我们灌输一套高深莫测、云里雾里的理论，而是教我们怎么做、怎么实践，从自己做人，到外出做事，到最后自立做事业。我们一生的远大志向、宏伟蓝图、实战技巧，全被它说尽、说透了。

真的是这样吗？我告诉大家，真的是这样，的确如此。

而且，《周易》还有一个特点：无论什么人、处在什么境地、遭遇了什么难事，拿过《周易》一看，仔细一琢磨，都会豁然开朗、神清气爽，比服什么灵丹妙药都管用，因为《周易》是老祖宗全部智慧的精华萃取和高度升华，是结晶中的结晶。

中国有句老话："天下事，大抵不过如此而已。"西方《圣经》中也有一句话："日光之下，并无新事。"它们说的是同一个意思：时代虽在日新月异地变化，但人生的意义、价值和人实现目标的方式、方法不变。我们今天所经历的事情，那些立志"为往圣继绝学"的老祖宗早就经历过了。他们把自己的经验教训、心得体会、具体实践一一记述下来，经过历史的大浪淘沙，留下的真金就凝聚成《周易》这本书。

六十四卦中，除乾、坤两卦分别多一个有爻辞无爻的"用九"和"用六"外，其余每卦都有六个爻。这六个爻，依照从下往上的顺序排列，序号依次为初、二、三、四、五、上。我们把阳爻用"九"表示，阴爻用"六"表示（"九"和"六"在这里不代表数字，而代表爻的属性"阳"或"阴"）。这样，每一个爻位就有了固定的名称。譬如乾卦，六个爻全是阳爻，其名称从下往上依次是初九、九二、九三、九四、九五、上九。再如坤卦，六个爻全是阴爻，其名称从下往上依次是初六、六二、六三、六四、六五、上六。其他依此类推可知。

因六十四卦由八卦两两相配、排列组合而成，故每卦又分为一卦三爻的上下两卦。上卦亦称"外卦"，描述的是三个刚位，代表一个人的外在表现；下卦亦称"内卦"，描述的是三个柔位，代表一个人的内在品德。因为万事万物的变化都是从内部开始的，所以内卦的位置在下面。

总的来说，一、二爻讲地道，三、四爻讲人道，五、六爻讲天道。"不三不四"这个俗语大家都很熟悉，但其出处可能就没有几个人知道了。我告诉大家，它出自《周易》，说的就是六爻中的第三爻与第四爻。这两爻处在六爻的中间位置，在《周易》中象征正道和大道，所以，"不三不四"的意思就是"一个人不是处在正道或大道上"，说白了，就是"这个人不务正业"。

乾卦

同理，"上爻""五爻"两爻又引申为尊位。人们常说，皇帝是"九五之尊"。人要是混到"上爻""五爻"这个份儿上，就已经很成功、很了不起了。所以，一个人如果出人头地、显赫发迹了，人们就说他"人五人六"。

六爻之中，因为二、五爻分别处在下卦和上卦的中位，所以爻辞多为吉利之语。而三、四爻，一个处下卦最上位，一个在上卦最下位，位置不好，所以爻辞多为不吉利之语。《易传·系辞传》中将此四爻总结为"二多誉，五多功；三多凶，四多惧"，意即"二爻多有赞誉，五爻多获成功；三爻大多凶险，四爻大多惊惧"。同理，初爻、上爻也可以总结为"初多潜，上多亢"，意即"初爻大多潜藏，上爻大多过头"。

说到底，《周易》就是在讲我们的人生，六爻就是我们人生的六个步骤。六爻喻示了人生的六个阶段、六种状态，也告诉我们应该怎么做才能趋吉避凶、趋利避害，百尺竿头，更进一步。

就拿前面说过的乾卦来说吧，它用"龙"做比喻，从下往上，六爻依次是潜龙、见龙、惕龙、跃龙、飞龙、亢龙，这不正是我们一生的六个阶段吗？"潜龙勿用"，就是说我们在年轻的时候要好好学习，先完善自我，蓄势待发；"见龙在田"，就是说接下来我们要德才兼修，广结人脉；"终日惕惕，与时偕行"，就是说我们在一天天朝成功迈进的过程中要谨言慎行、懂得反省，从成功的方面总结经验，从失败的方面吸取教训；"或跃在渊"，就是说我们在取得了一点成就的时候不要沾沾自喜、止步不前，而要再接再厉；"飞龙在天"，就是说我们要抓住机会，大展宏图；"亢龙有悔"，则指导我们成功以后该怎么办。

关于"周易"二字的解释

"周"字,有人认为它代表《周易》成书年代在周代,也有人认为它表示"易道周普,无所不备"。比较而言,前一种说法更为一般人所认同。

"易"字的代表性解释有三种。其一,伏羲画八卦时"法天则地","远取诸物,近取诸身","易"字是模仿飞鸟的形状而来的。其二,依照《说文解字》,"易"即蜥蜴,上半部分"日"像蜥蜴头,下半部分"勿"像蜥蜴身。蜥蜴俗称"变色龙",因体表颜色可据环境变化而得名。以"易"为书名,着重点在一个"变"字。其三,"易"上半为"日",下半为"月",日月合成"易",一阳刚、一阴柔,正是"易"之精髓所在。

这六爻,六个步骤,明了得很,总结成一句话,那就是"初多潜,二多誉,三多凶,四多惧,五多功,上多亢"。不单单乾卦,其实每一卦的六爻都在讲,在人生的六个阶段,我们分别应该怎么办。为了叙述简单起见,我将人生分成潜龙、见龙、惕龙、跃龙、飞龙、亢龙六个阶段,具体的内容下面我会详细解说。

我常说,《周易》就是我们的一部人生指导手册。如果你想知道处在"见龙"阶段怎么办,可以看六十四卦的第二爻;如果你想知道处在"跃龙"阶段怎么办,看六十四卦的第四爻就明明白白了。

《周易》就是一部个人奋斗史

> 古之欲明明德于天下者，先治其国；欲治其国者，先齐其家；欲齐其家者，先修其身；欲修其身者，先正其心……心正而后身修，身修而后家齐，家齐而后国治，国治而后天下平。

这段话出自儒家经典《大学》，想必大家都不陌生，尤其从里面提炼出来的"修身、齐家、治国、平天下"九个字，恐怕是不少人梦寐以求的人生最高和终极目标。没错，自打有这句话以后，确切地说，自打儒家思想在中国传统思想中占据领导和统治地位以后，知识分子和有志之士就拿这句话当行动指南。大家不是第一批这么做的人，肯定也不会是最后一批。

这段话很容易理解，比起下面要学习的《周易》来说，简直是小儿科中的小儿科。

这段话的大意是：古时候那些想要让自己的美德在普天下彰明的人，先要把自己的国家治理好；而要治理好国家的人，先要整顿好自己的家；要整顿好家的人，先要修养自身；要修养自身的人，又得先端正思想……思想端正然后修身完善，修身完善然后家庭有序，家庭有序然后国家安定，最后达到天下平定的目的。

这段话听起来有些啰唆，却很准确地反映了古圣先贤们从内而外、从思想到行动，一步一步实现自己人生终极目标所要经历的几个重要阶段的先后次序。这个次序经过几千年验证，被证实完全是科学的、具备可操作性的。也就是说，直到今天，我们还可以拿来就用。这也是我们不厌其烦地讨论这段话的原因所在，更是我把修身放在前面讲的原因所在。它是符合一般事物的客观发展规律的。

当然，时间过去了几千年，时移则世易，今天再想修完身后去治国、平天下，就闹笑话了，那叫"食古不化"，就像两汉之间那个新朝的建立者王莽那样。新时代的"治国平天下"有着全新的内容，就是我们能够发挥自己所长，干出一番轰轰烈烈的大事业。这个事业是没有行业局限的，什么都行，只要是正当的、走正道的。因为《周易》里面，贯穿始终的，也是最核心的思想就是立正心、修正身、走正道、做正事，最后自然成正果。

> **《易传》**
>
> 《易传》特指对《周易》进行解释和阐述的文字，相传为孔子及其弟子所作。如果说《周易》是"经"，是教科书，那么《易传》就是"传"，是老师给学生提供的学习辅导资料。具体说来，《易传》的内容有十部分。《彖传》与《象传》各分上下两篇，共四篇，穿插在《周易》正文之中。《文言传》只乾、坤两卦有，因此就放置在两卦当中。剩下五部分为《系辞传》上下篇及《说卦传》《序卦传》《杂卦传》，它们是对经文的综合说明性文字，无法与正文一一对应，故而附于经文之后。自东汉经学家郑玄提出之后，人们往往形象地把十部分《易传》称为"十翼"，意思是说，就像小鸟的翅膀辅助身体一样，它们对经文起着发挥和阐明的作用。

那么，我们怎样才能达到上述一连串关于"正"的目的呢？从大方面看，我们至少应该把握好两点，这两点分别来源于乾、坤两卦的《象传》，也是《周易》一书教导我们的两条最基本的处世为人原则，那就是"自强不息""厚德载物"。

《周易》太重要了，但谁要问《周易》里面有没有最重要的，我来告诉大家，有，那就是提纲挈领、开宗明义的第一卦——乾卦。

大家可以想想，乾卦简简单单的六爻，加上一个有辞无形的"用九"，包含了多大的信息量。可以说，它藏着千般妙用、万种玄机啊。这是《周易》的伟大之处，也是乾卦的神奇之处。鲁迅关于《红楼梦》有个高论，涉及文学批评方面的，就是"经学家看见《易》，道学家看见淫，才子看见缠绵，革命家看见排满……"这段话，拿来套在《周易》上，同样管用。不论什么人读《周易》，都能读到和自己息息相通、利害相连、得失相关、成败相系之处。西方人说，一千个人眼中就有一千个哈姆雷特，我们也可以说，一千个人眼中就有一千部《周易》。并且，这一千部《周易》，部部都是人生指南、度世金针。

自强不息，厚德载物

作为提出"中华民族"称谓第一人的梁启超，其任教于清华大学时，曾给学生做过"论君子"的演讲，并以"自强不息"和"厚德载物"两语激励学生要做君子，要弘扬中华民族的美德。众所周知，此两语现在是清华大学校训。国学大师、北京大学哲学系教授张岱年先生与梁氏不谋而合，也对此两语情有独钟，认为它们概括了中华民族的精神。

回到正题，再说乾卦。

乾卦六爻，非但是指点迷津的人生指南、度世金针，对于一个立志创业的人来说，更是一部百折不回的奋斗史。从初九爻的"潜龙"，到九二爻、九三爻、九四爻的"见龙""惕龙""跃龙"，经历了一系列拼搏、磨砺之后，终于迎来了事业和人生的成熟期和黄金期——九五爻的"飞龙在天"。然而，高处不胜寒，盛极则衰，于是，顺理成章，九六爻便是"亢龙有悔",事情过头了终归没什么好处。

《周易》把乾卦排在六十四卦龙头老大的位置,自然有它的玄机。传说中的《连山》《归藏》二易,就不以乾卦为首。这个玄机说来也简单,就是人们在逐步脱离蒙昧状态之后,一步步意识到了乾卦的重要性。换句话说,乾卦登上老大的位置是时代发展的需要,是《周易》与时偕行精神的一种体现。乾卦是纲,后六十三卦是目。纲举目张,后面诸卦依照乾卦六爻规定的指示精神和内涵,依样画葫芦,基本上体现了从初爻到上爻由低到高、由浅入深的发展趋势。

因此,在详加斟酌之后,我就有了本书的目录编次,即乾卦六爻为大纲,其余诸卦为小目,尽可能多角度、深层次地挖掘《周易》中蕴含的智慧内核,并结合人生之旅中可能出现的种种情况予以剖析,使读者能领略它的万般变化和无穷妙用。

学会使用《周易》，六步就能成功

下面以创业者为例，讲一下乾卦六爻对于我们的指导和启示作用，看一下《周易》六爻的功能是不是名副其实。

大凡一个企业能够创办，都要经过一段漫长的准备期，无论是人力、财力，还是创业者的心理成熟度，都需要准备妥当。俗话说，兵马未动，粮草先行。做企业的"粮草"就是上述种种。"拍脑袋"做事完全是不负责任的，我们这里姑且不论。对于在职场打拼多年、积累了一定的经验和财富、想要自主创业大展宏图的朋友来说，这个准备期无疑是必需的，因为我们不可能对自己不负责任。做企业的目的就是把它做强、做好、做大，而不是钱多得没处花，要往外砸。

具体说来，在准备期内，最需要准备的不是人力、物力、财力，尽管这些是硬件。人可以招，或者先自己单练；钱可以筹。当然，招人也是一件关系企业生存发展的大事，我们先不谈，而是先谈软件，也就是自我心理调适。

敢于自己挑头搞一摊子的，肯定已经有了不少在职场、商场摸爬滚打的经验，见识过不少企业的荣辱兴衰、生死存亡。外有其他企业可以借鉴，内有自己的切身体验可以恃仗。内外双修，按理说，可以放手一搏、大干一场了。

可事实上，有这些还远远不够，最最重要的是，还要具备自主创业的良好心态。很多自恃才高、曾经风光无限的朋友，最后都栽在了心态这道坎上。

举个例子。秦末暴政，群雄纷起，打来打去，最后只剩下项羽和刘邦楚汉两家。项羽的武力是没的说的，"喑呜叱咤，千人皆废"，破釜沉舟一事更是名满天下。战争初期，刘邦只有望风远遁的份儿，连老父亲都被项羽捉住，差点儿被煮成一锅肉汤，老婆孩子也被他临阵丢掉了好几次。可就是这么一个亭长出身的小人物，却最终逼死了楚国名将之后项羽，开创了西汉数百年的基业。

为什么？因为刘邦心态好，沉得住气，会用人。刘邦手下有"兴汉三杰"：张良，运筹帷幄，决胜千里，谋略第一；萧何，专管后勤，为汉军打造了一条源源不断的粮草运输线；韩信，"连兵百万，攻必克、战必胜"，项羽兵败垓下，自刎乌江，直接拜韩信所赐。这三位能人都乖乖地拜倒在刘邦脚下，扶助他登上了九五之位。

朋友们应该已经明白我的意思了，刘邦能够荣登大宝，靠的就是一种逐渐培养起来的要做老大的心态。为了达到这个目的，他对父母妻儿都可以弃如敝屣。当然，我们并非提倡这种六亲不认的精神，只是说，要有一种永远以成功为目标、为动力的心态。你必须先想到要做第一，然后才有可能做到第一。如果连想都不敢想，那对不起，第一的位子不可能留给你。目标这个东西作用很大，有了它，每个人都会爆发出自己的最大潜能，前进路上也会有永不枯竭、无穷无尽的动力。

再说项羽，不少人尊他为"战神"，对他佩服得五体投地。诚然，单以武力计，在楚汉之际的排行榜上，他绝对可以稳坐头一把交椅。但是，他的缺陷也是显而易见、不可弥补的。在西楚这个企业逐渐做大、做强之后，他没有在头脑中形成如何适应企业发展的意识。或者可以这么说，他的实力只停留在冲锋陷阵、斩将搴旗上，在搞政治、收买人心方面，他和韩信一样，还处在幼儿园水平，很不过关。而且，和刘邦相比，他也缺乏一种在战争中学习战争的基本素质。确切地说，他是个将才而非帅才，独当一面时威风八面，统筹全局时一筹莫展。从独当一面的职场干才到纵横捭阖的企业创始人，还有很长的路要走，还有很多素质需要慢慢培养，眼界需要比原先宽广，眼光也需要比原先长远。这是必需的，也是最难学习和掌握的。

所以，乾卦的第一爻，初九爻，卦辞为"潜龙勿用"，说的就是准备时期的状态。此时不能轻举妄动，需要开发潜能，苦练内功，把心态由"将"向"帅"转化。这才是潜伏期和准备期的当务之急、重中之重。所谓"潜龙"，顾名思义，虽然已经具备了龙的潜质，但还不到一飞冲天的时机，这个时机需要等待，需要在等待过程中寻找、创造。有一句话是我们必须牢记的：机会只垂青那些有准备的头脑。

《周易》和帝王年号

唐太宗李世民的年号"贞观"即取自《周易·系辞下》的"天地之道，贞观者也"。"天地之道"即天地间万事万物发展的客观规律；"贞"即"正"，也指天地之道，"观"即"示"。这句话的意思就是，遵循客观世界的发展规律。事实证明，李世民和他的统治班子的确做到了这一点，开创了繁荣昌盛的贞观时代。

晋武帝司马炎于公元275年取的年号"咸宁"，系从乾卦《象辞》中的"首出庶物，万国咸宁"化来。

隋炀帝杨广虽然恶名昭彰，却很懂得附庸风雅，他的年号"大业"即脱胎于《周易·系辞上》的"盛德大业至矣哉。富有之谓大业，日新之谓盛德"。

如果说乾卦初九爻是企业的"孕育期"，那么九二爻无疑就是企业的"婴儿期"。

九二，见龙在田，利见大人。

龙在母腹中孕育成熟，终于呱呱坠地，见到了天日，迈出了新生命的第一步。然而，这个时候，新生命还十分稚嫩，不能贪多求大，还只能在田野上小试身手，不能飞得过高。

九二爻为下卦中爻，位置不正却中。这一爻非常好，欣欣向荣的气象已经显露，企业的发展已经初具规模，所以这时候"利见大人"。"见"通"现"，是出现的"现"，而非看见的"见"。小龙这时已经出水，可以在田里游戏耍闹。"利见大人"，反过来说，就是"利不见小人"，也就是教我们如何成为"大人"。"大人"是圣、仙、佛三者合一的手眼通天的人物。说到底，九二爻是在教我们如何做人。所以，《周易》主要还是一本有关行为学的书，它指导我们怎么做才能趋吉避凶，使企业平安度过婴儿期，稳步驶入发展的轨道。落到实处，就是需要选择适合企业发展的道路，选择适合企业发展的人才，大家同心同德、齐心协力，八仙过海，各显其能，营造一个良好的企业发展氛围。

下面进入九三爻，九三爻的爻辞是：

九三，君子终日乾乾，夕惕若，厉无咎。

九三爻是下卦的最上一爻，表示一个阶段到头了。"三多凶"，所以这时比较艰险。它告诫想建功立业的君子，要"终日乾乾"，每天前进又前进，奋进又奋进，千万不能懈怠松劲。逆水行舟，不进则退。一篙松劲，就可能前功尽弃，退出千寻之远。"终日乾乾"还不够，还要"夕惕若"，每天傍晚的时候还要提高警惕，要反省自己，要有危机感，这样才能"厉无咎"，虽然凶险，但是没有灾祸。不停奋进加上无时不备的危机意识，这其实就是孔子在《文言传》九三爻中所说的"终日乾乾，与时偕行"。只有"与时偕行"，方能"不惕"，方能顺应潮流、永远立于不败之地。这也是"与时俱进"精神的体现和倡扬。

刘伯温的《郁离子》中记载了这样一个寓言故事：衙门的一处官仓忽然坍塌，管理人员检查之后发现，是仓中的硕鼠惹的祸。这些硕鼠无忧无虑地待在官仓里，吃喝不愁，队伍很快发展壮大起来，只好不断地扩大居住面积，在官仓下面挖洞。久而久之，官仓地面承受不住建筑的重量，于是一朝溃塌，硕鼠们也不明不白地丢了性命。

硕鼠固然死有余辜，但我们也不难从故事中获得一点启示，那就是要未雨绸缪，及时发现存在的漏洞，并尽快予以修补和解决，这就需要有扎扎实实的反省功夫。只有解决了存在的问题，排除了隐患，企业之舟才能在商海之中乘风破浪，挂云帆而济沧海。

九四，或跃在渊，无咎。

九四爻是上卦最下一爻，位置不中又不正。"四多惧"，所以爻辞是"无咎"。"或跃在渊"，"或"意为"有时"，"跃"意为"飞跃"，"在"可以解释为"从"。整句话的意思就是"有时候可以从深渊里飞跃那么一下"。言外之意，自然也包含"有时候最好还是乖乖地待着别动"。至于跃的高度，可以比九二爻的"田"高一些，但是不要高到九五爻的"天"上去，因为这时候时机还不成熟，准备还不充分。

九四爻是上卦的下爻，预示着一个新的时段的开始。如果拿企业作比，可以说，它是企业的"学步期"。到了这个阶段，原始积累已经大体完成，企业各方面的资源配置初步成形，前期获得的经验教训可以为进一步的发展保驾护航，然而，这时还不能轻举妄动，不能马虎从事。和做人的道理一样，经验是永远学不完的，后事也永远不能轻易预料到，一着不慎，可能导致满盘皆输。人们说，商场如战场，两者同样波谲云诡、危机四伏。我们这时还仅仅处在学步期。所谓学步，就是学走路，难免蹒跚而行，随时都有摔跟头的危险。这时，我们要不断地尝试、不断地进取，但要尽量小心谨慎。要勇敢大胆，但绝不盲目蛮干。要把损失降至最低，保证跌倒后能够重新爬起来，并且下一次遇到类似情况绝对不能再次跌倒。跌倒一次，要有一次收获、一次教训。对于发展中的企业来说，除非创业者天纵英明，又行着大运，否则，走弯路的情形很难避免。重要的是，创业者善于总结学习，把所走的弯路缩至最短。亡羊补牢，为时未晚。丢掉羊的损失，我们总有一天会找补回来。

> ## 十二消息卦
>
> 什么是十二消息卦呢？就是说，在《周易》六十四卦当中有十二个卦，这十二个卦分别表示的是"消"和"息"，"消"就是"消除、消亡"，"息"就是"生长"。十二消息卦是从复卦开始的，依次是复、临、泰、大壮、夬、乾、姤、遁、否、观、剥、坤。

"或跃在渊"是创业过程中一个不可或缺的阶段，也是企业发展壮大历程中一个必需的调试环节。在这个阶段，我们已经看到了曙光，嗅到了成功和鲜花的气息，高大巍峨的凯旋门遥遥在望。大胆和谨慎，就是度过这个阶段的双保险。我们的头角已经崭露峥嵘，"飞龙在天"只是个时间问题。

九五，飞龙在天，利见大人。

乾卦里面出现了两次"大人"，一次在九二爻，一次在九五爻。九五爻位在上卦中爻，又是阳爻居阳位，既中又正，所以是乾卦中最好的一爻。"飞龙在天"，"天"是至高无上的。这时，龙已经彻底挣脱羁绊和束缚，升到了最高位置，自由自在地享受着腾飞四海的快乐，好比一个人或者一个企业达到了最高境界，行云流水，挥洒自如，展现着无所不能的力量，所以这时"利见大人"。成语"九五之尊"，是封建时代皇帝的代称，就源自乾卦这一爻。"九"是最大的阳数，天上地下以它为最大，与皇帝的地位相符。故而，皇帝往往以"真龙天子"自命。就是说，他自己和天上的飞龙一样。

企业在这时进入全盛期，要风得风，要雨得雨，正是大有作为、乘胜前进的时候，和九二爻淘得真正属于企业的第一桶金不同，那时一切草创，企业还在积蓄力量、积累经验，所有的事都马虎、放松不得。当然，我们不是说九五爻就可以放松、马虎，任何一爻都不可以放松、马虎，都要像九三爻一样，时时警惕反省，这才是正确做事的态度。尤其九五爻，天时、地利、人和占了个全，企业经历了前面四爻的厚积，已经完完全全成熟起来，万事俱备，连东风都有了，正可以厚发出来，创造辉煌。企业这时就像一个人进入壮年，正该奋发有为、再接再厉，把人生和事业推到一个前所未有的高度，然后才是慢慢守成。

九五爻，企业发展鼎盛的黄金时代，这个时代过去之后，到上九爻，事情就变得不太好办了。

上九，亢龙有悔。

我对《周易》各卦的初、上爻吉凶的大致总结是："初多潜，上多亢。"乾卦上九爻是《周易》中第一个上爻，自然也符合这个规律。"亢"，意思就是"太过，过了头"，所以才会有"悔"，"后悔，悔过"。"悔"在爻辞九种判词中正好排在中间，第五位。往凶的方向走是"吝"，往吉的方向走是"无咎"。

《周易》中的爻辞吉凶情况共有九种，按从坏到好的程度依次为：凶、咎、厉、吝、悔、无咎、利、亨、吉。"吉"和"凶"是最基本的判断。

"凶"是"无法回避的凶险，失败或有所损失"。"咎"比"凶"程度稍好一些，但是过失已经出现，灾祸无法避免。"厉"代表一种潜在的危险，但只要按照爻辞的指示规避，就可趋吉避凶。"吝"，表示一种羞辱，虽然还不太凶险，但灾祸已经潜滋暗长，如果不及时反省、及时遏止它的发展势头，转化为"厉"之后，往往就会一发而不可收。"悔"代表悔过之意，已经认识到错误所在，需要做的就是接受失败的教训，进而及时改正，这样就能回到平平淡淡的"无咎"状态。"悔"和"吝"都指小的失误和危险，但两者的发展趋势不同，一吉一凶。朱熹对此有过解读，说："吉凶在两头，悔吝在中间。悔自凶而趋吉，吝自吉而趋凶。"言下之意，只要诚心悔过，知错能改，事态就会向好的方向转化，前途还是一片光明、充满希望的。"利"指"有利、适宜"。"亨"就是"畅通和顺利"。"吉"是"吉利，成功或有所收获"。

我们前面讲过，九五爻是最好的。可是，物极必反、盛极则衰是一个颠扑不破的真理。没有事物能够永远保持强劲的前进势头，强盛到一定程度后，随之而来的必然是平稳的守成期，原先遗留的问题、埋下的隐患在该时期开始冒头，事物由此一步步走向衰落。

不过，用不着担心，该来的总会到来，我们只要坦然面对，尽力解决我们有能力解决的问题，其他，尽人事而听天命，可也。况且，万事万物的发展消亡自有一定之规，水满则溢，月盈还亏，花无百日红，江山代有才人出，风头不可能让一人一物独占。世界也正是在花开花落、此消彼长之中完成新陈代谢，并逐渐由刀耕火种的蒙昧时代迎来科技、文明高度发达的今天的。而且，我们完全可以断言，明天一定会更好。

再说，上九爻不仅仅意味着一切已经结束，更预示着一个全新时代的开始。上九爻为最上一爻，只代表一个周期、一个轮回的完结，我们只要尽了力，一时的成败得失就不必在意，而只要能悔过，能改正，就应该满怀信心地去迎接新一轮的拼搏。郭靖的降龙十八掌固然威猛，但十八掌打完以后，如果敌人还没有被制服呢？我想郭大侠就算傻里傻气，也不至于傻到束手待毙的份儿上。他肯定会重整精神，老老实实地把十八掌从头至尾再打一遍。如果还不行，只要还有一口气，他仍然会再打一遍，直到分出胜负为止。

说到底，"悔"只是一种心态，一种渴求成功、永不言败的心态，单"悔"并不能解决实质性问题，最重要的还是积极地付诸行动。

乾卦六爻，从最初的潜龙，到中间的见龙、惕龙、跃龙、飞龙，再到上九爻的亢龙，正好完整显示了企业从孕育到发展、壮大、鼎盛，再到衰落的一个周期。它是企业发展的必经之路。掌握了这条路，就洞悉了企业成功的一半秘密。秘密是死的，而运用是活的。至于做得如何，就看朋友们怎么运用它们了。

最后再送给朋友们一句话，是南宋名将岳飞回答宋高宗赵构关于如何用兵的提问时说的，只有八个字："运用之妙，存乎一心。"希望朋友们细细体会。

第一步
潜龙——完善自我，蓄势待发

这一部分讲的是六十四卦的初爻，也就是《周易》人生六步曲的第一步。我对它的总结是"初多潜"。一切都刚刚开始，奋发的时机尚不成熟，你的羽翼也还不够丰满，鹰击长空的理想可以有，但是最好不要期待有太大的成就，遇事应该以谨慎为上，千万不要轻举妄动。就像乾卦初九爻的"潜龙勿用"一样，你现在能够做的事情就是乖乖"潜在水底"，不妄动妄为，因为此时还不到你抛头露面打天下的时候。但"勿用"不是什么事都不做，而是要寻找你的人脉、钱脉，就像龙要潜在水里一样，你也要找你的"水"——适合你人生发展的环境。

初爻多潜

在序章里面我们已经说过,《周易》每卦的六爻都是从初爻开始的,经历二、三、四、五爻,最后到上爻,这就是一个人生大循环的完结,下面将要迎来的是另外一个全新的循环。人的生命正是在这一循环往复的过程中生生不息的,人生的境界正是在这一过程中不断得到提升和完善的,人类文明也正是在这一过程中薪火相传、不断进步和超越的。所以,考察《周易》各卦六爻的变化,完全可以对人生的六个阶段有一个全面、整体的把握,并为我们的人生之路正确导航,助我们一直走在正确的人生轨道上,在遇到重大的人生关口时能洞烛一切,适时做出正确的选择,以期逢凶化吉、化险为夷。这也正是我们提出"《周易》六爻——人生智慧六步曲"理念的初衷和用意所在。

《周易》六十四卦,乾、坤两卦分别多出一个有辞无形的用九、用六,分别以为其余六爻的总结,此处忽略不计,仍按六爻计算,余下六十二卦各有六爻,共计三百八十四爻,亦即有三百八十四条爻辞。老祖宗辛辛苦苦总结出来的人生真谛和处世绝学尽数蕴含于这数千言中。

当然,《象传》等"十翼"和其他注释性文字,也都是历代解易大家的呕心沥血之作,其中真知灼见不少,能为我们更好地学习和理解《周易》提供有力和有益的帮助,是一笔不可多得的、宝贵的精神遗产和财富。这个学习态度是我们必须预先端正的。不过,《周易》原文为一切的发端和总纲,历代先贤关于它的研究成果长成了一棵枝繁叶茂的参天大树,并结出了后世诸家的累累硕果。这个关系也是在学习之初就要辨明的。

初爻是《周易》人生六步曲的第一步,我对它的总结是"初多潜",正像乾卦初九爻的爻辞是"潜龙勿用"一样。为什么?看看六十四卦初爻的爻辞就会明白,这个我们会在关于第一步的其他篇幅中详细讲解,此处从略。

初爻所处的是一个刚刚开始的时位。一切都刚刚开始,奋发的时机尚不成熟,你的羽翼还不够丰满,鹰击长空的理想可以有,但是最好不要期待有太大的成就,遇事应该以谨慎为上,千万不要轻举妄动。就像乾卦初九爻的"潜龙勿用"一样,你现在能够做的事情就是乖乖地"潜在水底",不管什么原因,总之就是"勿用",因为还不到你抛头露面打天下的时候。

《红楼梦》里的贾雨村,一肚子学问却穷困潦倒,不得已,寓居在姑苏城的葫芦庙里。饶是如此,他的"一朝成名天下知"之梦始终未灭,还常常吟咏"玉在椟中求善价,钗于奁内待时飞"。他所图的"善价"和"时飞"其实就是一个机会,一个展现自己的机会。他在葫芦庙里落魄无着时,也就是乾卦初九爻的"潜龙"所面临的时位。

贾雨村是出身寒门、缺少机会,而诸葛亮高卧隆中时则是相时而动、待价而沽。如果想要单纯谋个差事,对诸葛亮而言易如反掌。他原本就不是寂寂无名之辈,亲朋好友中亦不乏有头有脸的人,所以他比贾雨村从容许多。诸葛亮耗得起时间,最后终于等到了生命中的贵人,他的等待没有白费。隆中的一段潜伏,是诸葛亮的"潜龙勿用"期。不过他的"勿用"是主动的,不像贾雨村,立等着扬名立万、飞黄腾达,偏偏命途多舛、时运不济,白白蹉跎了如许大好时光。

诸葛亮和贾雨村都是满腹珠玑的人,想求个一官半职,实力足够了,还有富余。我们这里所说的是他二人情况之外的第三种情况,就是这条龙的实力还有所欠缺。因为处于人生的第一步,所以最要紧的事是虚心学习,不断提高和完善自己各方面的能力。唯其如此,机会来临时,你才能牢牢抓住，不让它溜走。天上掉馅饼的事也许有，但那样的概率太小。就算有，也未必恰巧被你赶上。大多数人的成功都来得非常不易。

所以，在潜伏期间，你应该抓住这个难得的学习机会，好好地完善自我，提升能力，擦亮眼睛，蓄势待发。

安心居于下位

关于乾卦，序章中我已经说了很多，还特别举了一个关于创业者的例子来说明六爻之间由低到高、由初级到高级的递进关系。

这里我们转移一下注意力，侧重从人生必须经历的各个阶段对乾卦六爻予以探讨。从上文我们已经知道，人生六步曲的第一步，最先登场的显然是初九爻。

初九，潜龙勿用。

龙到底是什么？龙没有固定的具体的形象。实际上，中国文化中的龙，一言以蔽之就是八个字："变化无常，隐现不测。"中国的画家画龙，如果全部画出来，不管是什么名家画的，都一文不值。"神龙见首不见尾"，龙是从来没有给人见过全身的，这就是"变化无常，隐现不测"。弄懂了龙的精神，我们就知道自己文化的精神在哪里。另外，懂了"变化无常，隐现不测"八个字，我们也就懂了《周易》的原理。《周易》告诉我们，天下的万事万物，随时随地都在变，没有不变的东西，没有不变的人，也没有不变的事。因为我们对自己都没有把握，所以对下一秒钟我们的头脑中想的是什么，也没有把握知道。

那么，"潜龙勿用"是什么意思呢？说来有些丧气，就是劝诫我们最好

第一步 潜龙——完善自我，蓄势待发

不要动。如果想找工作，履历表都不必送出去。但要注意这个"勿"字，究竟是"不能用""不可用""不应用"，还是纯粹就"没有用"呢？它很难翻成白话。然而，这些意思"勿"字都包括了，不是"用"的价值不存在，而是"用"的时机还没到。龙还是潜伏着的，虽然有无比多的功能、无比大的价值，但还不到"用"的时候。

我们再来看孔子对初九的解释：

象曰：潜龙勿用，阳在下也。

巨龙潜伏在水中，因为阳气初生，居位低下，还不能够呼风唤雨，所以不能妄动。

初九曰潜龙勿用，何谓也？子曰，龙德而隐者也。不易乎世，不成乎名，遁世无闷，不见是而无闷。乐则行之，忧则违之，确乎其不可拔，潜龙也。（《文言传》）

为什么"潜龙勿用"？因为"龙德而隐者也"，龙潜伏在水里是它的初始阶段。"不易乎世，不成乎名，遁世无闷，不见是而无闷"，这里夹杂着老子的思想。"易"，改变。"不易乎世"，不改变世人。"不成乎名"，不在世上成名。它们说的就是自然无为。"无为"不是"不要动、不要做"，而是要符合天道规律，自然而然地去做，不要总想着人定胜天。"遁世无闷"，很快乐、非常乐意地遁世，而不是很痛苦地归隐。"见"，通"现"。"是"，这，指"自我"。"潜龙"就是"归隐"，但这个归隐是非常愉快的。"乐则行之，忧则违之"，高兴就去做，不高兴就不去做。"从心所欲不逾矩"，这是孔子七十岁才达到的境界。"确乎其不可拔"，有一个确立不可动摇的东西。这就是"潜龙"的概念，它符合天道，而且有一个主心骨，所以孔子最刚健，也能忍耐，相信自己终有一天会一举成名天下知。

君子以成德为行，日可见之行也。潜之为言也，隐而未见，行而未成，是以君子弗用也。（《文言传》）

这句话的大意是，君子把成就道德作为行动的目的，这是每天都可以体现出来的。初九爻所讲的"潜"，意思是隐藏起来不曾露面，行动还没有显现，所以君子暂时不施展自己的才能，不轻举妄动。

孔子认为，有龙一样的品德而隐居的人，没有被世俗的污浊改变节操，也不迷恋于成就功名。他脱离世俗社会而不感到苦闷，不被世人称赞、理解也同样不感到苦闷。对于称心的事，他就付诸实践，对于不称心的事，他绝不勉强自己，绝不去做，具有坚定的不可动摇的意志。

孔子的一生怀才不遇，一身的本事没法施展，甚至还被人比喻成"丧家之狗"，够倒霉的了。可他始终是积极用世的，只是命途多舛，不为世所用罢了。他所理解的"龙德而隐者"固然精准，但他自己是说什么也做不来的，要不他也不会一趟一趟地跑出去周游列国，实在跑不动了，才踏实下来做他的教书匠和编辑。

《周易》和北京故宫中的殿名

北京故宫有不少宫殿的名字出自《周易》。故宫前面三个殿——保和殿、太和殿、中和殿，殿名出自《周易》乾卦的《象辞》："乾道变化，各正性命，保合太和，乃利贞。""性"和"命"可以看作"阴"和"阳"。"阴"和"阳"两者"保合太和"，才可以"利贞"。"保合太和"四个字是我们中华民族的最高价值取向。"保"，要保持住。"和"，分为"太和""保和""和合"，另外再加一个"中和"，一共是四个"和"。只有达到了四"和"，才"利贞"。

故宫后面是乾清宫和坤宁宫，中间是交泰殿，其名都与《周易》有关。乾为天，坤为地。《道德经》第三十九章有"天得一以清；地得一以宁……侯王得一以为天下贞"句，故有"乾清""坤宁"的说法。

和孔子相比，同样有才的诸葛亮的命就好得多。

想当年，诸葛亮高卧南阳，俯瞰天下，自号"卧龙"。"卧龙"和"潜龙"意思差不多。诸葛亮自号"卧龙",那是相当自负的。诸葛亮比孔子沉得住气,硬是谁请都不去,自己活得逍遥自在,一直到汉室宗亲刘备造访,诸葛亮多方考察,让人家吃了好几次闭门羹之后,才认定刘备是可以托付终身的圣明之主,从此与之肝胆相照,为之呕心沥血,最终辅佐刘备建立了蜀汉政权。

　　孔子和诸葛亮都活得很累,可累的内涵不同:孔子是为求售而累,诸葛亮则是在售出之后操劳而累。相比之下,他俩简直冰火两重天。孔子在自己的作品中能客观冷静地描述"龙德而隐者"达到的思想高度,现实中他却做不到,这恐怕也是他郁郁不得志的主要原因吧。

成功源于能做好小事

大家来看一下坤卦的初六爻：

初六，履霜，坚冰至。
象曰：履霜坚冰，阴始凝也。驯致其道，至坚冰也。

"履霜，坚冰至"是什么意思？就是踩上微霜就预示着将迎来坚冰。简单讲，就是"顺"的意思。先有霜，霜越结越厚，后来就成了冰，得依着次序来。霜和冰都属于阴性事物，坤卦原本就属于阴性事物，慢慢地发展，阴气开始凝聚，最后凝成盛阴。这里强调一个顺应的次序，所以下文接着出现了"驯致其道，至坚冰也"。先有霜后有冰，这是一个次序，提示我们做任何事情都要先小后大，先薄然后慢慢丰厚。可是孔子还怕我们不能领会，又在《文言传》中更明白地补了一笔："履霜，坚冰至，盖言顺也。"

如果初六爻只有这么点内涵的话，那我们不少人估计要后悔学习《周易》了。别着急，看了孔子在《文言传》里的借题发挥，你肯定就不会这么想了。照抄原文如下：

坤至柔而动也刚，至静而德方，后得主而有常，含万物而化光，坤道其顺乎，承天而时行。积善之家，必有余庆。积不善之家，必有

余殃。臣弑其君，子弑其父，非一朝一夕之故，其所由来者渐矣，由辩之不早辩也。(《文言传》)

"坤至柔而动也刚"，坤卦是六十四卦中唯一的纯阴卦，"阴"就是"柔"，所以它"至柔"。然而，最柔弱的一旦动起来就是最刚强的，就像万事万物中最柔弱的是水，而最厉害的也是水一样，一旦动起来，它能排山倒海、摧枯拉朽。"动"指前文说到的"变"。坤卦六阴爻变卦后成为乾卦，无疑是最刚强的。"至静"，最安静。"至静而德方"，它安静，所以它的德是方的。在科技不发达的古代，人们心目中都有一个"天圆地方"的概念。因为最方的东西是大地，大地、女人都属于阴性事物，而大地最方正，所以引申到具有坤德的人最安静，也最有主见，这是坤德之人的一种天性。"后得主而有常"，找到主人了，它就要来顺从这个主人。"含万物而化光"，"含"就是"隐含、包容、宽容"，包含万事万物，使其发扬光大。"坤道其顺乎"，因为"顺"，所以找到了方向。"承天而时行"，即顺应天道按时而行，也就是按照客观世界的规律办事。

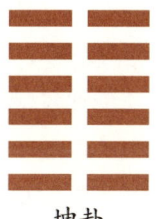

坤卦

回到正题。孔子能把"顺"和"积累"扯到一起，那是需要相当强悍的想象力。其实，"顺"有三个意思，除"柔顺"和"顺应"之外，还有"顺序、次序"。初六爻里的"履霜，坚冰至"，很明显说的就是一个积累的次序。先有霜，后有冰，霜结厚了才能成冰。积善越多，厚报就越大；恶事做得太多，最后有恶报。它们都是从"积累"这个意思上引申出来的。

"臣弑其君，子弑其父，非一朝一夕之故，其所由来者渐矣"，这个"渐"字引申为"渐变的过程、积累的过程"。"由辩之不早辩也"，"辩"通"辨"，"分辨、辨别"之意。该认识的时候没有认识到，所以矛盾越积越大。任何事情的发展，不管结果是好是坏，都会经历一个漫长的积累过程，都有一个积少成多、由小渐大的顺序，所以"其所由来者渐矣"。

任何事情的发展，都有一个循序渐进的过程，这一点在渐卦中也有说明。

渐，女归吉，利贞。

我们看卦辞。卦辞以女子出嫁做比喻，说女子出嫁就吉。为什么呢？因为女子出嫁要遵循礼仪，而渐渐地前进就可以获得吉祥。"利贞"，利于守正道。为什么它要以女子出嫁作为意象呢？因为在古代，女子出嫁的时候是要经过一个非常严格的礼仪程序的。女子处在闺门当中，男子要行六礼才能迎娶她，这六礼缺一不可。哪六礼呢？纳采、问名、纳吉、纳征、请期、亲迎。首先是纳采，然后经过问名、纳吉、纳征、请期、亲迎，这个礼才算完成了。所以迎娶新娘是一个渐进的过程。孟子在《孟子·公孙丑上》里说了一个非常有名的故事，就是"揠苗助长"。你如果心急火燎地想要禾苗快快长大，于是就去把禾苗一棵棵拔起来，那么反而会使禾苗枯死。这就从反面说明，事物的发展是一个渐进的过程，不能违背这种规律。

下面看《象传》：

> 象曰：山上有木，渐。君子以居贤德善俗。

渐卦为异卦相叠（巽上艮下）。上卦为巽，巽为木，下卦为艮，艮为山，即"山上有木"。也就是，山上面有一棵树，这棵树渐渐长大了。这个成长的过程是渐进的，有一种渐渐之象。君子要按照这样一种意象，"居贤德善俗"，渐渐积累贤德，改善风俗。首先这个"贤德"是指自己的，自己贤，然后让别人贤，这是一个过程，一个渐进的过程，最后使得这一方的风俗都改变了、改善了。这就是渐卦给我们的启发。

徽州有一副对联："事业从五伦做起，文章本六经得来。"做事业要从人的五种伦理做起，就是说，五伦是一个起点，以五伦为起点，渐渐地建立事业。写文章也一样，要先读六经，读完六经，文章渐渐地就能写好了。这个写文章不仅仅指为文，也指为人。

做人渐渐积累了善德、贤德，然后改善了一方民俗。各方的民俗都改善了，整个国家就振兴了。所以渐卦给我们的启发非常大。

下面我们看渐卦的初爻：

> 初六，鸿渐于干，小子厉，有言，无咎。

第一步　潜龙——完善自我，蓄势待发

"鸿"指大雁，"干"指水边。《诗经》里面有一句"坎坎伐檀兮，置之河之干兮"，"干"就是指水边。这六根爻以大雁做比喻。"鸿渐于干"，即一只大雁渐渐停在水边。"小子厉"，像小孩遇到危险了一样。为什么这个小孩子遇到危险了？因为"有言"，就是遭到了言语的伤害，但是却"无咎"，没有灾祸。

为什么呢？我们看《象传》的解释：

象曰：小子之厉，义无咎也。

小孩子遇到危险了，但是却"无咎"。为什么呢？"义无咎也"，是因为有义。小孩子在这里指小雁。"鸿"指大雁。大雁还很小的时候，就像小孩子一样，因为它有义，义就是一种规则，一种正当性，所以"无咎"。这只鸟正好处在阳位上，一开始它是一根阴爻，阴爻居在阳位上，它保持着一个渐进的状态，这样，它就没有灾祸。为什么这里卦辞以女子出嫁做比喻，而爻辞却以大雁做比喻呢？这个卦究竟是指女子，还是指大雁呢？实际上，这个卦有两个意象，这两个意象有相同的地方。大雁是一种什么鸟呢？它是候鸟。大雁也叫作"随阳雁"。随着阳，比喻女子出嫁从夫，顺从男人。所以说，这两个意象有共同之处。

渐卦的启示：巽上艮下，风山渐

渐卦给我们的最大启示就是，事物的发生发展是有规律的，礼仪也是有规律、有次序的，我们一定要遵循事物发生发展的规律，循序渐进，不可揠苗助长。其六爻都以大雁的飞行做比喻，从初爻到上爻依次展示了大雁由低到高的飞行状态：先到水边，再到磐石上，再到小山上，再到山上的树权上，再到山岭上，最后到大山上。它由低渐渐到高，由近渐渐到远，非常有次序。同时，每一根爻都在强调，要守

人生智慧六步曲

> 正,要渐进,所以大多数是吉。也有凶,比如,九三爻就是凶,但是它只要顺行了,并坚持渐进之道,就可以逢凶化吉。

这一爻就是以这个意象来说明做任何事情都是一个循序渐进的过程。我们只有从小事做起,将一件件小事积累起来,才能变成很大的成功。"千里之行,始于足下""不积跬步,无以至千里;不积细流,无以成江海"等,说的都是这个道理。

用恒处事，不急不躁

需卦为《周易》第五卦，卦象上水下天，水天需。水尚处在天之上，则为云，虽然乌云密布，但是时候不到，无法降而为雨，故而需要耐心等待。"需"在本卦中的意思为"等待、等候"，其卦辞曰：

需，有孚，光亨，贞吉，利涉大川。

其意为：有诚信则光明亨通，守持正固可获吉祥，利于渡过大江大河。"利涉大川"是《周易》中经常出现的一个意象，喻指跋山涉水去建立功业。可见，需卦是为建立功业做准备的一卦，因为密云不雨，时机尚不成熟，所以要耐心等待。

我们今天要看的是其初九爻，换句话说，也就是等待的开始。

初九，需于郊，利用恒，无咎。
象曰：需于郊，不犯难行也。利用恒，无咎，未失常也。

"郊"意为"野外"。"需于郊"就是"离城邑还有一段距离，就在那里等待"。为什么要在郊外等待而不索性进城再说呢？原因是"不犯难行也"。"不犯难行"的断句应在"难"字和"行"字之间。"犯难"是一个词，意即"为某事感到为难"，连起来就是"不想为前行感到为难"。因为前行路上出现了障碍，前进时会感到为难，所以就在离城还剩一段距离的地方停止下来。"利用恒，无咎。""恒"，意为"常"，表示事情发展的一种正常状态。

以"需于郊"这件事为例，应该怎么"用恒"？很明显，就是"不犯难行"，停止在该停止的地方。这是遇到阻碍时最正常不过的反应。不要说郊离城邑还有一段距离，即便只剩下一箭之地，百米冲刺就可以进城，也决计不进，因为前行有很大困难，有可能遭受不必要的损失。稳住心神，耐住性子，不急不躁，需要等待就安心等待，条件允许就勇往直前，不冒进也不迁延，不冲动也不畏缩，这就是"需于郊"表现出来的"用恒"。如果能够"用恒"，就"无咎"，没有过失。（"无咎"在《周易》吉凶断语中位列"利"和"悔"之间，往好的方向转化是"利"，往坏的方向转化是"悔"，其状态为"无过无誉、平平淡淡"。）为什么"利用恒，无咎"呢？"未失常也。""常"即"恒"，"恒"即"常"，两者都指"一般、正常状态"。

世界上没有一蹴而就的事，人的一生中，一帆风顺的时候恐怕也不会太多。做任何事情，大大小小的磕磕绊绊都在所难免，这些磕磕绊绊或多或少都会耽搁你前进的途程、延缓你前进的脚步，然而没有办法，这是事情发展的常态。

需卦的启示：坎上乾下，水天需

需卦启示我们：第一，要有诚信（孚）；第二，要符合天道（位乎天位）；第三，要耐心等待（需于……）；第四，要小心谨慎（小有言，致寇至）；第五，要顺应（顺以听也，静顺）。在整个"需"的过程中，应当按"需"的精神办事。

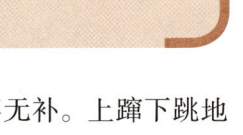

面对磕磕绊绊，急躁、抱怨、愤恨都没用，都于事无补。上蹿下跳地折腾一番后你发现，除了消耗掉自己不少热量外，你的人和你的事仍然停

第一步 潜龙——完善自我，蓄势待发

留在原处。此时，正确的做法就是以常态予以回应。按照需卦初九爻的启示，我们的回应要抓住两条基本原则。

首先，"不犯难行"。行于当行，止于当止，戒急戒躁，绝不强求。须知：心急吃不到热豆腐。

其次，"用恒"处事。"用恒"就是"未失常"，两者意同。此条其实是第一条的推而广之版，"不犯难行"原本就是"用恒"在等待方面的一个具体案例。

那么，究竟怎样才算"用恒"，才算保持常态处理事务呢？我想，体现在需卦初九爻中，最重要的一条恐怕就是怀抱一颗平常心，不急不躁，一切按照事物发展的客观规律办。以这样的心态处事，就好像老汤炖肉，"火候足时它自美"。火候足，炖出的肉肯定味道醇厚、香气四溢。用恒处事，我们要做的事也会功德圆满。

需卦初九爻给我们的启示，核心只有两个字"用恒"。全面一点是"用恒处事"。再把"用恒处事"的主要表现"不急不躁"加上，就是八个字"用恒处事，不急不躁"。

六十四卦的初爻位居该卦六爻之初，按照我们总结出的六步曲理论，应该大多在临事之初，除需卦初九爻外，至少还有三个初爻明确提到了戒急戒躁、力避盲目冒进等问题，由此，亦可见类似问题在临事之初的重要性。

下面我们就分别来看一下。

夬卦初九爻：

> 初九，壮于前趾，往不胜为咎。

它的意思是，刚开始前进势头就很猛、很强盛，但这是盲目冒进，不好。初九爻刚爻居阳位，过于强盛，而刚开始时一般需要小心谨慎，不宜太强盛、太冒进、锋芒太露。

《象传》补充说明：

> 象曰：不胜而往，咎也。

它的意思是，明知道不能取胜而贸然前往，肯定会招致灾祸。

夬卦初九爻同样告诉我们，在临事决策时不能太冒进，一定要慎重。

既济卦初九爻：

> 初九，曳其轮，濡其尾，无咎。

既济卦和未济卦都是以小狐狸打比方的。在既济卦初九爻这个位置上，要拖曳着车轮，不能快跑，就像小狐狸过河时沾湿了尾巴没法快跑一样，这样一定没有灾祸。狐狸一般是翘着尾巴跑，这样跑得快。尾巴沾湿了，只好拖曳着跑，速度自然就降下来了。

看一下《象传》的解释：

> 象曰：曳其轮，义无咎也。

其意为"曳其轮"的做法正当，合乎"义"，亦即合乎成功之后谨慎守成的大义。初九爻以刚爻处于最下位，是说事情的开始要居于下，谦虚、稳重、不急躁才可以。

既济卦初九爻告诉我们，成功以后怎样迎接新的开始，就是要谨慎守成、稳重、不急躁。

未济卦初六爻：

> 初六，濡其尾，吝。

还是拿小狐狸说事。小狐狸渡河的时候，尾巴还留在水里面，这是很遗憾的。这就让人有些不明白了。未济卦初六爻与既济卦初九爻一样，也出现了"濡其尾"的意象，断语却是"吝"，不及既济卦的"无咎"好。按"无咎、悔、吝"的次序排列，"无咎"与"吝"中间还有个"悔"。为什么？因为两卦的意境不同。既济卦是已经成功，要以"濡其尾"降低行进速度来表示"不要冒进，要谨慎守成"。而未济卦尚未成功，仍需努力，小狐狸把尾巴沾湿，影响了前进速度，就不能更快地前进，在此表示"不思艰险、不思进取"。

> **未济卦的启示：离上坎下，水火未济**
>
> 未济卦告诉我们，在还未成功时怎样努力争取成功，就是一定要谨慎，要进取，要节制，要守中道。未济卦六爻分别告诉我们该怎样做，以及这样做的道理。这些都是未济卦和既济卦之间互相轮转换位的关键所在，就是得看自己能不能审慎进取，能不能守住中道，能不能诚信，能不能光明正大，能不能戒骄戒躁。如果能够做到这些，未济可以转换为既济。反之，即使既济，最后也可能成为未济。这个辩证关系非常值得我们去体悟，去深思。

因为未济卦下卦为坎卦，坎卦为艰险，所以初六爻是遇到艰险的第一步，这个时候需要的是尽快摆脱艰险，向成功出发，而不是既济卦的故意放慢脚步，小心为上。

我们再来看看此爻的《象传》是怎么说的：

象曰：濡其尾，亦不知极也。

"极"指"房梁"，它在房子中间顶上，表示居中。也就是说，初六爻不知道谨慎、守中。不量力而冒险前进，结果尾巴沾湿了，反而影响了前进的速度。

编纂《古今图书集成》的清代学者陈梦雷对于既济卦和未济卦的初爻有相当精当的解释，他在《周易浅述》中说：既济是阳刚得正，黎明之体，当既济之时，知缓急而不轻进则无咎。因为初九爻是阳刚得正，它不冒进，所以无咎。而未济是位柔不正，坎险之下又当未济之时，冒险躁进以至于濡尾而不能进，故吝。就是说，未济卦的初六爻冒险躁进，濡了尾巴，因而会有小灾祸。

　　综合以上，我们不难知道，在任何时候，临事之初也好，决策决断时也好，成功后守成时也好，未成功努力时也好，急躁冒进都切切要不得，轻则招灾致祸，重则功败垂成。我们必须慎重对待这个问题。

少说话，多做事

讼卦为六十四卦第六卦，上天下水，天水讼。"讼"者，"争讼"之意，但此卦不是教我们如何争讼的，而是教我们如何止住争讼的，即"止讼免争"。从卦辞上看，此卦要求我们有诚信，并有恐惧之心。就算做到了这些，中间是吉利的，但结果却依然凶险，有利于大人，却不利于渡过大江大河，所以最好还是不要争讼。我们来看初六爻：

初六，不永所事，小有言，终吉。

意思就是，不要长时间纠缠于争讼之类的事情，在做人方面应谨言少语，这样，最终才吉利。初六爻阴爻居阳位，不正，可见争讼是不合适的。但它位居九二爻之下，阴在阳下，关系为顺，所以最终才吉利。

为什么呢？《象传》里有解释：

象曰：不永所事，讼不可长也。虽有小言，其辩明也。

一开始就应避免争讼，因为争讼不可长久，这种风气也不可助长。话虽然说得少，但所说之话都符合天道，因此也就容易明辨是非。

讼卦初六爻讲的是争讼的第一回合，先劝我们不要争讼。即便争起来了，也不要过多纠缠，要速战速决。最后是具体的指导方针，即"小有言"，谨言少语。而且这"谨言少语"还有标准，要求"其辩明"，说出去的话很容易让人明辨是非。就是说，第一别张嘴千言，第二别离题万里，说出一个字就要有一个字的用处，一个萝卜一个坑，而且这个字表意还要准确，无歧义、无多义，不能让人听出言外之意，套话、废话最好不说。

这似乎有些像要求新闻发言人，具体操作起来有一定难度。我们中的大多数人恐怕做梦都不会想到要打官司，真到万不得已时要打官司，也还有律师。我们学习《周易》的初衷不是要向"刁民"或"讼师"看齐，主要还是要将其应用于日常生活中，尽可能地创造良好融洽的生活和工作环境，让我们生活得舒心惬意，并且更快、更好地接近或获得成功。

因此，从讼卦初六爻中，我们抽取"谨言少语"的精神内核就已经足够了，其他高精尖新的语言技巧，自有专业人士或感兴趣的朋友研究。

"谨言少语"是针对"言多必失"而言的。我们都是普通人，不是专业的语言工作者，组织语言、运用语言的能力实在不敢说有多强。话说得少，一般人都不会出纰漏，但话匣子一打开，就保不齐了，要是再情不自禁那么一下子，该说的不该说的、能说的不能说的、说得好的和说得不好的，肯定一窝蜂全从嘴里涌出来。言多必失，很多不必要的麻烦就是这么招惹来的。就算你没有说错话，但如果有那么一两个小人添油加醋、断章取义一搅和，那么你想不惹麻烦上身都难。

> **讼卦的启示：乾上坎下，天水讼**
>
> 讼卦给我们的启示有三点：第一，做事谋始，开始即不可违背天道。第二，在危险时要谨慎，要小有言，归而逋，尽量谨言少语，最好不去争讼。《象传》说争讼到底，不知改悔，虽然不讼而胜，但终究会失去这种胜利。第三，要敬，要顺从领导做事，这样虽然不会有大成就，但最终吉利。

以上只是"言多必失"的一个小小方面。我们都不是避居深山、嘴巴

第一步 潜龙——完善自我，蓄势待发

基本只保留下吃饭功能的隐士，身处社会，就是身处语言的汪洋大海，一天到晚，我们不知道要听多少句话，亦不知道要说多少句话，难保句句表达的意思都准确无误。而且回想一下，其中无关紧要的话肯定不少。我们提倡"谨言少语"，并不是让大家闭上嘴巴故作高深莫测状，而是说，无关紧要的话能省则省，要知道，说废话也是要消耗精力的，有时候为了组织一句自认为高明的废话，还可能绞尽脑汁。

言多必失，说的是一般情况，还有"二般"情况，就是言少也失。就是说，不会说话的人，他不需要说太多话，一句话就足够把旁边人噎死，杀伤力那叫一个强悍。鲁迅先生在他的散文《立论》里写道：

"一家人生了一个男孩，合家高兴透顶了。满月的时候，抱出来给客人看，——大概自然是想得一点好兆头。

"一个说：'这孩子将来要发财的。'他于是得到一番感谢。

"一个说：'这孩子将来要做官的。'他于是收回几句恭维。

"一个说：'这孩子将来是要死的。'他于是得到一顿大家合力的痛打。"

这就是个典型的张嘴就闯祸的人，对这种人，谨言少语根本不好使，就得用胶条把嘴给他封上。不过还好，这种人毕竟多见于文学作品，日常生活中即便有，出现的概率也应该和天才出现的概率差不多，都属于凤毛麟角。

提醒大家谨言少语，目的是预防言多必失，并不需要大家说话之前先把要说的内容想好，在心里编辑校对三五遍再说出来，那不现实，也有些矫枉过正。日常说错话惹出的麻烦不是没有，但也远不至于要处心积虑地提防。咱们说的话还到不了"一言兴邦，一言丧邦"的重量级。平时说话应加些小心，分清楚轻重缓急，多站在听话者的角度考虑问题，别满嘴跑火车。

直面错误，及时改正

孔子说过："人非圣贤，孰能无过。过而能改，善莫大焉。"也就是说，人生于天地之间，都是吃五谷杂粮长大的凡夫俗子，不可能一点错误都不犯。一点毛病都没有的，那叫"圣贤"。有错误，不怕，只要知道改正，就是一件功德无量的善举。

孔子此言一出，喜煞了在错误的泥沼中挣扎徘徊的"匪人"，也感化了不少天良未泯者"放下屠刀，立地成佛"。而更多存心向善者则选择了在名字中嵌入该句中的词汇引以为鉴，用得最多的无过于"过"和"改之"。古往今来，凡名"过"者，多字"改之"。连金庸都不能免俗，借郭靖之口给"认贼作父"的杨康的儿子起了个名字叫"杨过"，字当然也是"改之"。

过而能改，诚然善莫大焉。此话古今咸宜，永不过时。不过关于此话，我们还须明白以下两点：

第一，你可以有过，但不要太过头。如果过头到触犯国家法律的地步，天王老子都爱莫能助，你只能乖乖地到高墙电网下悔过。当然，我指的是社会主义的今天，法制健全，"天网恢恢，疏而不漏"。要放在封建时代，犯滔天大罪的人也可能钻了空子逃出生天。别的不说，就说《水浒传》上那个杀人放火的花和尚鲁智深，理个光头，点些戒疤，领张度牒，就免了死罪。如今若有这样的事情就有点荒唐了。在违法乱纪这方面，陈毅元帅有句诗形容得最贴切:"莫伸手,伸手必被捉。"

第二,改,有个时间问题。要改就得及时改,一发现问题马上反思,找出原因后马上就改,这样才能起到治病救人的最佳效果。

> **何谓"一阳来复"?**
>
> 有一个成语叫"一阳来复",它就出自《周易》。它给我们展示的是这样一种图景:大地阳气开始复苏,春天即将到来。
>
> 复卦在十二消息卦中代表农历的十一月,在这个月中,有一天的阳气剥尽,阴气最盛(白天最短,夜晚最长),即冬至。

小畜卦初九爻:

> 初九,复自道,何其咎,吉。
> 象曰:复自道,其义吉也。

小畜卦初九爻告诉我们:

回复到原来守持的正道,怎么可能会有过错呢?很吉利。

《象传》补充:"其义吉也。"它的意义是吉祥的。小畜卦在比卦之后,初九爻紧承比卦不走正道的上六爻,也可以说,它从一开始就认识到了错误,及时回复到了正道。初九爻阳爻占阳位,所以吉祥、吉利。

复卦初九爻亦如此,但说得更清楚。

> 初九,不远复,无祗悔,元吉。
> 象曰:不远之复,以修身也。

刚出发不远就回复,没有灾祸和悔过,从一开始就是吉利的。《象传》进一步解释了回复之后该做些什么:"以修身也。"回复到了正道之后,当务之急是修身,好好检讨一下自己,看看究竟错在了哪里,以期惩前毖后。

"亡羊补牢,为时未晚。"《亡羊补牢》这个古老的寓言故事和小畜卦、复卦的初九爻一样，说的也是及时改正错误的重要性。丢一只羊，问题不大，只要发现问题出在羊圈上，及时把漏洞补上，就能避免丢失更多的羊。而如果听之任之，不去检查羊圈，或者发现了羊圈的漏洞而不去修补，那么圈里的羊早晚会丢光。这就好像一个人犯了错误，如果根本不自我检讨，沿着错误之路继续走下去，或者虽然发现了错误，却一笑置之，认为无关大局，即便一开始只是芥子一样的小错误，日子久了，这错误也会发展成须弥那样大。"悔之晚矣"这个词之所以产生并从那么多人嘴里说出来，我想无非上述对待错误的错误态度所致。

  宗圣曾子为了避免犯错误，"日三省吾身"，那种不厌其烦劲儿想必我们谁都忍受不了。那么，退一步，为了避免"悔之晚矣"四个字颤颤抖抖地从我们嘴里说出，一旦犯了错误，我们就及时改正，好吗？

人贵在有自知之明

大家上学的时候应该都学过《邹忌讽齐王纳谏》这篇课文。这个故事说，齐威王的相国邹忌身高八尺，仪表堂堂，非常英俊。居住在城北的徐公也是齐国有名的美男子，可邹忌没见过他，无从比较。一天早晨，邹忌起床后，穿好衣服，戴好帽子，随口问妻子："我跟城北的徐公比起来，谁更漂亮？"

他的妻子走上前去，一边帮他整理衣襟，一边回答说："徐公怎么能跟您比呢？"邹忌心里不确定，又问他的妾："我和城北的徐公相比，谁漂亮些呢？"他的妾连忙说："大人您比徐公漂亮多了，他哪能和大人相比呢？"邹忌还是不大相信。

第二天，有位客人来访，邹忌想起了昨天的事，就顺便问客人："您看我和城北的徐公相比，谁漂亮？"客人非常肯定地说："徐公比不上您，您比他漂亮多了。"

虽然三个人事先没有打过招呼就一致认为邹忌比徐公漂亮，可邹忌还是半信半疑。他想，眼见为实，亲自比较一下不就见分晓了？恰巧有一天，城北的徐公到邹忌家登门拜访。邹忌刚看第一眼就自叹不如，越看越自惭形秽，心说这差得不是一点半点啊。

晚上，邹忌躺在床上，反复思考这件事。既然自己长得不如徐公，为什么妻、妾和那个客人却都说自己比徐公漂亮呢？想到最后，他总算找到了问题的答案。邹忌自言自语："原来这些人都是在恭维我啊！妻子说我美，是因为偏爱我；妾说我美，是因为害怕我；客人说我美，是因为有求于我。看起来，我是受了身边人的恭维而认不清真正的自我了。"

这则故事告诉我们，做人一定要有自知之明，特别是居于领导地位的人，更要有自知之明，只有这样，才不至于迷失方向。

大过卦初六爻所言，也是做人要有自知之明，要甘居人下：

初六，藉用白茅，无咎。

象曰：藉用白茅，柔在下也。

"藉"就是"草垫子"。"藉用白茅"就是"用白色的茅草来做垫子"。这样就"无咎"。《象传》解释："柔在下也。"白色的茅草很柔软，垫在下面感到很舒服，这当然没有灾祸。这是教导我们，要甘心处下，要守，守着守着，总有云开见月明的时候。"遁世无闷"指初六爻，它愿意被别人当作垫子垫在下面，甘居人下，所以无闷，快快乐乐。

大过卦是第二十八卦，也就是上经的倒数第三卦。非常有意思的是，小过卦是第六十二卦，是下经的倒数第三卦。这样的排列是很有意思的，大家要好好体会一下。

大过卦中间四根阳爻，上下两根阴爻，明显就是阳刚过剩。阳刚为大，所以叫作"大过"。"大过"指一种大的过错，而"小过"呢，则指小事超越了，有小的过错。

从整个卦象来看，小过卦就好比一只鸟，中间两根阳爻，好比鸟的身体，上下各两根阴爻，好比鸟的翅膀，所以这个卦在爻辞上，都用飞鸟来做比喻。而大过卦则以房屋的栋梁来做比喻，大过卦中间四根阳爻，上下两根阴爻，表示大梁的中间特别坚硬，两端比较柔弱。

所谓小过，就是小有过错、做事稍稍过头，在错误之途上走得尚不太远，只要及时回头，对于大局的影响就不大。所以，其卦辞中多有"亨""利贞""大吉"等字眼。当然，前提是要迷途知返，守持正固，不要一条道走到黑。孔子言"错而能改,善莫大焉",正是这一卦的最好注释。

> **大过卦的启示:兑上巽下,泽风大过**
>
> 君子按照大过卦来做就可以"独立不惧,遁世无闷"。为什么呢?原因在这里:"独立不惧"指上六爻,它虽然凶,但无咎;"遁世无闷"指初六爻,它愿意被别人当作垫子垫在下面。所以,这两根爻虽然自身不太好,但是都"无咎"。因此,我们要学习"独立不惧"和"遁世无闷"两种精神,这样就能克服大过。

现在,我们再来看小过卦初六爻:

初六,飞鸟以凶。

象曰:飞鸟以凶,不可如何也。

初六爻的爻辞为"飞鸟以凶"。这句话横空出世,好像没头没脑。飞鸟为什么就凶险了呢?《象传》说:"不可如何也。"就是说,飞鸟不知道该怎么办好了,无可奈何,所以凶险。

这话听起来还是有些莫名其妙。我们来想想,一般情况下,小鸟都习惯性地往高处飞,除非倦鸟投林或高处有危险才不往高处飞。而初六爻为小过卦第一爻,一切都刚刚开始,不可能就到了倦鸟投林的黄昏时分,所以这只小鸟一定是想高高飞翔、一直向上的,这样就要遭遇凶险了。

为什么呢?小过卦的卦辞里说,"不宜上宜下"才能"大吉"。就是说,这个时候是不利于飞鸟振翼高翔的,要明智地选择低飞,最好不要往高处去。而初六爻刚刚起步,又是阴爻,力量等各方面的准备还很不充分。最要命的是,这只鸟这个时候还犯糊涂,它自己也不知道怎么办好了,不知道自己的实力,不晓得自己的处境,更没有明确的主见,只一味依着鸟的天性,把辽阔高远的天空当作自己永恒的向往和追逐目标。就这么晕头转向、漫无目的地向高处乱飞，不遇到凶险才怪。

再从爻位上分析，初六爻阴爻居阳位，不中又不正，而且上面还有六二爻的阻挠，一切条件都对它不利，所以它要想不凶险，就只能乖乖待在下面。

初六爻这个位置，需要甘居人下，不能头脑发昏，做出糊涂事来。此时此刻，最大的糊涂事是什么呢？就是不顾自己的客观实际，盲目乐观，简单认为，天高就是任鸟飞的，因而鼓足勇气，振翼而起，其结果必然是铩羽而归。或者根本就不管不顾，所有事情都不考虑，所有困难都不算计，所有后果都不在乎，就是要飞上高天，那后果也是可想而知的。

我们在事业之初，往往也会头脑发热，不甘居人下，进而做出这样那样的糊涂事来，给自己的发展凭空制造出很多障碍。

大家都得遵循事物发展的一般规律，一步一步、按部就班地来。开始的时候，羽翼未丰、经验缺乏、资历不够，就得先稳住阵脚、擦亮眼睛，踏踏实实地向老前辈学习经验，以增进自己的技能。同时，心态还要放平和，要有谦虚学习的态度，还要有甘居人下的心胸，千万不可心浮气躁、目中无人。"初生牛犊不畏虎"这句话，肯定的是迎难而上的一股子冲劲，而不是心高气傲、盲目自信，在鲁班面前弄大斧，在关老爷面前耍大刀，那样非但于事业和前途无益，反而会让你在入行之初就摔个大跟头。须知一句老话："多年的媳妇熬成婆。"虽然诸葛亮初出茅庐就烧了曹军几把大火，在刘备那里赢得了满堂彩，但他那样的不世出之才毕竟不多见。而且，高卧隆中时，他也并不是饱食终日，无所事事。对于天下大势，他心里雪亮着呢，早已不是毛头小伙愣头青了。

《周易》中阐述处下之道的地方还有很多，下面一一道来。

我们先看否卦初六爻：

初六，拔茅，茹以其汇，贞吉，亨。

同泰卦初九爻一样，拔出一根茅草，连带拔出一片，然后又带出一类，因为否卦下面三根爻全为阴爻。"贞吉，亨"，只要守正道，就吉利。为什么呢？看《象传》的解释："拔茅贞吉，志在君也。"意思是，只要安心辅佐君主，居在下面，就吉利。不要以为否卦不好，六根爻就都不好，泰卦好，六根爻就都好。六十四卦内只有一个卦是六根爻都吉的，即谦卦。即使乾卦，其九三爻、九四爻也为凶险。

丰卦初九爻讲的也是安心居下之道，不过角度不同：

初九，遇其配主，虽旬无咎，往有尚。

和初九爻匹配的主人是九四爻，两者旗鼓相当，都是阳爻。可是初九爻刚刚出道，尚处于最下位，这时最好不要主动挑起纷争。安心居下，就不会有灾祸，而且很快就能获得九四爻的赏识和尊重。

学会处下，甘心处下，这是每一个新入行者的必修课和必经之路。唯其如此，你才能静下心来，全力钻研业务，全心提升自己方方面面的能力。退一步讲，就算你的能力很强，也不要指手画脚，做出不符合你身份地位的事来。只有静下心来，踏实做事，以自己的实力和才干说话，才能将这门必修课尽快完成，把这段必经之路尽早走完。

人际关系网就是通往成功的入场券

与人交往并不是一件容易的事。诚然，我们自来到人世间，就开始了贯穿一生的人际交往活动。随着年岁的增长、接触对象的增多，我们的人际交往圈子势必像滚雪球一样越滚越大。而在此过程中，我们必然自觉不自觉地形成自己的一套人际交往理论和原则。我们自己也许意识不到这套理论和原则，但是它绝对会在潜意识中影响乃至决定我们的人际交往活动，进而对我们的生活和工作造成不同程度的影响。

近几年在人际关系学方面有一个新提法叫"人脉"，提出之后，"人脉"一词迅即风靡全国。这个无人脉不行，那个非人脉不可，人脉就是财脉，人脉就是一切，等等。反正人类语言中表示赞颂讴歌的鲜亮字眼应该全都可以打包送给"人脉"了。

我特意查了一下《现代汉语词典》，关于"人脉"一词的解释很简单、直白，却也很准确，曰："指人各方面的社会关系。"

不容否认，人际关系对于一个人的成功或自我价值的实现，的确起着不可替代、举足轻重的作用。翻开历史，历朝历代概莫能外。除了一些高蹈独行的另类外，绝大多数人都或多或少借助过人际关系的魔力，更有不少人仅仅凭着无孔不入的人际关系网（人脉网）就快活潇洒了一辈子。不管你的意图是好是坏，是为了一己之利还是为了天下苍生，良好的人际关

第一步　潜龙——完善自我，蓄势待发

系无疑是你达成目标的锐利武器。在某些特定时候，一个人如果没有人际关系的维护，轻则寸步难行，重则就不用说了。这绝不是危言耸听。在封建时代，人际关系往往以紧密的利益集团的面目出现，所以才有了"一荣俱荣，一损俱损"这个短语。也就是说，处在同一个关系网里的人都是一根线上拴的蚂蚱，一旦出了问题，谁都逃不脱干系，天塌下来砸大家。所以从本质上讲，古时的人际关系有着它特定的历史意义。

说到这里，我突然想起最近读到的一则资料，关于戚继光和张居正的，正好切合我们现在的题目。

张居正，大家都知道，有明一代赫赫有名的大权臣，用"权倾朝野"形容在任期间的他，都有点委屈他。确切地说，普天之下，除了皇上，就是他。有些时候，他的能量甚至比皇上还要大，而且他的地位固若金汤、牢不可破。当然，张居正在历史上更多的时候是以改革家的身份出现的。改革是他在任时的主要政治活动，也是他一生功绩之所在。不过我们今天不谈这个，只说他作为权臣的能量。

戚继光，想必大家更熟悉，明代抗倭名将，曾有咏怀诗句曰："封侯非我意，但愿海波平。"按理说，这么一个淡泊名利、心怀天下的武人，是不擅长搞人际关系的。的确，和戚继光几乎齐名的另一位抗倭名将俞大猷就保持了军人的粗豪本色。俞大猷不会搞关系，所以我用了"几乎齐名"一词来评价他。其实俞在所有方面都不比戚差，战功可能还大过戚，可就是不善于处理人际关系。从这一点看，套一句《周易》中的"切口"，曰：关系之时义大矣哉！

戚继光在搞人际关系方面的能耐不比他在两军阵前差，眼光奇准而且毫不犹豫，直奔主题而且一步到位，他把"戚家军"挂靠在了张居正的家族企业里面。从此以后，戚的礼物源源不断地运往张府。不用说，全国各地一路绿灯，养路费是绝对没有人敢收的。举个小例子以彰显戚在送礼搞关系方面的才干。张喜女色，可日夜操劳身体吃不消。戚看在眼里，心领神会，他的礼物清单中从来就没有缺过壮阳药这一项。作为回报，张在任时对戚一力维护。也正因此，戚才能够放开手脚，在东南沿海一带最终将

倭寇消灭。若没有张的支持，只怕仅仅上级官员的掣肘就够戚喝一壶的，剿灭倭寇，想都不要想。

这就是人际关系的用处，古今皆同。如今随着人际交往的进一步密切、行业领域协作的进一步发展，人脉的作用愈发凸显。我们这个题目下全是六十四卦中关于人际关系的初爻，让我们看看咱们的祖先在涉世之初是如何处理各种人际关系的，借鉴一下。

> **同人卦的启示：乾上离下，天火同人**
>
> 同人卦是教我们怎么跟别人会同的，我们可以总结几点出来。怎么才能跟别人会同？首先，要想辨别事物，先要辨别心，这样才能无分别。其次，要从一开始就有同人之心。再次，不要只跟同宗主的人会同，或者只拍你主子的马屁，这是不行的。又次，处于九三、九四爻时一定不要有抗争之心，不要兴兵作战，要偃旗息鼓，这样才能真正达到一种同心同德、心心相印的境界。最后，要知遇，不要忘却别人的知遇之恩，这才是同人卦的大义所在。

同人卦初九爻：

> 初九，同人于门，无咎。
> 象曰：出门同人，又谁咎也。

同人卦为六十四卦第十三卦，主要讲述和人交往的问题，其目的是达到"天下大同"的理想境界。其卦辞说，如果能在广阔无垠的天地里会同别人，善于同别人交往，那一定是亨通的，任何艰难险阻都不在话下，对君子而言非常有利。记住：是对君子而言。我们这里涉及的交往主体，无一例外都是以君子的尺度高标准严要求的，否则，交往的圈子就成了小人之党，有违我们会同的初衷了。

"门"就是"大门口"。"同人于门,无咎"就是说,刚出大门口就同别人会同,这样的话就没有灾祸。《象传》以反问句"出门同人,又谁咎也?"加强语气——又有谁会加害你呢?初九爻是同人卦开始会同的第一步,所以会同发生的特定场景是在"大门口",说明初九爻一开始就有会同之心。怀着这么迫切、这么强烈的与人交往、与人会同的愿望,我们可以想象初九爻很快就会找到愿意和他会同的人。初九爻是刚爻处阳位,又是以正人之道与人交往,所以"无咎"。而且随着会同、交往范围的一步步扩大,初九爻的境界也会越来越高,那时断语恐怕就该往"吉"的方向靠拢了,而不是像"无咎"那样平平淡淡。

人际交往的第一个原则:要有强烈的交往之心。有心才有动力,才有行动,也才会投入足够的时间和精力去努力经营、打造自己的人际关系网(人脉),关键时刻,这些经营才能起到应起的作用。须知:人脉的经营是一项细水长流的浩大工程,所谓"日久见人心"是也。急来抱佛脚不行,想要立竿见影也不行,大家要的是经过时间检验的那一颗火热滚烫的真心。

同人卦只有一根阴爻,即下卦的中爻。天火同人,上下卦颠倒一下,就成了火天大有。

大有卦的初九爻也讲述了人际关系方面的问题。

初九,无交害,匪咎,艰则无咎。
象曰:大有初九,无交害也。

"无交害"表示一种意愿,就是不要加害。它有两个意思:一是不交往,不惹祸,因为初九爻刚开始,是要潜伏的,做事要低调。"交"意为"交往"。二是不要相互伤害,"交"作"相互"讲。这两个意思都讲得通。"匪咎","匪"同"非",有"不要"的意思,用法同"受益匪浅"的"匪"。"咎",过错,此处指代错误的事。"匪咎"就是"不做错事"。注意,要把"匪咎"和断语"无咎"区分开来,两者虽然都表示否定,但"匪咎"重行为,"无咎"表判断。"艰则无咎",要牢记着艰难,时时想着艰难。意思就是,要像宗圣曾子在《论语·学而篇》里宣扬的那样,"日三省吾身",经常反思,这样就没有灾祸。所以，整句可以译成：不要互相伤害，不要做错事，要时刻牢记着艰难，经常反思，这样就没有灾祸。

大有卦的初九爻教给我们的人际交往原则有些另类，要我们从一开始就不互相伤害，与人友好相处，估计是经常反思的结果。

人际交往的第二个原则：要低调，不要一开始就和人互相伤害，要经常反思，最好能化敌为友，互相帮扶。

姤卦为相遇之卦，其初六爻讲的也是交往之道。

初六，系于金柅，贞吉，有攸往，见凶，羸豕孚蹢躅。

"金柅"指金属做的刹车器。"系于金柅"，系在金属的刹车器上，表示"牢固、牢靠"，这样才会"贞吉"。"羸豕"指瘦弱的母猪（亏得先贤们能找到这么一个有代表性而又朴实的意象）。"孚"，此处略近于"浮"，指"轻浮"。"蹢躅"即"徘徊游荡"。整个句子连起来的意思就是：如果急着向前走，会有凶险，就像瘦弱的母猪到处游荡一样。这从反面告诉了我们相遇之道：不能太轻浮，不能太浮躁，内心要守正，要像系在刹车器上那样牢靠。

姤卦的启示：乾上巽下，天风姤

姤卦告诉我们一种相遇的道理。对一个君子来说，最重要的是"中正"，有包容之心，不把相遇的人当成宾客，能庇护贤人，还能隐藏自己的才华，不给贤人造成太大的心理压力。这些都是中正之道的表现。做到这些，贤人必定不请自来。

姤卦的卦象为一阴遇五阳，相当于一女遇五男。根据"哪类爻少哪类重要"的原则，一根阴爻最重要。所以，姤卦侧重从女方角度提出看法。初六爻在交往之始，阴居阳位，不正不中，本身又柔弱，所以"见凶"，其

第一步　潜龙——完善自我，蓄势待发

解决办法是"系于金柅"，即"守正，不轻浮，不滥交、乱交"。应用于我们身上则是：选择结交的对象，端正交往的态度。否则，你可能交到对你有害无益的人，或者因为你的轻浮而让别人退避三舍，不愿和你深交。

人际交往的第三个原则：选择结交的对象，端正交往的态度。

姤卦之后是萃卦。萃卦为第四十五卦。《序卦传》说："物相遇而后聚。"萃卦讲的是会聚之道，而且这个会聚显得五花八门，还有点贪，举凡人才、财富、美德等，只要是好的，它都会聚。我们着重看它的会聚人才方面。

萃卦初六爻爻辞：

初六，有孚不终，乃乱乃萃。若号，一握为笑。勿恤，往无咎。

"有孚不终"，有了诚信但是不能保持到最后。"乃乱乃萃"，必然会造成混乱。这种会聚当然就是乱聚，起不到半点会聚的作用。会聚之道最重要的是诚信，只有用心感应，进行会聚，才能达到会聚的目的，即会聚人才。"若号，一握为笑"，如果号叫、哭号，那么一握手就会破涕为笑。"勿恤，往无咎"，不用担忧，前进的话，没有灾祸。

"号"，或者说"哭号"，在此的目的是引起"别人"的关注，这是一种感应的表现，就好像小孩子有时候突然无缘无故地哭闹一样，因为初六爻也很柔弱。"别人"在此指九四爻。初六爻要跟九四爻相呼应，跟它"一握为笑"，然后会聚在一起。九四爻和初六爻分居上下卦第一爻，位置正应，阴阳和合。如果能这样会聚，就万事大吉，前进的话，就没有灾祸。所以《象传》曰："乃乱乃萃，其志乱也。"它解释胡乱会聚的原因是会聚的人心志已经迷乱了。在心志迷乱的状态下会聚，肯定鱼龙混杂。所以会聚应该从心开始。心一乱，会聚必乱；心一正，会聚必正，聚集的人也必正。

人际交往的第四个原则：从心开始。心态一定要放正，这样你才能会聚、结识到真的正人、真正的人才。

萃卦之后是升卦，为第四十六卦。《序卦传》说："聚而上者谓之升。"意即经过萃卦会聚之后就要慢慢上升，所以进入升卦。顾名思义，升卦当然是讲怎么高升、怎么上升的。

升卦的初六爻亦含有人际交往的内容。

初六，允升，大吉。

象曰：允升大吉，上合志也。

"允"，指"诚信"。初六爻好比升卦这棵大树的树根。初六爻阴柔，比较弱小，所以一开始就要非常诚信，只有靠着诚信一点点地往上升，才能大吉。《象传》解释为："上合志也。"这里的"上"有两层意思：一层指上面两根爻都是阳爻，初六爻阴爻顺服于阳爻；另外一层指上面的坤卦表示顺，所以上下"合志"。初六爻居下，跟上面两根阳爻合志，跟坤卦也合志，志同道合。只有跟上面志同道合，你才能逐渐往上升。这一点，职场中人都有体会。所以要想上升，就得在上面找到一个志同道合者。具体怎么找，由你自己发挥。但是有一条必须记住，就是心中要有诚信。

升卦初六爻告诉我们一个人际交往的特例，即要想升迁该怎么办。方法是在上面找一个志同道合者，这样，你的优点会较容易被发现，你也就较容易得到提携。当然，这么做还有一个前提——心中要有诚信，要行得正。有句俗话说："朝中有人好做官。"听起来功利了些、世俗了些，但反映的的确是实际情况。这也从侧面说明了人脉的超强能量。这个时代本来就是崇尚张扬个性、竞争推销的时代，只要我们心怀诚信，为了实现自我，不妨试试人脉。

人际交往的第五个原则：跟上面志同道合。

下面出现的是兑卦。兑卦排位第五十八，"兑"通"悦"，故兑卦是喜悦和乐之卦。我们看的还是它的初九爻。

兑卦初九爻的爻辞和《象传》都极简单：

初九，和兑，吉。

象曰：和兑之吉，行未疑也。

在初九爻这个时位，平和、喜悦地对待别人，吉祥。初九爻以刚爻居下位，所以先要有一种心甘情愿的平和心态，然后才能发之于外，喜悦地对待别人。"和兑之吉，行未疑也。"因为初九爻本性刚健，行为也不邪，所以人们就不会怀疑其是否另有所图，而认为其发乎真心，自然也就愿意与其交往了。

> **兑卦的启示：兑上兑下，兑为泽**
>
> 兑卦说明喜悦的情况非常复杂，我们来看卦中的六爻。这六爻里面，上卦和下卦最上面的是两根阴爻，这两根阴爻是被否定的，都是一种凶象，因为这是以柔媚、以献媚来取悦于人。而四根阳爻的情况就不一样了：初爻是和悦，二爻是孚悦，这都是吉祥的；上卦的四爻和五爻还要视你的具体做法而定，如果有人能够借吉给你，你就有喜，如果你被小人剥夺了诚信，你就危险了。这是从正反两方面来说明，要时刻秉持你的原则，不能被小人剥夺，也不能被献媚诱惑。

兑卦初九爻给我们总结了这么一条人际交往的原则：与人交往时，喜悦要发乎内心、出乎真情，这样才能感染人、感化人，才能促使别人和你真心换真心，你也才能交到真正的朋友。独乐乐不如众乐乐，大家乐才是真的乐。兑卦初九爻想要达到的就是这么一种喜悦快乐的境界。

人际交往的第六个原则：喜悦发乎内心、出乎真情。

六十四卦初爻之中关于人际关系的论述大致已罗列如上。原则、方法有差别，贯穿始终而不变的只有一条，那就是心一定要正。这是与人交往的"体"，是本质性的东西；而原则、方法只是"用"。体为主，用为辅。只要把握、秉持本质性的"体"，把心放正，你在人际交往中就至少成功了一半。

还不是高兴的时候

聪明人往往笑到最后，所以他笑得最甜。更聪明的人不但笑到最后，而且只在心里笑，这样他就笑得最快乐。

我们在生活中常常会遇到这样的人，一件事八字还没有一撇，他就觉得大局已定、胜利在望，忙着去摆庆功酒了。最后结果出来，他才晓得自己饮下的美酒是多么苦涩。这种人的自信态度、乐观精神值得称道，可是自信、乐观之前如果冠以"盲目"二字，就有些搞笑了，弄不好还会搞出人命关天的大事。

历史上不乏因盲目自信而酿成悲剧的例子，尤其在两军对垒的战阵之中，主将的盲目自信会诱发运筹时的麻痹大意、临阵时的轻敌之心。由于战争的特殊性，交战双方的生死往往取决于须臾之间。很多无辜者的鲜血就是这样白白流失的。

三国时期的蜀汉大将关羽，当时已全国闻名，今天更家喻户晓、妇孺皆知。关羽镇守荆州期间，水淹曹操七军，曹军主将于禁被俘，副将庞德授首，许昌震动，曹操甚至商议要迁都以避其锋芒。可惜，关羽这人太刚愎自用，自信到了极点。后来蜀吴交恶，荆州成为前沿中的前沿，刘备、孔明一再嘱咐他小心谨慎，他不以为然。后来，吴将吕蒙瞒天过海，白衣渡江，终在麦城将关羽父子擒获斩首。

第一步　潜龙——完善自我，蓄势待发

关羽如此，他的盟兄刘备也好不到哪里去。刘备兴兵替两位兄弟报仇，在猇亭一战中，又因为轻视吴国青年将领陆逊，七百里连营被吴军当成烟花爆竹放了。刘备狼狈逃至白帝城，羞愤交集，一病不起，最终死在了那里。

> **晋重耳占卜定大计**
>
> 此事记载于《国语》。晋公子重耳在外流亡十九年后，很想回到自己的祖国，于是亲自占了一卦，是屯之豫，即从本卦屯卦变到豫卦。豫卦的卦辞是"利建侯行师"，屯卦的卦辞是"元亨利贞，勿用有攸往，利建侯"，都有"利建侯"，意思是，有利于回去做一国之君。但卦师说不吉利，因为屯卦意为艰难，豫卦上卦的震卦可以代表车，下面是坤地，中间是空的，车陷地里，所以不能回去。重耳又找了有名的司空季子来看。司空季子说："吉，应该回去。屯卦和豫卦都说'利建侯'，而且震是车子，坤是大地，车子行在大地上，不是挺好的吗？屯卦表示艰难，也表示厚重，豫卦又有快乐的意思，回国肯定有大欢喜。"重耳回去之后，果然顺利当上了晋国国君，并成为著名的春秋五霸之一。

这个道理，《周易》第十六卦豫卦已经说得很明白。

豫，利建侯行师。

"豫"者，"乐"也。豫卦就是寻找快乐之道的卦。之前的第十五卦谦卦，六爻全吉，谦之后，当然心中非常快乐，而且是真正的快乐。另外，"豫"还有一层意思是"准备、预备"。

豫卦的卦象是上雷下地，雷地豫，意思是"雷出地奋"，雷已经开始在地上运动，显示在地上，故"豫，利建侯行师"，有利于建功立业、讨伐叛逆。

既然豫卦要教导我们寻找快乐之源、快乐之道，那么，我们究竟怎样

人生智慧六步曲

才能找到真正的快乐呢？

很遗憾，我们这里要讲的豫卦初六爻，会先给大家迎头泼瓢凉水，可能会让大家很不快乐，因为它要奉劝大家：快乐不可过早，快乐不可过头。

初六，鸣豫，凶。

这不是凉水是什么？本想高高兴兴地寻找快乐，它却先来个"凶"。什么"凶"呢？"鸣豫。"

"鸣"字在谦卦里的意思是"出名"。"鸣谦"就是"出了名以后依然谦虚"。这一爻里的"鸣豫"可译成"大喊大叫"。以大喊大叫的形式表达快乐的心情，显然过了头了，有些忘形。初六爻才刚刚开始，万里长征刚走出第一步，你就快乐成这副手舞足蹈的模样，那怎么成？所以结果是"凶"。

象曰：初六鸣豫，志穷凶也。

"志"就是"志向"。"穷"就是"过头、过分"。远大志向的实现刚刚开始，才取得芝麻绿豆大一点点成绩，就以为已经到头了，功德圆满了，殊不知，下面的路还很长，狂风骤雨还没有来袭，这样子怎么能不栽跟头，不凶呢？所以在一切刚刚开始的时候，我们一定要懂得节制，不要快乐得过了头，否则，会给人留下轻浮、不稳重、不踏实的印象。后面的事情如你所料还好，如果不如你所料，一不小心翻了船，就算别人碍于面子不飞短流长，你自己又情何以堪？

欢乐过早、过头之戒可谓深矣，这也是我们之所以单独讲解豫卦初六爻的主要原因。但凡成大事者，无不是老成持重之人。这种人畅饮庆功酒的时候，可以保证的一点是，他的敌人早已成为冢中枯骨了。

反思比前进更重要

这一节我们来说说遁卦。遁卦为《周易》第三十三卦，告诉我们的是隐退之道。《广雅·释诂》解释"遁"有三个含义：一是去也，即离开；二是蔽也，即隐蔽；三是退也，即隐退。这三个含义一步步递进，先离开，继而退避，终而归隐。说白了，遁卦就是教我们该怎么在险恶环境下全身而退的。其卦辞为：

遁，亨，小利贞。

"小"，不是"小人"的"小"，而是"弱小"的"小"。遁卦的主旨是教人退避隐遁，肯定要示人以弱，而不是示人以强。只要隐遁就亨通，就对弱小者有利。

初六，遁尾，厉，勿用有攸往。
象曰：遁尾之厉，不往何灾也。

遁卦的初爻为阴爻，正应着卦辞的"小利贞"，可是单从其爻辞来看，满不是那么回事。"遁尾，厉，勿用有攸往"，隐藏尾巴很危险，不能再前进了。《周易》中常用尾巴来做比喻，如履卦的"虎尾"、既济卦和未济卦的"狐尾"等，而此处的尾巴则指"狗尾"，因为遁卦的下卦为艮卦，艮卦代表狗。爻辞显示,隐藏尾巴的难度不小,竟然落了个"厉"的断语。(在《周易》九断语中,"厉"的凶险程度仅次于"凶"和"咎",表示危险已经潜伏,祸根已经种下,不过尚可挽回。此时一不小心,潜在的危险就会变成真正的灾祸。)《西游记》中,孙悟空为逃避二郎神的追杀,变成一座小庙,可惜猴尾无法安置,只好变了一根旗杆竖在庙院里,结果二郎神通过旗杆识破了孙悟空的行藏。可见无论古今,不管在虚构小说中,还是在现实生活中,尾巴都是一个很棘手的问题。想想也是,要不怎么会有"尾大不掉"的成语传世呢?其他器官似乎不存在类似的问题。

遁卦的启示:乾上艮下,天山遁

遁卦是讲,在得意美好之时、功成名就之刻,应该毅然决然地隐退。欧阳修说"遁者,见之先也",意思是,隐遁是表现的开始,只有隐退了才能展示出来,只有退才能进,退为进之母。程颐解释本卦时说"君子退以生其道",意思是,君子隐退是为了弘扬他的正道。本卦下三爻重在讲"止",体现它的词有"勿用""不往""固志""系遁"等;上三爻为乾卦,乾卦讲"天行健",主张"动",体现它的词有"好遁""嘉遁""肥遁"等。张衡曾作《归田赋》,言"苟纵心于物外,安知荣辱之所如",意思是说,如果将心放纵、超脱于物外,那么怎么还会担心荣辱所带来的结果呢?

《象传》说隐藏尾巴很困难,所以应停止前进,然后以反问句加强语气——不往何灾也?不前行哪还会有什么灾祸呢?尾巴隐藏不好就无法继续前进,这个尾巴比之狐尾的作用可大了去了。小狐狸把尾巴沾湿后最多影响一点速度,于大局无碍,但遁卦的这条狗尾巴都能掌控局面了。一条狗尾巴何至于这般神通广大?这个意象究竟指代什么?看完解释你就不会奇怪了。

第一步 潜龙——完善自我，蓄势待发

此处的尾巴指人的正反两面。

正面：如果一个人的成就、名声太大，财富太多，要让他一下子全部抛掉，即便他不是守财奴，实施起来也很困难。像陶朱公范蠡那么明智、洒脱的人，从古到今没出过几个。别看古人写了那么多要退隐山林去陶冶情操的文章，真退隐的没几个。而这几个当中，还有大多数是扛着家产进山的。如果山下的大宅院能移动，他们也会不遗余力地挪到山上。一言以蔽之：人，尤其功成名就的大人物，身家难舍啊。

反面：如果一个人的陋习太重，想把它改掉也很困难。再扩大一下考察对象，一个实体、一个国家，无不如此。矛盾积累得深了、久了，积重难返，牵一发而动全身，如果不好好反思，找出矛盾根源之所在，然后以雷霆万钧之势痛下杀手，就只能眼睁睁地看着悲剧发生。

明亡以后，不少人都对吊死煤山的明思宗，也就是崇祯帝，深表惋惜和同情，认为明朝亡在他手里是他命不好、点儿背。为什么？崇祯帝即位时，大明王朝已经日暮途穷、气息奄奄，各种矛盾根本无法调和，灭亡只是个时间问题。所以，崇祯帝最后的结局很凄凉。

把话题转回到陋习上。打个不太恰当的比方，陋习就像毒品，一旦沾染上，就很难戒掉。这时候怎么办？就需要暂时停下前进的脚步，"勿用有攸往"，好好进行反思。如果带着陋习上路，随着你的不断进步，陋习也会以几何级数的速度被无限量放大，等到你再次明显感知到它的存在时，后果就不堪设想了。

好好进行反思，彻底改掉陋习，这是一定时期内比前进还重要的事情。只有彻底改掉陋习，才能放下包袱，轻轻松松地全力前进。这就是遁卦初六爻给我们的启示。

知难而退是一种境界

这个题目好像有违勇往直前的奋斗精神。

从小到大，我们所受的传统教育更多倾向于积极进取，要求我们迎难而上、勇猛精进。

世上没有迈不过去的坎，没有走不通的路，这是一部分尚未摔过跟头或者摔了跟头，爬起来一看，没有伤筋动骨，于是咬紧牙关继续前行者普遍抱持的心态。毫无疑问，这种一不怕苦、二不怕死的奋斗精神是我们做出一番事业所必需的。但是，世间事往往不能一概而论，从不同的侧面、不同的角度看，会得到截然不同乃至完全相反的结论。举个最简单的例子。譬如过一条河，浪涌波翻，深不可测，无桥、无船，也无其他任何渡河工具。这时候该怎么办？有的人会瞬间忘掉自己不会游泳的事实，脑袋一热，一个猛子扎下去，那就只好来世再见了。有的人会停下来想一想，到底是造船合适还是架桥方便，然后着手实施，不管怎么费劲，最终结果是他平安地过去了。聪明人会当即停下来，广泛搜集关于渡河的各种信息，显然他认为架桥和造船都不是最佳选择。最后，或者他从其他地方搞一条船过来，乘船过河；或者他运气好，得到了天气突然降温的消息，第二天，河上结了厚厚的冰，他从冰面顺利过河。

这就是特定时候迎难而上和知难而止的最大差别。事实上，渡河这个

第一步 潜龙——完善自我，蓄势待发

例子举得不太恰当，因为现实生活中有很多艰难险阻是我们穷尽所有力量也无法逾越的。如果这时非要往牛角尖里钻、往南墙上碰，那么你的表现会让大家很痛惜，因为知道你会头破血流。结果也会让大家很失望，因为南墙还好好地矗立在那里，而你已颓然倒地。

先贤们并没有过分强调"明知山有虎，偏向虎山行"，"虽万千人，吾往矣"，或者干脆拿个鸡蛋往石头上碰，不碰碎不算完。碰碎了还不算完，换个鸡蛋再往上碰。这里他们提倡的只是一种无所畏惧的精神，而不是那种不自量力、不计后果的鲁莽行为。譬如，他们也创造了"螳臂当车"等成语对不自量力者予以嘲讽，他们也宣扬"识时务者为俊杰"，他们在无力"兼济天下"的时候也会选择"独善其身"，虽然显得有些心不甘、情不愿，但是他们明白，有些困难的确是无法克服的。

面对无法克服的困难，最明智的选择就是知难而止。当然，停止下来并不意味着彻底放弃，但是只有停止下来，我们才能全神贯注地开动脑筋想办法，要么换条路走，要么折回去从头来过，反正继续前进是不可能的了。

《周易》大畜卦初九爻面临的就是一种极其困难的情形，我们可以看一下初九爻的选择。

> 初九，有厉，利已。
> 象曰：有厉利已，不犯灾也。

"有厉"，有危险。"已"，停止。前路危险，所以要赶快停止，要知难而止。《象传》说"不犯灾也"，这样就不会遭遇危险灾祸，蒙受不必要的损失。这叫"知时位"。只有这样，才能保存自己的实力，在大畜卦中，也才能最后达到大畜（大蓄积）的理想境界。

六十四卦中还有一个经典的知难而止的初爻，就是蹇卦的初六爻：

> 初六，往蹇，来誉。
> 象曰：往蹇来誉，宜待也。

爻辞说，往前走艰难，归来就能获得美誉。初六爻在蹇卦中是唯一不

当位的爻，阴爻居于阳位，所以这时就不能前往而要归来，要后退。为什么如此呢？《象传》解释说"宜待也"，应当等待适宜的时机。

蹇卦比大畜卦说得更明白，还提出了"宜待"的"止"后举措。反思现实社会中，很多人遇事时只知进而不知退，只知得而不知失，一根筋，一条道走到黑，这是不理智的，也是不符合我们的前进策略的。

最后，强调一下"难"字。我们说知难而止，并不是说遇着困难就退缩，不经考虑、不经尝试就绕道走甚至往回走。这个"难"必须是经过考察后的确超越了我们解决问题的极限的，说出大天来我们也无能为力、回天乏术的。否则，但凡有一点可能，我们还是崇信那句话："世上无难事，只要肯登攀。"

遇事三思而后行

无妄卦为《周易》第二十五卦，卦象为上天下雷。天上打雷，万物震悚。按封建迷信的说法，雷劈坏人，所以俗语诅咒坏人时多用"天打雷劈"等字眼。也正因此，无妄卦告诫我们，不可妄为，因为雷已经发动，轻举妄动、胡作非为是要遭天谴的。

无妄，元亨利贞。其匪正有眚，不利有攸往。

无妄卦卦辞大意是，如果你"无妄"，不妄为，那就"元亨利贞"，一开始就亨通。反之，如果你"匪正"，胆大妄为、不守正道，那就"有眚"，有灾祸，"不利有攸往"，再前行肯定不利。万事万物要想达到"无妄"的境界，首先要守正道。

> **无妄卦的启示：乾上震下，天雷无妄**
>
> 无妄卦没有一根爻是讲"有妄"的，都在讲"无妄"，可是有的凶，有的吉。为什么？就是时位不同、用心不同。初九爻是个刚爻，有本身的属性，所以它吉。同时，它"得志"，是用了心的。六二爻、

> 九五爻又中又正，所以都吉。六三爻的时位不中不正，所以凶。上九爻不中，而且到头了，高而无位。这就告诉我们，做事情除了不要妄为之外，最重要的是审时度势，识时务者为俊杰。它还要我们守正道。按照儒家的说法，就是符合礼仪。孔子曾说过："非礼勿视，非礼勿听，非礼勿言，非礼勿动。"这叫"守正"。如果不守正，就会有灾祸。

无妄卦初九爻是刚爻居阳位，守着正道，我们看它怎么样：

初九，无妄，往吉。

象曰：无妄之往，得志也。

爻辞说，一开始就不要妄为妄动，这样前行就大吉大利。《象传》解释："无妄之往，得志也。""志"在此指"势"，即"权势"。初九爻占着正位，表示已经具备了一定权势。尽管如此，初九爻前行的时候，还是"无妄之往"，它守着正道，正正经经，一点儿也不胡作非为，所以就"吉"。

"妄"意为"胡乱"，有"不切实际、不走正道"的意思，所以有"妄"字的词语，基本没有褒义的，如轻举妄动、胆大妄为、痴心妄想、妄图等，都不是什么好词。佛家更是力避"妄"字，举凡妄念、妄语、妄动等，尽在禁止之列。我们日常处事，也要尽量做到"无妄"：不要痴心妄想，要固守正道、脚踏实地；不要轻举妄动，要三思而后行；更不要胆大妄为，要明白规章制度和法律是为什么人设的。这样"无妄"，自然会省却很多麻烦，何乐而不为？

六十四卦中有关"妄"的初爻还有，我们一一予以说明。

大壮卦初九爻：

初九，壮于趾，征凶，有孚。

象曰：壮于趾，其孚穷也。

大壮卦全卦基本都"凶",即使"吉",也是有条件的。"壮于趾","壮"在此处是"动"的意思。在开始的时候,脚趾剧烈地动,征兆就凶,只能靠"有孚"解决。就是说,需要有诚心、诚信。《象传》说,从脚趾开始"壮",即从一开始就动,那么他的诚心和诚信就会穷尽,不敷使用,因此"壮于趾"的动只能是妄动,而这样的妄动所导致的结果只能是凶。

大壮卦初九爻告诉我们,要以诚信为本,要有诚心,不可轻举妄动。

大壮卦的启示：震上乾下,雷天大壮

大壮卦虽然讲的是强壮,告诫我们的却是不要显示这种强壮。这似乎与《周易》全局不相一致,因为《周易》主张崇阳抑阴,故把乾卦置于首位,而大壮卦和前面的遁卦却都告诉我们,隐退才能"吉",如果乱动妄动、显示自己的强壮,反而"凶"。所以,其用意是告诫我们,不要用阳太过。这表面上看不一致,而实际上却完全一致。所以老子从《周易》的经文就看出,想大壮的方法就是不强壮、不大壮,以柔弱胜刚强。乾卦表面主张要刚强、坚强,而里面却告诉我们要"群龙无首""潜龙勿用",还要"终日乾乾,夕惕若",恰如曾子所言："吾日三省吾身,为人谋而不忠乎?与人交而不信乎?传不习乎?"只有经常反思,才能不断进步。要想进,就要先退。

革卦初九爻:

初九,巩用黄牛之革。

象曰：巩用黄牛,不可以有为也。

"巩"意为"巩固""把……固定住"。"巩用黄牛之革",用黄牛的皮把初九爻固定住。用黄牛的皮是因为初九爻是一个刚爻,坚韧,而牛皮是坚韧的。黄属中道,这里指要守中道,要守常不变。《象传》强调说"不可以

有为也"，意即"不可妄动"。

革卦是大变革的一卦，和下一卦鼎卦相连，有"革故鼎新"之说。然而，初九爻的运气似乎不太好，原因是改革刚刚开始的时候，大家可能都不太理解，上面又缺乏强有力的人物援助，此时只能坚守信念，绝不可胆大妄为。如果不明白改革伊始所遭遇的困境，可以想想戊戌变法是怎么被顽固势力绞杀的——上面无人，光绪帝自身难保；下面无群众基础，普通老百姓根本不理解以六君子为代表的维新派抛头颅、洒热血为啥、为谁。所以，袁世凯一告密，西太后一发话，荣禄一动军队，一场轰轰烈烈的维新运动就被平息了。

革卦初九爻告诉我们，特别是在大动荡、大变革时期，更不要轻举妄动，要守常不变、充分认清形势，在对自己的实力有把握之后再迅速出击。

艮卦初六爻：

> 初六，艮其趾，无咎，利永贞。
> 象曰：艮其趾，未失正也。

"艮其趾"，停止在脚趾上。《周易》中有不少意象都选择从脚开始，像坤卦的"履霜坚冰至"，大壮卦的"壮于趾"，咸卦的"咸其拇"等，都如此。实际上，它表示一个自下而上、由浅入深的渐进过程。艮卦初六爻爻辞的意思是：你的脚趾将要迈出的时候就应停止，这样必无灾祸，有利于守持正道。《象传》解释说："艮其趾，未失正也。"初六爻是艮卦的最下一爻，好像一个人的脚趾，处在刚刚起步的状态。这个时候就停止，显然还没有偏离正道，也没有犯什么错误。又因为初六爻阴柔、弱小，所以不能妄动，不妄动才符合初六爻的正道。

艮卦初六爻告诉我们，刚开始时不要妄动，更不要偏离正道。

困境是砥砺意志的磨刀石

困卦为《周易》第四十七卦,"困"意为"穷困、困厄"。此卦教人如何摆脱困境、在困境中怎么做才能奋起。

困,亨,贞,大人吉,无咎,有言不信。

彖曰:困,刚掩也。险以说,困而不失其所,亨,其唯君子乎。贞大人吉,以刚中也。有言不信,尚口乃穷也。

象曰:泽无水,困。君子以致命遂志。

困卦的主旋律是亨通,结果是吉祥、没有灾祸,前提是守持正道,主角是"大人",最后还奉送了一条处世哲理:在困境中最好不要说话,说了也没人信。

"大人"是《周易》中近乎人神合一的通灵人物,孔子一连用了好几个排比句对之表示礼敬和膜拜。在本卦中,"大人"的地位显然降了,变成了肉体凡胎的人世君子。孔子说:"君子固穷。"这当是孔子连番碰壁、屡沽不中后的牢骚话,但也道出了一部分实情。君子不是那么好做的,得遵守许多清规戒律,所以君子一努力,指不定就成了"大人"。

困卦的《象传》给君子规定了不少条条框框。

> **困卦的启示：兑上坎下，泽水困**
>
> 困卦告诉我们，怎样才能摆脱困境。其初六爻讲"隐"的重要性，到了上六爻变成讲"悔"，就是要反省自己，这样也能化凶为吉。三根阴爻分别说明要学会后退、隐居、后悔，这不是消极逃避，而是一种很巧妙的斗争策略。中间一根阴爻"不见其妻，凶"，是从反面而言，如果居于这个时位，你不按照自己的志向和上面相呼应，就会有凶险。而三根阳爻则说明一定要有刚中的美德，在困难艰险的时候要有担当，要勇于舍生取义。

"困，刚掩也"，困穷的时候，本性，也就是阳刚之性，被掩蔽了，不能够生长。困卦卦象是上泽下水，本性就是被它们所淹。

"险以说"，遇到艰难险阻的时候，要以一种平和而愉悦的心态对待。此卦下面坎卦为"险"，上面兑卦为"说"。"说"通"悦"。这是对君子提出的基本要求：时刻保持平和而愉悦的心态。要像孔子那样不停地告诉自己"君子固穷"，没什么大不了，这样才能打掉牙和着血往肚里吞。有了良好的心态之后，就能"困而不失其所"，就能"亨，其唯君子乎"。

"所"字有点费解，可以理解为"处所、所在"，也可以理解为"所有"，即所拥有的东西。二者合一，就是：在困难的时候，千万不要失去自己的信心，不要迷失自己的志向，不要忘记自己的使命，当然也不能违背自己的行为准则。这样必定亨通，这样才算一个君子。简单的一个"所"字，涵盖了做君子的四点：信心、志向、使命和行为准则。比较而言，心态平和只是基础，只有心态平和，才能顾及信心、志向、使命和行为准则。如果整日心不在焉、魂不守舍，只怕生活自理都不容易，更别说追求远大的理想、高尚的节操了。

总结一下做君子的条件：首先在遇到艰难险阻的时候要保持平和而愉

悦的心态，然后要对未来抱有充足的信心，时刻不忘自己的志向和使命，同时，行为准则也不能改变。可见，做君子挺有难度。

"贞大人吉，以刚中也。"坚守正道，对大人就吉。"大人"在这里略等于君子，所以它说的还是君子。我们从卦象上找答案：困卦上下两卦的中爻都是阳爻，即刚爻，都是阳刚之性，主守中、走正道。这就告诉我们：这种阳刚的、守中的、走正道的美德一定要坚持，尤其在困穷的时候，因为"疾风知劲草，板荡识诚臣"，因为"时穷节乃见"，因为困境是砥砺君子节操的磨刀石。

纪晓岚卜卦问功名

清代大才子纪晓岚参加举人考试后，老师为他占了一卦，是困之大过卦，也就是从困卦变到大过卦，动了一根三爻，从阴爻动为阳爻。老师认为不吉。纪晓岚却不以为然。他认为自己必然高中，因为爻辞中有"不见其妻"。自己还没有娶妻，有什么妻可见？不见其妻即无偶，就是没有人比，可能要考第一名。结果他尽管没有高中状元，却也中了二甲第四名，成绩相当不错。所以我们说，占卜也存在心态和随机应变的问题。同样一个判词，心态好与坏时的解释，不同时机、不同情况下的解释，可能截然不同。如果简单地依据爻辞说吉、说凶，就太拘泥、太机械了。

若问困厄的极致是什么，相信不少人会说：当生命受到威胁时。没错，一个人的生命只有一次，没了就没了。所以，古人才会感慨"千古艰难惟一死""除死无大事"。当生命受到威胁时，一般人的表现当然是恐惧、害怕、不愿意死等，那么君子呢？特别是当君子不得不在生命和信仰中择其一的时候呢？困卦《象传》说："致命遂志。""致命"，舍弃生命。"遂志"，实现志向。意思就是，要舍弃生命去实现志向。身处和平年代的我们听着有些毛骨悚然，可是想想仅仅七十多年以前为新中国的建立而牺牲生命的革命先烈，不是一个个都义无反顾地以生命遂了志向吗？

孔子说："三军可夺帅也，匹夫不可夺志也。"就是说，统率三军的将帅可以失去，一个人的志向却是很难改变的。这句话说明了志向对于人的重要性。孔子还说过一句话："无求生以害仁，有杀身以成仁。"不要为了自己的生命去伤害仁义，要舍弃生命以成就仁义。而仁义之道正是君子孜孜以求的。孟子也说过："生，亦我所欲也；义，亦我所欲也，二者不可得兼，舍生而取义者也。"这些都是"致命遂志"更具体的表述。

文天祥是大家都熟悉的人物。他二十岁即高中状元，前半生春风得意，养尊处优，可是一旦国难当头，元军大举进攻，他立刻就显露出了男儿本色，为抗击元军而奔走呼号。文天祥毕竟是文弱书生，军事指挥才能一般，组织了一支又一支义军抗击元军，结果都惨败。他本人在辗转奔波中不知有多少次和死神擦肩而过，但是他的一颗赤诚之心始终是火热的。

1278年冬，文天祥在广东海丰一带兵败，又一次被俘。这也是最后一次。让世人扼腕长叹、热血澎湃的事迹主要发生在他被俘以后。在长达五年的时间里，他拒绝了旧同事、老部下、元贵族等一拨又一拨人的劝降，矢志不渝，要拼一死以全忠义。他前半生锦衣玉食，竟然能够在大都（今北京市）的牢狱里一待三年，我们不得不佩服他的坚强意志。

1283年冬，文天祥在大都柴市刑场从容就义，死前只求面南而跪，以示不忘故国、不负故国。

文天祥留下的最有名的诗歌是《过零丁洋》和《正气歌》。这里还要提一下他的绝笔，是他死后从他衣带中发现的。文曰："孔曰成仁，孟曰取义，唯其义尽，所以仁至。读圣贤书，所学何事？而今而后，庶几无愧。"读来让人激昂之余，不免唏嘘。

"沧海横流，方显英雄本色。"只有经历过困厄磨砺而仍不改其志者，才称得上当之无愧的真君子、伟丈夫。

细节决定成败

小过卦为《周易》第六十二卦,在中孚卦之后。《序卦传》说:"有其信者必行之,故受之以小过。"就是说,坚守诚信的人,一定要果断地去行动。所以,中孚卦之后,有了小过一卦。"小过"是什么意思呢?稍稍有些过头,小事上有过错,但是超过得很少。程颐说:"小者,过其常也。"只是超出了正常。这个"小"其实指"阴","大"则指"阳"。所以这个卦是中间两根阳爻,外面四根阴爻,阴爻超过了阳爻。换言之,就是小的超过了大的。从整个卦象来看,小过卦好比一只鸟,中间两根阳爻好比鸟的身体,上下四根阴爻好比鸟的翅膀,所以小过卦的爻辞都用飞鸟来做比喻。

我们先来看卦辞:

小过,亨,利贞。可小事,不可大事。飞鸟遗之音,不宜上宜下,大吉。

很显然,小过卦的卦辞还是不错的,满是"亨,利贞""大吉"之类的吉祥语。而要达到这种吉祥的程度,需要我们做什么呢?有两点。

其一,"可小事,不可大事"。小事无非普普通通的日常小事,大事自然指经天纬地的军国大事。卦辞用了"可""不可"这么立场鲜明、坚定的字眼,说明态度是非常明朗的:大事绝对不可为,小打小闹地先混口饭吃就行了。这就告诫那些发奋图强，意欲一飞冲天、一鸣惊人的君子，小过卦的时候，不是建功立业的好时机，当务之急是韬光养晦、保存实力，如果硬要做大事，一定会栽跟头。

其二，"飞鸟遗之音，不宜上宜下"。从飞鸟振翼高飞时留下的悲鸣来看，高处的情形并不理想，再往上飞恐怕就要出问题，所以得考虑降低飞行高度了，故而说"不宜上宜下"。

这两条的意思大致相同，都是告诫想有所作为的君子：暂时掩藏形迹，不要急于求成。做事先低调、谦虚一些，不要盛气凌人、锋芒毕露，因为时机还远远没有成熟。那么，具体应该怎么做呢？《象传》中说得很详细：

象曰：山上有雷，小过。君子以行过乎恭，丧过乎哀，用过乎俭。

"君子以行过乎恭，丧过乎哀，用过乎俭。"就是说，君子处在这个时位，他的行为应该超过一般的恭敬，遇着丧事也要超过一般的悲哀，在日常花销方面还要超过一般的节俭。毫无疑问，行为、办丧事、日常开销这三个方面，比起军国大事而言，简直是鸡毛蒜皮，《象传》中不但把它们规定得"具体而微"，还都抱持着谦卑柔顺的态度。南宋大儒朱熹在《朱子语类》中对此有过解释，他说这三件事情，的确过于小，可是小过卦的主旨就是如此，讲的就是柔弱处世的事，就是要求我们后退一步，必要时甚至还自我贬抑。比如，做事情要恭敬，处在小过卦的时位，就要超过一般的恭敬，悲哀要超过一般的悲哀，节俭要超过一般的节俭，这都是往下过，都是后退一步的低调做法。反过来，如果你太怠慢了，太兴奋了，太奢侈了，都属于往上过，造成的后果一定是凶险的。

我们再来看《象传》对卦辞的解释：

彖曰：小过，小者过而亨也。过以利贞，与时行也。柔得中，是以小事吉也。刚失位而不中，是以不可大事也。有飞鸟之象焉。飞鸟遗之音，不宜上宜下，大吉，上逆而下顺也。

"小者过而亨也"，小过的时候，最好做一些普普通通的小事，就算稍稍做得有些过分，也不影响大局的亨通。换句话说，小小的过错或者过分是允许的。孔子说过："人非圣贤，孰能无过。"只要"过而能改"，就"善莫大焉"。圣人尚且不能免俗，我们凡夫俗子就更不用说了，要紧的是一个"改"字，有了错误一定要改正。

"过以利贞，与时行也。"虽然有些过分，但仍然有利于守持正固。为什么呢？"与时行也。"与时俱进的精神又出现了。我们说《周易》博大精深、永远不会过时，原因就在这里。我们的老祖宗早就领悟了与时俱进的真谛，并把它著书立说，写进《周易》里了。"与时行也"，简单说，就是遵循事态发展的时机，该做大事做大事，大事不能做或时机不成熟时就做小事，绝不违时妄为。

> **小过卦的启示：震上艮下，雷山小过**
>
> 小过卦说的是在做小事、阴柔之事时避免过分的道理。在小过之时，适合做那种阴柔、琐碎的事情，不可做大事。具体怎么做呢？就是要居下，居小，守住柔小，以求以柔克刚、以小见大。同时，它本身还要建立在中正、中道之上，光柔小也不行，还要柔小得符合道理。道家的很多思想都跟小过卦有关系。举个《左传》里的例子。桓公五年，郑伯说过："君子不欲多上人。"就是说，作为一个君子，不能总想居人之上，而要居人之下。这是一种人生的大智慧：居下是为了后来居上，做小事是为了最终做大事。

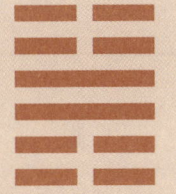

"柔得中，是以小事吉也。"小过卦的六二爻和六五爻都是柔弱的阴爻，分居于上卦、下卦的中位，所以只适合做一些小事情。

"刚失位而不中，是以不可大事也。"此指九三爻和九四爻，刚健之爻偏了，不在中位上，因此不能做大事。在《周易》中，大事情往往都是由刚健之人做的。

最后,"大吉,上逆而下顺也"。这里的上、下有两种解释:其一,指两根中爻,即六二爻和六五爻。六五爻在九四爻上,阴居阳上,乱了乾坤,所以称"逆";六二爻则在九三爻下,阳上阴下,所以称"顺"。其二,指上、下两卦。上卦是上六、六五两阴爻居九四一根阳爻上,所以称"逆";下卦则九三居于初六、六二之上,所以称"顺"。"上逆",就是说,一个人要行大志、做大事,在小过的时位绝对不行,时机还不成熟,前方肯定会有重重艰难险阻,想做也做不成。聪明的选择是依据"下顺"的原则,先做些小事情,这样才顺时顺势、一帆风顺。

古往今来,不少有志君子并非一出道就去干惊天动地的霹雳事业。事实上,在时机成熟之前,他们有的已经蛰伏了很久,也像我们普通人一样,柴米油盐酱醋茶地活着,只是他们胸中一腔英雄志从来没有被磨灭罢了。所以,只要志向不灭,君子不妨待时而动,暂做小事。

不要轻言放弃

屯卦为乾、坤之后的第三卦，彼时天地肇始，雷雨交加，万物刚刚萌生，虽然困难重重，但正是建功立业的绝佳时机。所以卦辞有言："利建侯。"即有利于建功立业。

屯卦整个卦都在天地肇始期，其初九爻更是肇始期的肇始，情形可想而知。

我们这里要讲的是屯卦的初九爻：

初九，磐桓，利居贞，利建侯。

象曰：虽磐桓，志行正也。以贵下贱，大得民也。

"磐桓"，徘徊，踌躇不前。"贞"，正。"利居贞"，有利于居正位。初九爻为阳爻（又称刚爻）居阳位，故正。全句指虽然在刚刚开始时徘徊，但是要有定力，要居定位，这样才有利于建功立业。

《象传》解释了原因："虽磐桓，志行正也。"虽然在行为上徘徊不定，但内在意志已经坚定下来。"以贵下贱，大得民也"，指初九爻虽然居于下位，但却是正位，且阳爻主阳刚而有决断，正是开创事业的最好"人选"，所以说它以贵处贱位，深得民心。而君子正是依靠民心经纶天下、协理万邦的。

事业草创，形制初具，一切都还仅仅是个样子，其实百废待兴，什么实质性的工作都没有开展。不用仔细想，只要游目四顾一番就会发现，万事扰扰。千头万绪一时之间齐齐涌上心头，竟不知从何说起，有时也不知从何做起，有时甚至连做下去的勇气都快要丧失了。

其实没什么，大可不必如此烦恼。每一个创业者在起步伊始都会遭遇这种"噩运"的侵扰。没有人是先知先觉或者是全能的，摔跟头和走弯路都在所难免，只要事先有了充足的思想准备，把这些看似倒霉透顶的事情当作必然要造访的不速之客，就一切都好办，兵来将挡，水来土掩。就算事业一度毫无起色、徘徊不前，也不要轻言放弃。要鼓起勇气，勇敢地进行新一轮的拼搏和尝试。须知，无论哪一项具体的成功，在你进行的所有尝试当中，只有一次是有效的，那就是最后一次，其余尝试都只让你徘徊不前。除非你有超凡的运气，让你尝试的第一次和最后一次重合，否则，你就避免不了在一定时期内徘徊、踌躇，甚或停滞不前。

有时候抓住机会不难，行大运的时候，机会可能主动送上门来。难的是抓住机会以后怎么利用它，怎么借着它一路走下去。因为机会只是告诉你可以这么做，到底怎么执行、执行到什么程度、遇到困难怎么办，它概不负责。这就需要我们坚定自己的意志，既然抓住了机会，就好好把握，尽己所能地好好利用，不能轻易被困难吓倒。徘徊咱不怕，弯路咱不怕，"只要心够决"。

只有"心够决"，意志才会坚定，一切才有可能。徘徊可以，绕弯可以，甚至倒退都可以，但是我们必须十分清醒地告诉自己，那只是暂时的，我们还掌控得了局面。

这就已足够，要的就是这份坚定与从容。

六十四卦里还有两卦的初爻谈到了坚定意志的问题，只不过针对的对象不一样。由此亦可看出，临事之初先坚定自己的意志何等重要。下面我们分别来看一下。

先看家人卦：

第一步 潜龙——完善自我，蓄势待发

> 初九，闲有家，悔亡。
> 象曰：闲有家，志未变也。

家人卦当然是针对家庭问题的。家人卦初九爻爻辞说："闲有家，悔亡。"初九爻为刚爻，应指男子治家而言。怎么治家？"闲"，一个木字，外面是一扇门，有"防备""禁止""抵挡"等意思。乾卦《文言传》："闲邪存其诚。""闲"字意同上。"闲邪存其诚"，抵挡邪恶，存留诚心。"闲有家"，把家门关好，禁止邪恶。这样来治家，就"悔亡"，悔恨就消亡了。所以在一个家里面，家道初立的时候，一定要严防。

那么，"闲有家"有什么要求吗？《象传》倒没怎么管闲事，只给了一个高屋建瓴的指示性意见："志未变也。"通俗一点说就是，先要确立志向，而且这个志向不能随外界的变化而变化，要坚定不移、一以贯之。说白了，就是要立一个家规并将之执行到底。

家人卦的意志坚定到近乎古板的地步，需要以条例申明之，以框框约束之。一家之内，搞得像个政府办事机构，好像有点过分，不太适合当代生活。

再看巽卦怎么说的：

> 初六，进退，利武人之贞。
> 象曰：进退，志疑也。利武人之贞，志治也。

巽卦初六爻以和武人的对比说明了意志要坚定。

巽卦本来就有遇事优柔寡断、犹豫不决的毛病，初六爻又是柔爻（阴爻又叫柔爻），于是更加顺从谦卑，并且柔爻还没站对位置，站到了阳位上，这下可了不得，简直走路不知道该先迈哪只脚了，该进不进，该退不退，"进退"失据。"武人"，勇武果决的人，正好和初六的优柔寡断走了两个极端，形成鲜明对照；"贞"，这里不指"贞问"，而是同"正"，指守持正固、正道。"利武人之贞"这句话的意思是，有利于武人守持正固、正道。反过来说，就是不利于初六爻的太过顺从谦卑。

为什么造成这种结果呢？《象传》给出解释："志疑也。"初六爻的进退失据是因为"志疑"，意志尚处在怀疑状态，彷徨、迷茫，总之，还没有坚定下来。相对而言，"利武人之贞"的原因则是"志治"。"治"既有"整治、修治"的意思，也可表示"治平、稳定"。此处二意兼取，指通过修治达到稳定、坚定的状态。意志坚定下来了，所以就有利。

巽卦初六爻经历了一个从犹豫不决到意志坚定的转化过程。毫无疑问，这个转化是一种良性转化。意志坚定是成就一番事业所必须具备的基本素质。就像上面说的那样：只要意志坚定，一切就都有可能。

巽卦的启示：巽上巽下，巽为风

巽卦实际上是告诉我们怎样发布政令并行使权力，以及怎样与人相处，尤其是与比自己位置高的人相处。无论下顺乎上，还是上被下顺，都要注意以下几点：第一，顺从要适度，不能太过，不能到上九爻时你还顺从地躲到床下去。第二，要守正道，要刚正不阿，也就是说，该顺的时候一定要顺，不该顺的时候绝对不能顺。第三，顺从别人一定要发自内心，要诚心诚意，不能矫揉造作，也不能勉强和犹豫。第四，顺从时一定要有所作为，比如九五爻，"先庚三日，后庚三日"，这个时候是一个最顺的时候，所以一定要发布政令并行使权力，要有所作为。因此，顺从不是懦弱的表现，也不是无原则地屈从。

第二步

见龙——德才兼备，广结人脉

这一部分讲的是六十四卦的第二爻，也就是《周易》人生六步曲的第二步。对这一步的总结是"二多誉"。"誉"就是"名誉、赞誉"的意思。"见龙阶段"形势已经有所变化，可以适当做一些事情了。做什么呢？看《象传》："见龙在田，德施普也。"田地广阔无垠，德行也要像田地一样广阔无垠。这是要我们修德修身、德才兼备。这是一个人踏入社会必须学习的第一课。只有解决好这个问题，你在前进的道路上才能得到朋友的真心帮扶，你也才能更好地放开手脚，开辟一片自己的广阔天地。

二爻多誉

现在进入第二爻。判词上说:"二多誉。""誉"就是"名誉、赞誉"的意思。为什么这样?我们来看二爻的爻位,它在下卦的中位。它居着中位,行着中道。中爻为阴位,如果二爻是阴爻,又占了个正位的话,从爻位上看,就更好,又中又正。当然,我们不能简单地以爻位好坏来判定吉凶祸福,这里面还有其他许多因素在起作用。譬如,上下诸爻之间的位置关系对于爻位吉凶的影响也很大。《周易》是讲求变化的,处处隐藏着鬼神不测之机,我们一定要好好体会。

二爻脱离了事物发生时的潜伏期,形势已经有所变化,可以适当做一些事情。所以乾卦九二爻的爻辞就是"见龙在田,利见大人"。就是说,龙刚刚可以到地面上、田野上活动活动。虽然已经可以抛头露面,但露得有限。这时候对于大人的出现是有利的。"见龙"阶段是人生事业发展的第二个阶段,需要做的是什么呢?看《象传》:"见龙在田,德施普也。"田地广阔无垠,德行也要像田地一样广阔无垠。这是要我们修德修身、普济众生的意思。

为什么在二爻要修德修身呢?我们可以这样理解:初爻时尚且处在潜伏期,那时候基本上不会和外部世界发生太多联系,正是静下心来好好学习、提高自己"才"的大好时机,所以初九爻重在潜心修炼、潜伏求才。

而九二爻的"见龙"已经初出茅庐，可以有限地出来活动一下。一和外界亲密接触，德行和适应能力就成了必须迅速具备的条件。没有德行无以服众，前进的道路上肯定会遇到阻力。没有适应能力无异于温室里的花朵，遇到一点点风霜雨雪的侵袭，就会畏惧害怕，进而裹足不前。德行和适应能力这两样都是一个人融入社会并迅速找到自己的位置、确定自己的发展方向所必需的。虽然九二爻已经初现峥嵘头角，显示了强大的生命力，但是只做到这些还远远不够，这些充其量只能作为迈进社会大门的敲门砖，而让人信服的德行却可以让人受用终身，使人广结人脉。这些都是一个人获得长足进步和长远发展所必需的。

我们形容一个人领导能力出众时常常会用到"德才兼备"一词，是"德才兼备"而非"才德兼备"。"德"在"才"之前，这个排序已经很能说明问题了。

无才有德，最多不过一生庸碌，没有大的成就，但在自己的朋友圈里会过得如鱼得水、游刃有余。有才无德则不然，也许可以一时得志，但绝不会一世得志，早晚得混成过街老鼠，处处不招人待见。

北宋的蔡京和南宋的秦桧，都是颇有些才干的人。两人的字都写得很好，吟诗作赋也样样拿得出手。可是，蔡京却被视为朝廷中"六贼"之首，甚至因为人品低下而丧失了入选书法"宋四家"的资格。秦桧更惨，不但"荣膺"了"汉奸"的称号，他和他老婆的塑像至今还在杭州岳庙里跪着，"享受"着千夫所指和万世唾骂。明朝时，一个士子游玩杭州，在岳庙留下一联："人从宋后羞名桧，我到坟前愧姓秦。"

生活中，我们也会遇到类似的人和事。一个部门或一个单位中，人缘最好的往往不是部门中业务最出色的。原因很简单，业务骨干们往往恃才傲物，不知不觉中就把人给得罪了，而他们又通常不会检点自己，一来二去，人缘不好就在情理之中了。

德才兼备，德重于才，这样才能广结人脉。这就是乾卦九二爻给我们的启示，也是六十四卦所有处在二爻爻位者都需要注意的大问题。只有解决好这个问题，你在前进的道路上才能得到朋友的真心帮扶，你也才能更好地放开手脚，开辟一片自己的广阔天地。

> **蒋介石名字的由来**
>
> 　　大家都熟知蒋介石字中正，却未必清楚其名字源于快乐之卦豫卦的六二爻。六二爻爻辞为："介于石，不终日，贞吉。"《象传》为："不终日贞吉，以中正也。"夹着一块石头，不到一天就掉下来了，但结果却是吉祥的。原因是"中正"。六二爻阴爻居阴位，先正，而且是下卦中爻，又中又正，当然吉利。

自我提升，永无止境

人生自此进入第二个阶段："见龙在田，利见大人。"此处的两个"见"都是通假字，通"现"。

"见龙"，这个龙此时可以从潜伏的深渊里出来一下，可以抛头露面了，但还不能飞腾，因为这个"现"是有限度的："在田。""田"就是"地平线、田野"。以九二爻的爻位，龙只能暂时"现"到地上透口气，连跳跃一下都不行。

"利见大人"这四个字在乾卦里出现了两次，一次在二爻，一次在五爻。"利见大人"什么意思？就是对"大人"来说是有利的。这里我们要注意它的言外之意，反过来说，对"小人"就是不利的。所以我们说《周易》不仅仅是有关预测学的，那只是《周易》的支脉，不客气地说，那只是《周易》的旁门，《周易》更重要的是有关行为学的，是要教我们学着做一个"大人"。

"大人"是《周易》里的最高理想人格，我们另有专门说明，此处不再赘述。

下面我们再看有关九二爻的其他论述：

象曰：见龙在田，德施普也。

第二步　见龙——德才兼备，广结人脉

这是《象传》中的文字，它取了"田"的意象。田广大，德也要像田一样广大。巨龙出现在田间，说明美德昭著、广施无涯，所以"德施普也"。

> 九二曰见龙在田，利见大人，何谓也？子曰：龙德而正中者也。庸言之信，庸行之谨，闲邪存其诚，善世而不伐，德博而化。易曰，见龙在田，利见大人，君德也。(《文言传》)

《周易》里，阳爻应居阳位，阴爻应居阴位。乾卦九二爻，阳爻居阴位，中却不正。因此，说它"正中"（正好在中间）而非"中正"（居位又中又正）。"庸言之信，庸行之谨"，"之"起宾语前置的作用，正常句式应是"信庸言，谨庸行"。"庸"不是"平庸"，而指"中"，即儒家所提倡的中庸之道，不偏不倚。因为九二爻在中间，所以代表了庸言、庸行，即守中道的行为。"闲"，抵挡。"闲邪"，抵挡邪气。因为九二爻在下卦中位，是正，非邪，所以如果把邪气抵挡住，那么保留下来的就是诚信。我们中国文化非常强调"信"，这具有原创性，而也只有这样，才能"善世而不伐，德博而化"。"善世而不伐"，"善世"就是在世上做善事，但是"不伐"，不夸耀。"德博而化"，这一爻最博大，因为"在田"，而田最大，所以能够"德博而化"。

概括一下，九二爻说巨龙出现在田野，利于出现"大人"。孔子认为这是比喻有龙一样品德而立身中正的人。"大人"的平凡言论说到做到，他日常举动谨慎有节，防止邪恶的言行而保持诚挚，美好的行为伟大而不自夸，道德广博而能感化天下。"见龙在田，利见大人"，说明出现了具备君主品德的贤人。

> 见龙在田，时舍也。(《文言传》)

这是进一步的补充说明：时势已经开始舒展，出现了转机。"时"也是《周易》中经常出现的一个概念，包含多层意思，我们会在下文详述。"舍"意即"居住、停留"。

> 见龙在田，天下文明。(《文言传》)

巨龙出现在田间，此时天下文采灿烂。其意指九二爻如阳气从地面刚发出来，开始焕发光彩、照耀万物。我们现在经常使用的"文明"一词就是从这里来的。

何谓"大人"

"大人"是《周易》中最基本也最重要的概念之一，仅在乾卦中就两度出现，分别是上下卦的中爻九五爻和九二爻，而且是以世间"君子"的偶像身份出现的，其地位可想而知。

孔子在《周易·文言传》中这样描绘"大人"："夫大人者，与天地合其德，与日月合其明，与四时合其序，与鬼神合其吉凶。先天而天弗违，后天而奉天时。天且弗违，而况于人乎？况于鬼神乎？"简单说，"大人"做事与天道、天德相合，因此他就是天的化身和代言人。

> 君子学以聚之，问以辩之，宽以居之，仁以行之。易曰见龙在田，利见大人，君德也。(《文言传》)

"君子学以聚之，问以辩之，宽以居之，仁以行之。"这是一个介词与宾语倒置的句式，为强调宾语，将宾语前置，意即：君子以学来聚集知识，以问来辨明事物，以宽容的态度来对待别人，以仁来安身立命。

这里出现了"学问"和"宽仁"两词的雏形，而这两词所代表的都是"君德"之人所必备的品质，与上文孔子的一番说明正好可以互相参考。也就是说，要想做一个"君德"之人，要想把人生的目标锁定在九五爻的"飞龙在天"，就得先具备九二爻的种种美德，譬如"信庸言，谨庸行""善世而不伐，德博而化""宽以居之，仁以行之"等。总之，要做一个品格非常完美、几乎是"上穷碧落下黄泉，两处茫茫皆不见"的人物，这样才有可能度过"三多凶，四多惧"的危险时光，最终平安到达九五爻。

第二步　见龙——德才兼备，广结人脉

除了美德，还得拥有一身过硬的本领，也就是有"学问"。不说十八般兵器样样精通，好歹也得能触类旁通，能"问"了之后虚心"学"。试问，从周文王、周公到孔子衮衮诸公，不论时运好坏，有哪一个不是怀抱不世之才的？所以，只有美德而没有学问，就只能一辈子做个普普通通的好人，因为他可能连怎么"德施普"都不会。

当然，只有学问而没有美德更可怕。历代的巨奸大恶都至少具备某一方面的出众才华，很可惜，这才华被他们用到了邪路上，因之他们比一般的小偷小摸、作奸犯科者所造成的危害也严重得多。

因此，我们最后的结论就是：只有美德与学问并重，才能开创灿烂美好的明天。如果鱼与熊掌不可得兼，非要做出选择的话，那我们只能惋惜但却毫不迟疑地选择美德。虽然这样不会有大成就，但至少一辈子踏踏实实、问心无愧，至少是个好人而不是坏人。

立心要正，行事要明

立心要正，行事要明。这就是坤卦六二爻给我们的启示。我们首先分析坤卦六二爻的时位。六二爻阴爻居阴位，当位，又是内卦的中间一爻，二爻，"二多誉"，所以六二爻又中又正，最突出的特点就是"正"，也就是爻辞、《象传》及《文言传》中屡屡强调的"直"。

先看坤卦六二爻的爻辞：

六二，直方大，不习无不利。

"直"就是"正"，指"品性纯正"。"方"是坤卦的特点。古人认为天圆地方，坤卦代表的"正"是大地。"直"和"方"很大程度上是相通的，"方"的四边不都是"直"的吗？两者又都和"正"关系密切，"正直""方正"，都指人"品性纯正"。"大"也是坤卦的特点，正因为大地广阔无垠，所以才能够包容、接纳万物。拥有了"直方大"的品德，内心的修养就到了一定程度，所以才"不习无不利"，就算不学习，也没有什么灾祸。这个说法显然有些夸大了修身的重要性。

古代社会，小农经济，一家人如果不遇天灾人祸，男耕女织也可自给自足。当今社会则不然，竞争激烈，一切都要靠实力从社会中得来，如果只有德行而一无所长，那就输在了起跑线上，怕连活下去都成问题。这是

第二步　见龙——德才兼备，广结人脉

我们学习《周易》时需要注意的。随着时代的进步，我们学习《周易》也需要紧跟时代的步伐，"与时偕行"。关于修身和学习的正确理解应该是：两者同等重要，但修身无疑是基础，是先于学习进行的。

《象传》引入了一个新概念"地道光"：

象曰：六二之动，直以方也。不习无不利，地道光也。

所谓"地道光"，就是"大地之道是光明的"。有些朋友可能会疑惑：日月经天，为什么讲乾卦时不说光明，反而要到讲坤卦时才说呢？很简单，"法天则地""天人合一"原则使然。人不是生活在大地上吗？大地之道光明，引申到做人，就是做人要光明正大，要像天上的日月一样，这就把天、地、人三者完全融合在一起，使其成为一个不可分割的整体了。

去过北京故宫的朋友应该有印象，前三殿中最高最大的是太和殿，那是封建时代的皇帝处理国家大事的地方。殿里高悬一块"正大光明"匾，据说是清代康熙帝御笔亲题。"正大光明"四字就来自坤卦的六二爻。正大光明，既是大地之道，也是做人之道。

《文言传》解释得更加详细：

直其正也，方其义也。君子敬以直内，义以方外，敬义立而德不孤。

这是说，一个人的内在品德一定要直、要正，具体说，就是要落实在一个"敬"字上。"敬"指人要守仁道，这也是"直"的要求。外在表现要"方"，这一点体现在一个"义"字上。内心要"正"、要"仁"，外在表现要"方"、要"义"，实际上还是暗扣着"正大光明"四个字。因为我们不可能指望一个做事偷偷摸摸的人讲什么仁义道德，那无异于痴人说梦。"敬""义"一旦树立，会导致什么结果呢？"德不孤"，就能使美德广布而不显得孤单。

最后强调前文作为总结："直方大，不习无不利，则不疑其所行也。"做到了"直方大"，即儒家的仁义之德，内心正直恭敬，行为光明正大、不违正道，就会"不习无不利"，就会"不疑其所行"。"所行"指的当然还是

"直方大"的品德。对自己的所作所为毫不怀疑，那是何等的自信。只有自信可以经得起任何关于德行的考察、考验，才算真的把自身修行的功夫做到家了。

我们把坤卦六二爻的主旨简单归纳为"立心要正，行事要明"八个字。不难看出，这是典型的儒家思想，是儒家"内圣外王"精神在"内圣"方面的一般要求。儒家是讲求入世的，是要有所作为的，虽然它也有"穷则独善其身"的退缩，也有"道不行，乘桴浮于海"的决绝，但那是发现"兼济天下"是一项不可能完成的任务之后的无奈选择。

孔子一生中的大部分时光都是在东奔西走着"待价而沽"，想要追求"外王"，想要"治国平天下"，实在不行了也没有彻底放弃，而是退而著述，杏坛布道，播下了思想的火种，指明了后学的努力方向。所以他在《易传》中撒播的思想是积极向上的。

北宋大儒张载说过一段正气磅礴的话，可以与孔子的话相印证。这段话很有名气："为天地立心，为生民立命，为往圣继绝学，为万世开太平。"天地之心自然是堂堂正正的，只有立心正，方能达到"为生民立命，为往圣继绝学，为万世开太平"的终极目标。这不但是从孔子一脉以下延续数千年来真儒者高尚情操的体现，也是他们前赴后继的不懈追求。正是这种高尚情操和不懈追求的薪火相传，我们今天的精神宝库中才留下了那么多的奇花异卉。

"立心要正，行事要明"，依着这八个字砥砺自己，你在成功之路上才算拥有了足够的底气，才能"不疑所行"，并心无旁骛地一路高歌猛进，剑指天涯。须知，那里遍开着成功之花。

等待也是一门学问

屯卦为乾、坤两卦之后的第三卦。此时天地交合，万物初创，所以困难、困顿。"屯"有"困难"之意。从卦象看，屯卦上卦为水为云，下卦为雷。云雷发动，风雨交加，喻示将有大事发生。虽然一开始十分艰难，但这时也正是建功立业、扭转乾坤的绝佳时机。看六二爻的爻辞：

六二，屯如，邅如，乘马班如，匪寇婚媾，女子贞不字，十年乃字。

这段文字比较晦涩。"屯如"，很艰难的样子。"邅如"，迟疑彷徨的样子。"乘"，古时四匹马为一乘。"班如"，乱纷纷的样子。"匪"同"非"，不是。"寇"，抢劫、抢东西。"贞"，贞洁。"字"，怀孕。全部顺下来，意即：刚开始一直犹犹豫豫、彷徨不前。后来有一群人骑着马乱纷纷地跑过来，却不是为了抢东西，而是要抢婚。可是被抢去的女子很贞洁，过了十年才怀孕。十年是相当长的一段时间。科学研究表明，爱情的保质期不过区区八个月，而原本美满和谐的夫妻还有"七年之痒"一说，耐不住"痒"的，会劳燕分飞。六二爻的贞洁女子真贞洁，被抢十年才怀孕。这是想给我们什么启示呢？其实，我们完全可以把"十"虚化成一个数字的极限，而"十年"就理所当然地成为事物发展的一个周期。"字"的字面意思是孕育新生命，也可以引申为新功业的肇始、新局面的开辟。这样一来就很好理解了：在刚开始阶段，因整个时势不合适，故不利于建功立业，只有在等待一个周期以后，借他人之势，才能取得大的成就。

再看《象传》的解释：

> 象曰：六二之难，乘刚也。十年乃字，反常也。

六二爻之所以开创新局面这么困难，是因为"乘刚"。六二爻下为初九爻，阴爻乘着阳爻、刚爻，是为"乘刚"。阴阳错位，所以艰难。但因为六二爻又中又正，所以只要耐心等待时来运转，总有一天会否极泰来、万象更新。"反常"一般有两种解释，一是"不正常"，二是"回返到正常"。我们这里取第二种解释，就是说，回返到平常、不再举步维艰的状态，到那时正好可以大显身手、建功立业。等待，尤其漫长的一段时间的等待，无疑很考验一个人的耐力和韧劲。而在漫长的等待期内我们究竟需要做些什么？就那么傻傻地等着，像那个守株待兔的宋国人那样？肯定不是，等待无疑也是一门很深的学问。

首先，等待者要心平气和，要守持正道，不能怨天尤人。否则，这漫长的等待期会耗尽他所有的精力、磨灭他所有的斗志。等到真的时来运转时，他早已筋疲力尽，不复有当年之志、之勇，建功立业的大事也就化为泡影了。这一点可以和大畜卦的九二爻相参考。两爻同位，境遇也大致相同，正可比较。

大畜卦九二爻的爻辞和《象传》是：

> 九二，舆说輹。
>
> 象曰：舆说輹，中无尤也。

"舆"即"车"，"说"同"脱"，"輹"即"车上卡车轴的木头"。大车的輹脱落了，意味着车要散架，想赶路是不可能了，这时一定要停下来等待。"中无尤也"是说，内心没有什么怨尤，安安心心地等待。因为九二爻居下卦之中位，所以"无尤"。

其次，等待不是干等、白等，等待者得在等待期抓紧充实、提升自己，要潜心、虚心学习,不能把大好的时光白白荒废了。这样,机会到来时他才不会手忙脚乱、无所适从。

古时君子,一旦不为时所用,或者时机尚未到来之时,并不意志消沉,而会退居林泉之下,抓紧时间充电,以图日后能获大用。

> **屯卦的启示:坎上震下,水雷屯**
>
> 屯卦指导我们如何在凶险的环境中建功立业,如何做一个成功的领导者,其关键是把握以下几点:第一,须在动中求定,要有定力,要有定性。第二,要居于定位。第三,要重视阴阳相合,这样才能终获大成。第四,要善于借势,学会把握微妙的时机,若无势可借,则要善于造势。

东晋丞相谢安,曾辞官隐居东山,表面上狎妓饮酒、啸傲风月,实则无时无刻不在关注朝廷内外的风吹草动。后来前秦苻坚以"投鞭断流"之众来犯,谢安东山再起,运筹帷幄,指挥若定,以区区八万人马,在淝水一战中大破前秦军,吓得苻坚草木皆兵。试想,如果谢安真的在退隐期间无所事事,又怎么能在出山伊始就要出那般大手笔?

春秋五霸之一的楚庄王,即位时活脱脱一副浪荡公子相,天天喝酒吃肉,躲在后宫和一帮美人鬼混,想进谏者,通通吃了他的闭门羹。就这么一个咋看咋不成器的家伙,吃喝玩乐了三年之后,突然有一天宣称要发愤图强。大家当然不信,最起码一开始的时候不信。可这楚庄王着实了得,很快就让所有人刮目相看,不但一下子改掉了所有陋习,而且治理国家非常有一套,让许多老牌政治家都自愧弗如。就这样,不过数年,楚国大治,楚庄王也以"不飞则已,一飞冲天;不鸣则已,一鸣惊人"而著称。

楚庄王果然有那么高明、那么天才吗?非也。他只不过在放荡不羁的三年里面,并没有像大家想象的那样,只迷恋醇酒美人无所作为罢了。三年之中，别人都被掩住了耳目，他却眼睛雪亮，无时无刻不在密切关注楚国上下的动向。这些信息在三年后成了他治理国家、规避错误的第一手宝贵资料，所以他才能在长久蛰伏之后，一出手就卓尔不群。

最后，等待期间还要广交朋友，以便时来借势。这也是屯卦六二爻的精要所在。如果不能借他人之势，那就要想办法自己造势。因为六二爻是阴爻，自身柔弱，虽然位置中正，但若无人扶助、无势可借，想获得成功也很困难。我们今天从业、创业的情形也如此，单凭一人之力、单枪匹马独闯天下，碰得头破血流的可能性很大，如果能借助形势、借助朋友之力，就会容易得多。

总之，等待这门学问是需要好好学习的。每个人一生中，或长或短，都会有一段蛰伏和等待期，聪明人会拿它充实、提升自我，以利将来的发展。

三 易

"三易"指《连山易》《归藏易》和《周易》。一般认为，它们分别形成于夏、商、周三代。三者的卦象、卦数相同，所不同的是卦序、卦辞和爻辞。据东汉经学家郑玄在《易赞》中说："《连山》者，象山之出云，连连不绝。《归藏》者，万物莫不归藏于其中。《周易》者，言易道周普，无所不备。"贾公彦注疏说得更明白："《连山易》，其卦以纯艮为首，艮为山，山上山下是名《连山》，云气出内（纳）于山，故名《易》为《连山》"，"《归藏易》以纯坤为首，坤为地，故万物莫不归而藏于中，故名为《归藏》也"。综上可知，《连山易》以艮卦为第一卦，后来引申出墨家。《归藏易》以坤卦为第一卦，后来引申出道家。《周易》则以乾卦为第一卦，后来引申出儒家。

小人物的生存智慧

否卦为《周易》第十二卦，其卦象为乾上坤下，《象传》解释为"天地不交而万物不通也"。这一卦与第十一卦泰卦正好相对。因为此卦喻示"小人道长，君子道消"，故对君子而言不吉利，直到泰卦时，天地交泰，这种否塞的情形才会消失。因此，后世留下一个成语"否极泰来"，意即否塞久了，终于畅通了，形势一派大好。

在否卦的作用下，"君子道消"，自然很难有所作为，明智的做法是收敛锋芒，不贪恋官位，不追求荣华，并且还要节俭，"君子俭德"，这样才能避开危险，顺利过关。

那么，否卦如此凶险，难道六爻之中无爻吉利吗？非也，非也。六十四卦之中仅谦卦六爻皆亨通，皆吉利，其余各卦，就算刚健正直如乾卦，其九三、九四爻也极为凶险。反过来说，六根爻都不好的卦不好找。

请看否卦的六二爻：

六二，包承，小人吉，大人否，亨。
象曰：大人否亨，不乱群也。

否卦六二爻对于"小人"来说就相当不错。否卦六二爻教给我们一种小人物的生存之道和生存智慧，很值得借鉴。

声明一点，《周易》中的"小人"并非专指我们日常所说的那种道德败坏、两面三刀、专在背地使绊子的小人。《周易》中的"小人"因为性属阴，比较阴柔、柔弱，故有此称。它同时还可以指"小德之人"，即我们这些普普通通、钻进人堆里就无法找见的小人物。

理解这个概念之后，我们来看否卦六二爻到底说了些什么。

六二爻的字面意思倒不难讲。"包"，包容。"承"，顺承。否卦的下面为坤卦，代指地，故有包容性；上面是乾卦，代指天，故顺承。包容并顺承了天道，即使是"小人"，也是吉利的。"大人"如果否定了这种否塞之道，也会亨通。"否"，否定。一般情况下，"小人"都不吉利，但这里的"小人"可以理解为"小德之人"。"大人"指"大德之人"。因为六二爻顺承的是九五爻这个君主，所以只要不按照否塞之道行事，就照样亨通。

《象传》解释了大人"否亨"的原因——"不乱群也"。"群"，朋党。《系辞传》说："方以类聚，物以群分。"此语后来演变成为固定用语"物以类聚，人以群分"，即一类的物、人聚在一起。这里指"小人"聚在一起，即下面三根阴爻聚在一起。六二爻居于阴位、正位，又位于中位，又中又正，并没有扰乱群党，所以它是吉的。

我们这里暂时撇开"大人"不提，单说"小人"，也就是小人物。小人物处于下位，日日考虑的恐怕不是怎么去招惹、欺负别人，而是怎样在保住现有地位的前提下，不被别人招惹、欺负。至于谋求进一步发展，那倒是其次的事。一个人若每日朝不保夕、战战兢兢、如履薄冰，又怎么侈谈奋发图强、经纶天下？首先要生存下来，然后才能心无旁骛地谋求发展。这个浅显的道理任何时候都适用。

小人物应该怎样才能更好地生存下去呢？说穿了，只有两个字，就是"包""承"。

包容身边的人，顺承领导的意思，这就是否卦六二爻要告诉我们的。

一般人可能都认为，只有大人物才应该有包容之心，因为他有身份，有地位，普天下的人都在看着他呢，一不小心就有可能身败名裂。而小人物则不然，撒泼犯浑，时不时搞点小动作都无妨，反正光脚的不怕穿鞋的。

大谬不然。

上述完全是一种自暴自弃、破罐子破摔的错误心态。不客气地说，这是想让自己沦落得比小人物更差。野百合还有春天呢，小人物当然也该有自己的追求。只要不是痴人说梦，任何追求都是合情合理的，关键在于怎样一步一步地实现它。

陆贽用《周易》劝唐德宗

唐朝后期的皇帝德宗刚愎自用，听不进逆耳忠言，后来终于酿成兵变，不得已逃出京城。流亡途中，一直追随德宗左右的丞相陆贽用《周易》中的道理给他上课。陆贽说："《周易》中有否、泰两卦，泰卦坤上乾下，表示天地交往、沟通之意。否卦乾上坤下，表示天地不交、堵塞之意。做皇帝的要依从泰卦，多和臣下沟通，听取他们的意见，这样才能否极泰来、国民平安。"陆贽还说："损上益下是益卦，损下益上是损卦。在上位的皇帝只有多关心、关怀在下的臣子和百姓的利益，国家才能够昌盛。"

"王侯将相，宁有种乎？"大人物有很多是从小人物做起的。只有在做小人物时好好完善、提升自己，才有可能某一天跻身大人物之列。否则，就是在自毁前程。况且，在身处下位之时，也是小人物最柔弱、最容易被遏制、践踏之时，只要还怀有一颗向上之心，就应该好好保护自己不受伤害。当然，所采取的手段应合理、正常，歪门邪道绝对不行。为自己争取更大、更好的生存空间，这样日后才有更大、更好的发展空间，也才会有出人头地之日和飞黄腾达之时。

再说对领导的顺承。作为员工，顺承领导几乎可以说是天经地义的。作为领导，考虑问题肯定比我们更全面、周详一些，也更深远一些。有些时候，即使我们暂时理解、接受不了，也要从大局出发，牺牲自我的部分利益。时间会证明，我们为集体所做的一切，领导了然于心，不会让我们白白付出。当然，这里还有一个前提：领导的决策必须符合国家政策和绝大多数人的利益，而不是伤天害理的。倘若伤天害理，我们在直抒己见不管用之后，就应该选择离开，否则就是为虎作伥、助纣为虐。这样的领导不顺承也罢，必要时还要诉诸法律，为自己和所有被蒙蔽者讨还一个公道。

顺承领导也有很深的学问。要顺承决策正确的领导，这就需要通过实践来检验了。在所有领导都有魄力、有能力的情况下，就要顺承跟我们利害关系最大的领导，因为从某种意义上说，他完全掌控着我们的前途和命运。

否卦六三爻就是一个很典型的反面例子：

六三，包羞。

象曰：包羞，位不当也。

六三爻也包容、顺承"领导"——九五爻，换来的结局却是"羞"，遭到了耻辱。为什么呢？《象传》说："位不当也。"因为六三爻阴爻居阳位，为下卦最上一爻，应的是上卦最上一爻上九爻，与最关键的九五爻不应，虽然它包容、顺承了九五爻，但它的位置不当，所以招来了羞辱。

小人物难做，主要在于小人物不具备呼风唤雨的本领和杀伐决断的权势，遇事必须三思而后行。小人物说错话、做错事的结局肯定很惨。不过，只要领悟了必需的生存之道和生存智慧，小人物其实也并没有那么难做，也会活得悠然自得、如鱼得水，也会迎来属于自己的阳光灿烂的春天。

先做好分内之事

比卦是《周易》的第八卦，卦象是九五一根阳爻，其余五根都是阴爻，主要告诉我们大到社会、小到集体内部如何保持和谐的关系。六二爻代表的就是其中的一种情形。

六二，比之自内，贞吉。

先解释一下何谓"比"。从造字法上看，"比"是一个人贴着另一个人的背比高低，明显带有"攀比"之意。它与另一个字"从"刚好相反，"从"是一个人跟着另一个人，表示"顺从、跟随"。孔子说："君子周而不比，小人比而不周。"意思就是，君子团结而不勾结，小人勾结而不团结。比卦的"比"并不是片面地"比"，而是全面地"比"、亲和地"比"，是"比和、比附"，即下面四根阴爻比和九五爻。

六二爻的爻辞和《象传》都很简短，也好解释。看爻辞："比之自内，贞吉。""自内"指发自内心。发自内心地服从上级领导，对领导做到真正地心悦诚服，这样就很吉利。

六二爻的爻位又中又正，而且正好和唯一的一根阳爻九五爻相呼应，所以才能做到对领导心悦诚服。而九五爻处在最尊位，显然也是一位有着足够能力和魄力的领导，所以能让人服从。

> **比卦的启示：坎上坤下，水地比**
>
> 比卦给我们的启示：第一，比和之道，和谐之道，怎样做到和谐、顺从？下顺上，地顺天，按天道而行，柔弱的要顺从刚强的。需要从功能上看，到底谁是九五爻，如是，则下顺上，如此方能建万国，亲诸侯。第二，要有孚，要诚信，有孚乃吉，无孚必凶，诚信要发自内心。顺从、亲和都要求诚信。第三，怎样才能亲和、诚信？要舍逆取顺，对于叛逆者要严厉惩罚，对于顺从者则要奖励，如此方能大吉。

看《象传》文字：

象曰：比之自内，不自失也。

"不自失"指不会迷失自我。因为发自内心地对领导心悦诚服，所以才不会迷失自我。六二爻是阴爻居阴位，比对九五爻的阳爻居阳位而言，只能心甘情愿、服服帖帖地做下属，根本没有能力取而代之。幸好六二爻很明白这一点，不会迷失自己，故而"贞吉"。

六二爻大致讲完了，留给我们这样一个问题：假如六二爻不甘心做下属呢？想必不少有过职场经验的人都在心里掂量过这个问题，从业经历中也遇到过类似状况。的确，现实社会中有不少这样的人，志大才疏、不自量力，不安于本分，有一分的本事总想管十分的事。虽然领导量才录用，已经给了他足够的薪水，可他仍不满足，认为自己的价值远远不是这点薪水所能衡量的。他需要的是呼风唤雨、独霸一方。这种人怎么可能指望他安心做好自己的本职工作？其结果只能是害了自己，误了青春。

三国时的名士祢衡应该算这种人的典型。祢衡的文才没得挑，他的作品《鹦鹉赋》天下闻名。可惜，他的经国之才差了些，政治上更是和韩信一个级别。看看他最好的两个朋友，我们就明白他是何等样人了。孔融和

第二步 见龙——德才兼备，广结人脉

杨修都是梗着脖子和曹操较劲的主儿，最后又都祭了曹操的刀。且说祢衡怀里揣着名片来到当时的首都许昌，想要会一会天下英豪，结果名片上的字都磨没了，也没能递出去（别忘了，那会儿的名片可是竹木上面刻字的，叫"名刺"，不好磨得很）。为什么？因为根本没有他看得上的人。后来祢衡终于到了枭雄曹操手下。曹操也是好文之人，对祢衡十分仰慕，初时执礼甚恭。很快曹操就发现自己错了，这祢衡他不是个玩意儿呀。他先是逮住曹操手下的文臣武将骂了个遍，说得那些人连孟尝君门下的鸡鸣狗盗之徒都不如，后来又光着身子骂了曹操一顿，还配着鼓乐。曹操彻底火了，转手把他"倒卖"给了荆州刘表。刘表号称爱才，可也伺候不起这位软硬不吃的大爷，只好又把他转给江夏太守黄祖。黄祖是个粗人，祢衡在他那里恃才傲物显然选错了地方。最后，祢衡被黄祖杀了，年仅二十六岁。

祢衡这样的是一种。还有一种人的确有才，但只是将才而非帅才，独当一面时可以，统筹全局时抓瞎。每个人的先天禀赋不同，后天是很难改变的。有的人就是当下属的料，但如果他不接受这个事实，非要折腾一番，那结果肯定是"凶"。

有个笑话说，某师爷娴于刀笔，辅佐多位官员都极受推重。后来师爷钱攒多了，也被人使唤厌了，心想，官有什么难当的，我闭着眼睛都会，于是掏钱捐了个县官。孰料上任第一天就闹了个大笑话，以后更是纰漏不断，没多久就被上级免了。师爷钱财罄尽，只得重操旧业，结果依然驾轻就熟。

形形色色不甘心本职工作、不安于本分做事的人不少，其不安于本分的原因很多。不管你有才还是无才、日后有多大成就，你处在下属的位置时还是要对领导心悦诚服一些，踏踏实实做好自己分内的事，不要想得太多。如果真的是金子，你终究会有闪闪发光的那一天。

意气用事必惹麻烦

朋友们应该都知道刘伶这个人，他是魏晋时期的"竹林七贤"之一，作有《酒德颂》等名文。正史中有关他的资料寥寥，民间传说中他却是一个风流才子，留下不少逸闻趣事。一和"竹林七贤"扯上，不用说就等于和酒扯上。而刘伶显然是"竹林七贤"中第一大"酒桶"。且说有一次他又去买醉，结果和另一个酒徒发生激烈的口角，双方互不相让。酒徒情急之下，揎臂抡拳，就要开打。刘伶虽然能喝，但是他五短身材、瘦小枯干，打架肯定只有吃亏的份儿。眼看酒徒红着眼睛、抡着拳头冲上来了，说时迟那时快，就见刘伶笑嘻嘻、慢悠悠地说了一句："鸡肋不足以安尊拳。"意思是，我这把鸡肋似的瘦骨头，哪儿能承受您老人家那尊贵的拳头？俗话说得好，抬手不打笑面人，刘伶都把自己说得惨成那样了，谁还好意思揍他？酒徒只好收回拳头，默然半晌，掉头走了。刘伶继续喝酒。

举这个例子只是想提醒大家，好多时候矛盾并不一定非要激化才能找到合适的解决办法。如果仅仅是意气之争，不涉及原则问题，不管谁对谁错，最好的选择是息事宁人，大事化小，小事化了。要知道，我们还有重要的事情去做。而且须知：多个朋友多条路，多个敌人多堵墙。我们刚在初交里讲过人脉的价值，人与人相处，发生摩擦和矛盾在所难免，关键看你怎么处理。犯傻的人会把事态扩大，鸡毛蒜皮的小事不闹到满城风雨不

第二步　见龙——德才兼备，广结人脉

罢休。一般人可能会忍气吞声，把痛苦和悲伤留给自己慢慢消化。真正聪明的人则会找到化敌为友、化干戈为玉帛的好办法，从此身边多一个随时能够指出自己失误的诤友。

讼卦九二爻解释的就是这个道理：

九二，不克讼，归而逋，其邑人三百户，无眚。

象曰：不克讼，归逋，窜也。自下讼上，患至掇也。

讼卦九二爻仍从息讼着手，目的是劝止诉讼。

看爻辞："克"，能够。"逋"，逃跑，此处指代"归隐"。"眚"，本意指瞎眼，此处指"灾祸"。全句的意思是，不去争讼，与世无争地归隐而去，那么其所在城邑中的三百户人家便没有灾难。从九二爻息讼"邑人三百户"便"无眚"的措辞来看，此三百户与九二爻利益密切相关，有"一荣俱荣，一损俱损"的关系。避免了"邑人三百户"的损失和灾祸，在某种意义上也就是避免了九二爻的损失和灾祸，其甚至可能因"邑人三百户"而有了一点小小的收获。

《象传》的意思是，不去争讼而与世无争地归隐，便会有小的成就。"自下讼上"，"下"指九二爻，"上"指九五爻，二者均为阳爻，又同处中位，因此才会争讼。但争讼终究不是好现象，"二虎相争，必有一伤"，结果肯定凶多吉少。最好的选择莫若守中归隐，退一步海阔天空，这样就不会有灾祸。从九二爻的爻位看也如此。九二爻得中，但刚爻居阴位，不正，所以才会做不正的事——争讼。作为九二爻，要想消灾避祸，第一，要固守原有的中道，不能舍弃；第二，要及时收手，不要继续争讼。一个明显两败俱伤的局，非要争出个高下，不值且不智。

争强好胜可以，但最好表现在事业方面。不要斤斤计较于一点点个人得失，要一切以大局为重，能忍则忍，能让则让。只要别人不侵犯我们固守的原则，换句话说，只要他不太出格，就由他去吧，我们做正事要紧。

不做意气之争，尽量息事宁人，固守中道，足矣。

107

韬光养晦，等待时机

"君子"是《周易》中经常出现的一个概念。按照《现代汉语词典》的解释，君子，"古代指地位高的人，后来指人格高尚的人"。在《周易》时代，平民百姓是无权过问天下大事的，所以能够出来做事的君子，地位天生就很高。至于人格高尚，则是对君子提出的最基本的道德要求，不符合此要求的就会被人嘲笑为"伪君子"。

伪君子和小人的概念还不一样。伪君子是以君子之名行小人之实，因为披着君子的外衣，所以其行为更具备欺骗性，对别人所造成的伤害也更大。从这一点来看，伪君子还着实不如真小人来得干脆、来得实在。金庸的《笑傲江湖》中有个岳不群，外号既已是"君子剑"，名字又是"矫矫不群"的"不群"二字，那该是真正的君子了吧？很可惜，看到最后你会发现，再没有比他把"虚伪"二字阐释得淋漓尽致的人了。为达目的，他无所不用其极，偏偏又做足了表面功夫，看起来一派正气，不少人到死都不知道是被他害的。

真正的君子胸怀坦坦荡荡，行事光明磊落，所谓"书有未曾经我读，事无不可对人言"是也。这样的人不论处在何种境况，都不抛弃，不放弃，不怨天，不尤人，"自歌自舞自开怀，无拘无束无碍"，把一切都看成上天的丰厚恩赐，常怀一颗感恩之心，把人生路上遇到的磨难和挫折当作理所当

第二步 见龙——德才兼备，广结人脉

然的磨砺和经历。这才是真正的君子之风。

履卦九二爻给我们描述的就是这样一副真君子形象：

九二，履道坦坦，幽人贞吉。

象曰：幽人贞吉，中不自乱也。

"幽人"指隐居者。爻辞的意思：大道平平坦坦，对于隐居者而言是吉利的。为什么这么说呢？《象传》做出了解释："中不自乱也。"也就是说，虽然境遇不太好，只能暂时隐居、潜伏，但九二爻心里很平静，并没有因为境遇不好而自乱方寸、自乱阵脚。

我们还可以从九二爻所处的爻位来分析：九二爻是阳爻，却处在阴位，不正，预示着当前的境况不会太好，可能正处在人生或事业的低谷，会有一些始料未及的挫折和麻烦，这时候最好的解决办法就是隐居、潜伏，静观其变。又因为九二爻处在下卦的中位，虽然不正但是居中，所以"中不自乱"，对于隐居者而言是吉利的。

整个履卦就是告诉我们，面对凶险如何获得成功，而九二爻则是教导我们，要做坦荡荡的君子，不要做长戚戚的小人。"戚戚"非但于事无补，在"戚戚"之中我们还会错失良机。在人生的低潮期，我们要懂得韬光养晦，"中不自乱"，这样早晚会等来曙光。

三国时的蜀汉丞相诸葛亮，出山辅佐刘备之前隐居在隆中，号称"卧龙"，读书虽只观其大略，却胸怀天下，常自比管仲、乐毅。这里介绍一下乐毅。乐毅曾辅佐燕昭王，在敌强我弱的不利形势下，接连占领了齐国七十余座城池，是我国古代威名赫赫的武将。他和管仲一武一文。诸葛亮以这两人自比，用心不言而喻，就是说，自己能文能武，有经天纬地之大才。

虽然自诩如此，但诸葛亮并没有像孔子那样急于把自己"兜售"出去。他住在荆州刘表的地盘上，刘表当时也以"爱才"著称，手下养着大帮所谓的才俊之士。但诸葛亮冷眼旁观，怎么看刘表都不像能成大气候的，所以他聪明地选择了等待，安下心来踏踏实实地做起了隐士。《三国演义》虽是小说，但诸葛亮高卧时所吟之诗却品位不俗："大梦谁先觉，平生我自

知。草堂春睡足，窗外日迟迟。"那份闲适，那份潇洒，急于用世者是绝对模仿不来的。看他第二句"平生我自知"，是何等自信，自己的人生规划早就做好了，只等时机成熟，生命中的贵人就会出现。

公元207年，二十七岁的诸葛亮和刘备风云际会。说实话，当时的刘备混得不怎么样，顶着个"汉室宗亲"的高帽子四处奔波，年纪一大把却还不得不寄居在刘表的地盘上。但是，诸葛亮慧眼识人，敏锐地觉察到了刘备身上的枭雄特质，而且刘备还有个"中山靖王之后"的特殊身份。诸葛亮心动了，心动之后就是行动。从此，他追随刘备，君臣相得，关系如同鱼水。

后人常用"鞠躬尽瘁，死而后已"概括诸葛亮的一生。诚然，刘备死后，诸葛亮摊上了一个扶不起来的主子刘禅，但他没有放弃，仍然殚精竭虑地为蜀汉出谋划策。就在油尽灯枯、病逝于五丈原之前，他还给后主刘禅上表，说自己的后事已经料理妥当，成都老家尚有八百亩桑树，足够后人衣食之需。这等襟怀坦荡、光明磊落，无怪乎大诗人杜甫用了"出师一表真名世，千载谁堪伯仲间"来赞颂他。

我们纵观诸葛亮的一生，他前期隐居读书，因为胸怀天下，所以"中不自乱"，静待时机。一旦有了机会，他就牢牢抓住，绝不浪费，而且做起事来鞠躬尽瘁。这些都是今天的我们应该效仿和学习的。

心存善念，多行善举

提到"善"字，就避不开大有卦。大有卦的卦辞为"元亨"，从一开始就是吉利的。"大有"的意思就是"大富有"。大有卦是很有钱财的一卦。

我们看它的象辞：

象曰：火在天上，大有。君子以遏恶扬善，顺天休命。

大有卦的卦象是天上火。君子凭借此卦做什么呢？"遏恶扬善"，遏制恶行恶念，发扬光大善德。当然，这里不但指自身"遏恶扬善"，还要影响、帮助身边人一起"遏恶扬善"，这样才能构建和谐的生存环境，大家其乐融融，共同进步。遏制邪恶，弘扬善德，君子这么做有什么依据吗？"顺天休命"，这种行为是顺应天道的，而且能够使君子的人生更美好。"休"，美丽，在这里为使动用法，"使……更美丽"。大有卦上为离火，下为乾天。离卦本身就含有"美丽"之意。火在天上，是十分明亮的，能够照亮天下四方的万事万物，同样也就能够分辨哪些是善，哪些是恶。

对大有卦有了一定认识之后，我们再来看九二爻：

九二，大车以载，有攸往，无咎。
象曰：大车以载，积中不败也。

"大车以载"，财富多到要用大车来装载、驮运。那得是何等的"大有"啊！"有攸往，无咎"，在这种情形下可以继续前进，没有过错和灾祸。这里需要稍稍深入解释一下。在一卦中，往往哪种爻少，哪种爻就重要。大有卦只有一根阴爻，即六五爻，所以这根阴爻重要，属于"柔得尊位"。九二爻，位在下卦的中位，和位于上卦中位的六五爻刚好阴阳相应，因此它能够继续前进而没有灾祸。

再看《象传》的解释："积中不败也。"为什么能够积累"大车以载"的财富？就是因为"积中不败"，一点一点地累积起来，并没有败坏它。作为个人或企业，积累财富都要经历这么一个由少到多的过程，而且在此过程中，还要谨小慎微、步步为营，防止辛辛苦苦积累的财富一不小心遭到败坏。

单从字面看，不少《周易》研究者认为大有卦讲述的就是一个积累财富、发家致富的故事，是过来人的经验之谈。的确，大有卦包含教人如何致富、如何保持"大有"的状态这层意思，可是，如果只把认识停留在这个简单层面，我们就没有把握大有卦的真谛。

须知，比积累财富更重要的，就是积累善德。按照《文言传》的说法，积善之家，必有余庆；积不善之家，必有余殃。这可以算大有卦九二爻的最好注脚。

积累善德和积累财富一样，绝非一朝一夕便可奏效。如果半途而废，就会前功尽弃，从头再来就更困难了。古语说：从善如登，从恶如崩。往善的方向发展就像登山一样困难，往恶的方向发展就像山崩一样容易。

积累善德，要尽量多存善念，多行善举。善事无大小，恶事也无大小，有时一念之善往往能扶危济困，救人于水火之中，而一念之恶则会把自己或他人打入十八层地狱，万劫不复。很多大恶人并非生来就坏，可能是一步错导致步步错，或者是环境影响、坏人教唆，也不排除一念之差铸成九鼎之错的情况。世上从来就没有后悔药可买，一旦大错铸成，则悔之晚矣。

大有卦的启示：离上乾下，火天大有

大有卦实际上是教我们如何保持"大有"状态的。首先要守顺谦下，下卦乾卦居在上卦离卦下面，就是要柔顺。六五爻大吉，为什么能够威风自显呢？就因为它柔顺，所以要谦下，要柔顺，要顺应天道。还有一点很重要，六五爻讲了，"厥，孚交如"，就是要诚信待人，还要用诚信教化人，要用自己的诚信去换取别人的诚信，这样才能"自天佑之，吉无不利"。要守中，要积累善德，做善事，还要见贤思齐，向贤德之人看齐，这样才能保住"大有"。

蜀主刘备教导儿子刘禅："勿以恶小而为之，勿以善小而不为。"这无疑是明白善恶都会积少成多的道理后所讲的智者之语。善事、恶事积累多了都可以达到"大车以载"的程度。积累善对你的人格修养以及个人魅力是一种提升。在行善的过程中，你不但提升了自我，也影响、教育了他人，这会让你身心愉悦。而积累恶，坏事做多了，等待你的必然是"多行不义"后的"自毙"。

九二爻《象传》中，与"积"字同样重要的还有一个"中"字。因为九二爻位在下卦中位，所以要守中道。何谓中道？《中庸》解释为："喜怒哀乐之未发谓之中，发而皆中节谓之和。""中"指人们蕴含在内心的各种情绪。所谓情郁于中，势必发之于外，否则会憋出事来。"发"出来的要求是"和"，具体说，就是"皆中节"，要符合礼节，有所节制，不能肆意妄为、乱发脾气。实际上，"中"字也包含了积累善德、提升自我的意思。"皆中节"本身就是道德层面的要求。

旅卦的六二爻也反映了"守中"的重要性：

六二，旅即次，怀其资，得童仆，贞。

象曰：得童仆，贞，终无尤也。

到了六二爻这个爻位，行旅在外者不但已经居住在旅馆里，囊中不羞涩了，而且还得到了伺候衣食起居的好仆人，这个时候就要"贞"，要守持中道。为什么六二爻说行旅的时候需要柔顺、中正呢？因为内没有失去自己的志向，所以也就没有什么不安，外没有失去别人的帮助，大家都乐意帮助它。这就是中正之德的魅力所在。

守住中道，积累善德，这不仅仅是增进自身修养的必需，也是一个人更好地融入社会、获得成功的必需。提升自我之后，你将会有更多的朋友，更和谐宽松的工作环境，更愉悦的工作心态。机会和成功也会在不经意间轻轻敲响你的门。

旅卦的启示：离上艮下，火山旅

旅卦讲的虽然是一种行旅在外的情景，但是也可以引申为在我们人生旅途当中的一些做法。人生天地之间，本来就是匆匆而过的旅人。从旅卦六爻看，凡是阴柔之爻处于中，表现为和顺、谦逊的，往往就吉；如果表现为阳刚、高亢，往往就凶。这里面包含着心志方面的问题，心志一定要正，既不能猥琐、卑贱，也不能因亢奋而改变，只有这样，才能像六五爻那样"终以誉命"，最终获得美誉和爵命。

对症下药才能真正解决问题

这一节,我们来说一说井卦。井卦很有意思,它是讲有了困惑怎么办的。《易传》说"困乎上者必反下",困于上,必定要反下,找到一口井。那么这个井是用来干什么的呢?是用来滋养人的,是维持生命的。井卦的卦象,上面是水,下面是风,也是木,就是古人经常在井底下放几块木头,以除去淤泥,因此井卦取这个意象。

下面,我们来看一下井卦的九二爻:

九二,井谷射鲋,瓮敝漏。

象曰:井谷射鲋,无与也。

"井谷"指井里向外冒水的小窍穴。小窍穴里往往存活着一种叫鲋鱼的小鱼。有人闲得无聊,就用弓箭去射这种鱼。结果有些搞笑,鱼射中没射中不得而知,反倒把汲水用的瓮给射烂了。"瓮敝漏",当然也就成了废物,不能用了。无所得反而有所失,所以《象传》说:"井谷射鲋,无与也。"

这则类似寓言的小故事能够告诉我们什么道理呢?它告诉我们,解决问题的时候,一定要对症下药,采取合适的方式方法。从九二爻的爻位来看,它是下卦的中爻,得了中位,但是却刚爻居阴位,不正。所以说,此爻具备一定的解决问题的实力,就像爻辞中所说的,它有工具,弓箭就是工具。但是,用弓箭来干"射鲋"这件事,显然有些不着调,有点像用高射炮打蚊子。"射鲋"应该换一种轻便灵巧的工具。引申开来就是,虽然具备一定的解决问题的实力,但是所采取的解决问题的方式方法不对,所以好心办了坏事,或无心办了错事。总之,把事情办砸了,还出了其他方面的纰漏。而且,从想要得到的小小鲋鱼和被弄破的汲水工具瓮的价值对比来看,纰漏所造成的损失还不小。

现实生活中类似的人、类似的事不少。有些人天生一副热肠,见不得别人有什么难处,可是他偏偏天生是个急脾气、冒失鬼,做事不讲究策略,更无任何方式方法可言,脑袋一热,一撸袖子就上,结果可想而知,多半会把事情搞砸,而这个人也往往成为大家的笑柄。还有些人,谁都知道他有一定的能力,可就是办一件事坏一件事。问题出在哪里?就是方式方法不对。

俗话说,一把钥匙开一把锁。在办事方面,虽然未必那么绝对,因为很多事情不仅仅只有一个办理方法,很多问题也不仅仅只有一个解决方案,但聪明人在百般衡量之后,往往能找到最接近完满的一种解决方案。一般人就不一样了,只求解决,或者随便找一个方案,不管利弊就去实施。这样,除非存在侥幸的情况,否则其结果肯定非常糟糕。正事没办成不说,还留下一个烂摊子让别人替他收拾。

穆姜之卜

据《左传》记载:春秋时期,鲁襄公的母亲穆姜与大臣叔孙侨如私通,最后竟然色迷心窍到要废子而立侨如的地步。事败,穆姜被打入冷宫,听候处理。在冷宫中,她卜了一卦,是"艮之随卦",即从艮卦变到随卦。这一变卦除第二爻没变外,变了五根爻。超过三根爻变了,说明卜者心不够诚,一般要看卦辞。卦师也奇怪,就不看本卦卦辞而直接看了变卦随卦的爻辞,是"元亨利贞,无咎"。就是说,没有灾祸。不过穆姜还算有点脑子,她说:"随卦之所以'无咎'是因为具备'元亨利贞'四种美德。我先不守妇道,接着图谋反叛,无此四德,必死于此。"后来果如其言。

中医讲究对症下药,其治病思路和解决问题的思路是一样的。要想治好病症,首要问题是辨明这是什么病,要用哪几种药物,有些什么禁忌,然后才能着手施治,做到药到病除。如果不考虑周全就盲目用药,后果是不堪设想的。

解决问题也一样。问题出现了,第一步是分析问题,多方寻求解决问题的方式方法,一定不要贸然尝试。解决问题的方式方法往往很多,我们需要的无疑是最好的那一种。这就要集思广益、多方假设求证了。譬如井卦九二爻的那位,手边单有弓箭还不够,还应寻找其他更好的工具,例如渔网什么的,比较一下哪种工具最适合捕鱼再下手也不迟。经过多方假设求证之后,总会找到最合适的一种,不但可以干净利落地解决问题,还能把损失控制在最低限度。第二步是动手实践。这一步同样重要。好的方式方法有时也能办坏事,就是因为用人不当或者实践过程中没有进行必要的监控,结果横生枝节,把事情搞得一塌糊涂。九二爻的弓箭手如果技艺高超、能百步穿杨,或者"射鲋"时小心一些,未必就会把瓮搞破,造成不必要的损失。

所以,解决问题的时候,寻找正确的方式方法固然重要,如何实施解决也同样重要,二者相辅相成,都不能掉以轻心。

做事要懂得变通

我国古代有一个可怜的年轻人，叫尾生，他处了个对象，据以后的事态发展看，两个人肯定是山盟海誓过一番的。两人约定在一座大桥下见面。那会儿没有酒吧、咖啡厅什么的，大桥下面既隐蔽又安全，确实是谈恋爱的好所在。尾生遵照千古不变的"男人先到"的约会守则，提前赶到桥下等待。可是不知道怎么回事，姑娘迟迟不至。尾生于是苦等，死等。天有不测风云，结果一场大水把尾生的死等生生变成了等死。姑娘未来，河水突然暴涨。两人约的是大桥下面，而不是其他地方，尾生在这生死关头，毅然决然做出了一个让他千古留名的决定：牢牢抱住桥柱子，继续等。

姑娘始终没有来。来了也应该不会"举身赴清池"，去看看桥柱子那儿有没有人。河水却越涨越高，尾生就这么被淹死了。

这个故事最早见于《庄子·盗跖篇》，太史公的《史记·苏秦张仪列传》亦有转载。后人感于尾生所为，使"抱柱信""抱柱之信""尾生抱柱"成为典故。大诗人李白也有吟咏尾生的诗句，见于其《长干行》，曰："常存抱柱信，岂上望夫台。"这是夸赞尾生的，夸赞他守信重诺，至死不渝。

诚然，数千年来，重义守信一直是中华民族的传统美德，历史上留下来的事例多如牛毛、举不胜举。我们所讲的《周易》中，有关诚信的内容更是贯穿始终，"有孚""中孚"等字眼俯拾皆是。可是，尾生的做法总让人

第二步 见龙——德才兼备，广结人脉

心里别别扭扭，不舒服，感觉他的守信和其他人有些不同。当然，我在这里绝对没有以小人之心诋毁尾生，认为他如此这般是爱情的伟大力量使然，若是其他朋友之交，他可能溜得比兔子还快。可能不少朋友抱有和我一样的想法，只是碍于面子不明说罢了。说白了，尾生这个人不是有点拘泥、固执，而是太拘泥、固执，变成死脑筋了。见过死脑筋的，没见过这么死脑筋的。我敢断言，以他这样的方式做事，就算没有那场大水给他的生命画上句号，以后也会有一场大雨、一场大火把他带走。总之，他早晚要出事，而且肯定还不是小事。

尾生生于庄子的寓言，死于庄子的寓言，可是从千百年来的各种声音分析，为他摇旗呐喊的大有人在。也就是说，对他的行为方式表示认同并奉为楷模的人不在少数。再重申一下，我在这里拉出尾生作为靶子，并非否认他的诚信，而是否认他的拘泥和固执。

《周易》注重诚信，但更注重一个"变"字。"穷则思变，变则通，通则久"一语正是其精义所在。所谓"与时偕行""与时变化"，说的都是一个意思，就是要赶上形势，做事要懂得变通。儒家把"仁""义""礼""智""信"奉为"五德"，"信"为其底线。孔子崇奉直道而行，按说他应该坐在家里等各诸侯的聘书才对，可他也四处奔走求售，也委曲求全。

卫国内乱，权臣孔悝被胁迫，孔门弟子子路和子羔（高柴）均为孔悝的家臣。孔子知道消息后叹道："柴也其来，由也死矣。"意思就是，子羔快要回来了，子路只怕免不了一死。为什么？因为孔子晓得子路是个倔脾气、死心眼的人，一定不会逃走。果然不出孔子所料，子羔听说乱起，一溜烟往城门口跑，在城外刚好碰见子路往回赶。子羔苦劝子路，子路不听。当时城门已经关闭，子路进不去，刚巧有人要出城，就这工夫被他溜进了城。结果可想而知，寡不敌众，子路受重伤，帽缨子也被砍断了。子路认为君子死不可不正衣冠，于是请求乱军少待片刻，他自己努力结好帽缨，从容赴死。

子路"结缨而死"是一个有名的典故，从孔子的态度上不难窥知他的痛惜之情。然而，子羔临阵逃脱并未受到孔子的责罚。可见，孔子虽然把

"义"列入"五德",却也不赞同无谓的牺牲,也是讲求变通之道的。

回到我们的《周易》上,《周易》对固执拘泥、不知变通的态度有两段论述,分别是蛊卦的九二爻和节卦的九二爻。我们来看一下。

蛊卦九二爻:

> 九二,干母之蛊,不可贞。
> 象曰:干母之蛊,得中道也。

"贞",在这里不可理解为"正",应理解为"固执"。"干母之蛊,不可贞",就是说,纠正母亲的过失要好言好语地去纠正,不要太固执。为什么呢?第二爻是一个阴位,需要阴柔一些,而九二爻是阳刚之爻,居于阴位,虽然占着下卦的中位,但是也不能一味倔强,要讲究方式方法,变通一下,柔弱一些,这样就可以像《象传》说的那样,"得中道",收到效果。

蛊卦九二爻讲了一件家事,以内喻外、以小见大。我们由此可知,遇事太固执、不知变通的态度是不为《周易》所取的。

节卦九二爻也是讲变通之道的:

> 九二,不出门庭,凶。
> 象曰:不出门庭,失时极也。

"不出门庭,凶。"难道待在家里比出门在外还容易招惹麻烦?而且同样是不出门户,节卦初九爻爻辞是"不出户庭,无咎",是"无咎",没有灾祸,怎么到了九二爻却成了"凶"呢?要说起来,九二爻还居中位呢!这就是《周易》了不起的地方。它主要按照不同的时位来判断吉凶,体现的还是一个"变化"。这也正是我们提出六步曲理论的基础和主要依据之所在。

九二爻跟初九爻相比较,时位已经变了,所以吉凶也跟着有了变化。初九爻在事物的初始阶段,而九二爻则已经居下卦中位,所以这个时候是下卦最适中的一个时机。如果你在这个时候还拘泥于节制,不知变通,不敢迈出庭院,不去把握时机,就肯定有凶险。因为此时你的道路是畅通的,正该出去闯一闯。

初九爻要往前走，有九二爻挡道，其路不通，所以连户庭都不能出。而九二爻上面是六三爻，阴爻挡不住阳爻，六三爻挡不住它，所以这个时候九二爻是不受拘束的，要勇敢地走出去。

> **蛊卦的启示：艮上巽下，山风蛊**
>
> 蛊卦告诉我们，蛊惑的形成是一个漫长的过程，我们要消除蛊惑、拨乱反正，同样也需要一个漫长的过程。而且，在不同时位要采用不同的方式方法，到头了就不能继续往前，而要逍遥物外，要"不事王侯，高尚其事"，否则就又要开始蛊了。

《象传》解释"不出门庭，凶"的原因是"失时极也"，是说九二爻失去了时机。房子正中的大梁叫作"极"，所以在这里引申出"中道"，而九二爻正处中位，一切都对它有利。须知：节制跟放松、开放是相对而言的，该节制的时候要节制，该放松的时候要放松，该开放的时候也要开放。九二爻这个时候可以放松、开放，可它偏偏拘泥于节制而不知变通，所以就"凶"。

九二爻位居下卦中位，也是下卦最好的一个时位，所谓"二多誉，五多功"，如果认清形势，相时而动，这也是人生、事业小有所成的好时候，理论上，九二爻就是仅次于九五"飞龙在天"的一爻。可惜，蛊卦和节卦的九二爻都把机会给耽误了，就像我们例子所举的尾生和子路一样，不知变通，都落了个英年早逝。要不然，应该还有许多美好的人生蓝图等着他们去描绘，还有很多辉煌的事业成就等着他们去创造。

所以，最后奉送朋友们一句话：遇事不要太固执，变通做事无大错。

朋友是你一生的财富

　　一提起"朋友"这两个字，所有人心里都会感到热乎乎的，脑海里也会立刻映现许多各具特色的面孔。这就是朋友的魔力。一个人可以万里独行，可以困顿不堪，但是只要心中还装着朋友的牵挂，耳边还回响着朋友的叮咛，他就不会对这个世界绝望，他就能够从跌倒的地方爬起来，擦擦身上的血迹，抚平心中的伤痕，勇敢地投入新的战斗。这还是朋友的魔力。据说，一个人活在世间，别的什么都可以缺，唯独不能缺了朋友。这仍然是朋友的魔力。

　　古往今来，赞颂讴歌朋友之情的文学作品不知凡几，历史记载中出现的朋友之交的典范也代不乏人。对于金庸的武侠小说，想必朋友们都不陌生，那里面让人荡气回肠的朋友之情就不少。《天龙八部》里的萧峰、虚竹、段誉三人来自天南海北，出身、经历迥然不同，可是一经结拜，三人顿成一体，并肩扛住了无数大风大浪。所谓"刎颈之交"也不过如此。但是在我看来，金庸小说中最让人鼻酸眼热的一对朋友是《笑傲江湖》里的刘正风和曲洋。为什么？因为他们的结交太困难了，阻力太大了。刘正风是五岳剑派中衡山派的二把手，而曲洋则是正道之人称为"魔教"的日月神教的长老。最后为了友情两人双双送命，还搭上了刘正风一家和曲洋那个古灵精怪的小孙女。

第二步　见龙——德才兼备，广结人脉

历史记载的朋友之交的故事也不少，大家熟知的至少有"管鲍之交""俞伯牙摔琴谢知音"等，我这里再说一个，也相当有名，叫"范张鸡黍"，出自《后汉书·范式传》。

范指范式，字巨卿，东汉末年山阳郡人。张为张劭，字元伯，东汉末年汝南郡人。两人地距千里，因为同在最高学府太学读书而相识，从此情同手足。毕业时，两人要各回各家，只好依依惜别。范式对张劭说，兄弟，咱们约个日期，两年之后，我一定登门拜访。光阴荏苒，两年很快过去，看看快到约定之期，张劭就让老母亲准备酒食，要款待范式。张母以为二人一时戏言，难以作准，一笑置之。架不住儿子再三说明，范式是个诚信君子，必不爽约。张母将信将疑，但最终还是听了儿子的话，准备了酒食。到了约定之日，一大清早，范式果然风尘仆仆而至。朋友相见，大喜过望，知心话一连说了好几天，范式才告辞而去。因为张母当时款待范式的是鸡和黍子，所以他们的交情就被称为"范张鸡黍"。

"范张鸡黍"的故事还没有完，结尾搞得有些像齐东野语。不过，也正是因为这个结尾，让两人的交情一下子变得感天动地。话说张劭体弱多病，一直赋闲在家，终至不起。他临死前想起范式，泪如雨下。张劭死的那天晚上，范式在山阳梦见张劭一身丧服前来告别。范式醒来，想起梦境，知道张劭已死。他第二天一早请了假，快马轻车，直奔汝南。张劭已经发丧，到了墓穴之前，灵柩怎么也放不下去。此时就见山下有一白马素车，飞驰而至。毫无疑问，是范式星夜兼程赶到了。范式凭着心灵感应，总算没有耽误参加自己生死兄弟的葬礼。按古时的说法，他们俩也算见了最后一面。

后半段我们完全可以当作小说家言，姑妄听之。然而，它至少反映了古人对于友情的赞扬和渴盼。另有一件事为正史所载，倒可见范式的为人。他的另一朋友陈平子，长沙人，临死前修书一封，将尸体寄放在范家窗前。范式返回见书，二话不说，亲自护送陈平子妻儿扶柩，直到回到陈平子的老家，方哭别而去。

范式不负朋友之托，实可称千载为人友者之楷模。有这样的朋友，绝对是一生的财富。有这样的朋友，能幸福一生。《周易》六十四卦第二爻中

也有几条关于朋友的记载，分述如下。

剥卦六二爻：

> 六二，剥床以辨，蔑贞，凶。
> 象曰：剥床以辨，未有与也。

剥卦和下面出现的复卦给我们展示了两幅正好相对的图景。

剥卦呈现的是秋气肃杀、万物凋零之貌。因为剥卦六爻只有上九爻一根阳爻，阳气将尽，故现此貌。"剥"实际上指阳气剥落，其卦辞为"不利有攸往"，意思是没法前进了，进则不利。

而复卦则呈现的是万物复苏、春天将至之貌。因为复卦只有初九一根阳爻，阳气正在慢慢上升，所以复卦是亨通的。

"剥床以辨"，"辨"通"牑"，指床板。剥卦初六爻刚刚开始剥落到床足，六二爻继续往上，已经到了床板。《象传》解释了"剥床以辨"的原因："未有与也。""与"指帮助，就是没有帮助它的人。六二爻虽然在下卦中间，又居正位，但上面和下面都是阴爻，和它一样，所以不可能帮助它。没有朋友相帮的六二爻成了孤家寡人。"蔑贞，凶"，"蔑"通"灭"。消灭对床而言就是坏了。"贞"，可以理解为"正、好"。坏了张很好的床，当然是凶险的事情。

剥卦六二爻的凶险结局从反面说明了朋友的重要性。俗话说："一个篱笆三个桩，一个好汉三个帮。"反过来说，没有三个帮的好汉自然不复为好汉，而是"坏汉"了。

剥卦的启示：艮上坤下，山地剥

万事万物都是从下面开始往上剥落的。一切组织里面，都是因为下面一些最细微的东西、最潜在的东西而发生实质改变的，这叫"千里之堤，溃于蚁穴"。我们怎样才能避免这么一个不好的局面？我们

第二步 见龙——德才兼备，广结人脉

> 要像君子那样，往下看，把取得的成果给予百姓，不一个人独享，这样就能止住这种剥落的现象了。反之，如果像小人那样，虽然自己得到硕果了，但是不管下面的百姓，那么百姓就不可能拥护他，"终不可用也"，最后就全都遭殃了。这也是一种太极思维，就是阳中有阴，阴中有阳，阴阳是互补的，也是共赢的，不要一个人去独赢。

复卦六二爻：

六二，休复，吉。

象曰：休复之吉，以下仁也。

"休"，美好。"休复"，美好的回复。这里，六二爻的爻位发挥了作用，既中又正，位置吻合，所以非常美好。《象传》中的"下仁"即"仁下"。"下"指邻居初九爻。两爻阴阳和谐，相亲相近，所以有"休复之吉"。

剥、复两卦在六十四卦中位置相连，其六二爻的爻位相同，吉凶结果却迥异，再次说明了《周易》的博大精深、变幻无穷。两卦六二爻都说了交友问题，其爻辞从正反两方面力证了朋友就是你一生的财富，朋友可以改变你的一生。

姤卦九二爻说的也是交友问题，不过具体了些，讲了一个交友的细节。"姤"意为"相遇"，所以姤卦讲的是相遇的智慧。

其卦辞说：

姤，女壮，勿用取女。

卦辞的意思是，女人太强盛，这样的女人不宜娶回家。因为姤卦只有一根阴爻，是一女遇五男，相遇的男人太多，所以不易守正道。创作《周易》的老祖宗在这里过分看轻了女同胞们的主观能动性，这个暂且不提。总之，姤卦是从反面来讲相遇之理的，它反对一女遇五男这种男女相遇，

125

强调要守正道。

姤卦九二爻：

> 九二，包有鱼，无咎，不利宾。
> 象曰：包有鱼，义不及宾也。

"包"通"庖"。全句的意思是，厨房里有一条鱼，没有灾祸，但是这条鱼却不利于用来招待宾客。此处"宾客"指九五爻，因为两爻同位相应，分在上下卦中位。

《象传》说"义不及宾也"，意思是，从道义上不应该把九五爻当成宾客。为什么呢？因为两爻原本就有遇合的缘分，已经是朋友了，拿鱼招待显得太客气、太见外、太生分，有可能影响到进一步发展或者继续保持平等的朋友关系。

这个交友细节还是很有用处的。的确有那么一种人，可以肯定他完全出于真心，可表现出来总是过分热情、客气，甚至肉麻，让你每次交往都如芒刺在背，不自在得很，每次交往下来都得损失好多脑细胞。久而久之，你的交往热情也就淡了，朋友铁定没法处了。当然，他还莫名其妙，觉得自己冤枉。朋友之间交往，要的就是那种轻松愉悦的氛围。如果每次见面都如同受刑，那肯定谁都不干。

记住：过分热情、客套与拒人于千里之外一样，在交朋友时，都是不招人待见的。轻松自然、不卑不亢就好。

忧患和反思

忧患和反思是《周易》中百说不厌、常说常新的话题。从初爻到上爻，它们俩无时不在"暗香浮动"。没办法，人生本来就是这么一回事，一直正确着就害怕犯错误，害怕跌倒了爬不起来，害怕失去一切，就得时时忧患。有了错误就得改正，这就需要反思错误的根源以便及时改正，所以反思也不能少。一来二去，这二者当然就成了我们人生路上经常相伴的"熟客"了。

从《周易》的主旨精神看，忧患和反思时刻不能少，并且一个也不能少。要想自强不息、厚德载物，这二者自然少不了。所谓"惩前毖后，治病救人"是也。君子不是神，也是肉体凡胎，也会犯错误。这样一来，忧患就是"惩前"意识，反思就是"毖后"措施。否则，任你手眼通天，也早就"息"了，更"载"不了物。从"变"和"与时俱行"的角度来看，忧患和反思也不可或缺。"变"是为了适应形势，达到"与时俱行"的目的。"与时俱行"的具体表现就是无时无刻不在变，大变、小变、明变、暗变，总之，在变。为什么变，归"忧患"管。它看到道走不通了，"穷则思变，变则通，通则久"。怎么变，归"反思"管。它负责检查错误，提出相应措施。忧患和反思合作完成一套关于"变"的具体实施方案后，上交主管该项工作的爻去负责落实。

这就是忧患和反思二者的职能和作用。它们应该属于策划或决策部门，是纯脑力劳动者，动脑、动口、不动手的那种。它们两个相辅相成，缺一不可。有鉴于此，在这一节，我们特别摘出几则关于忧患和反思的二爻内容，归并一处进行讨论。

事先说明，二爻在下卦的地位举足轻重，关于二爻的忧患和反思自然不可小觑。它们能帮助我们解决小有成就之前的关键性问题，并提出进一步前进所需的建设性意见。

晋卦卦象上火下地，火可指代太阳，故卦象意味着太阳从地平线上升起，是前进之卦。

晋卦六二爻：

> 六二，晋如愁如，贞吉，受兹介福，于其王母。
> 象曰：受兹介福，以中正也。

"晋如愁如"，六二爻比初六爻前进了一步，但是也有了忧愁，这种做法是吉利的。"兹"指"这种、这个"。"介福"就是"大福"。"受兹介福"就是"受到这种大福报"。"王母"就是"祖母"。"于其王母"指"由于祖母的支持"。"王母"在这个卦里指六五爻，六二爻和六五爻相应，故能受到它的支持，得到大福报。其原因在《象传》里有解释："以中正也。"因为六二爻中正。结合初六爻看，初六爻指一个人在刚参加工作的时候，要有一颗宽容的心。到了六二爻时就要给自己准确定位并找到自己的位置，要守中道。

晋卦六二爻的"愁如"，就是忧患意识的体现，但我们这里就是要忧愁，就是要有一种忧患意识。前进之中的忧患意识非常必要，它能帮我们规避前方的风险，使我们免于前功尽弃。

解卦为解除困难之卦。

解卦九二爻用了一个比喻：

> 九二，田获三狐，得黄矢，贞吉。
> 象曰：九二贞吉，得中道也。

第二步　见龙——德才兼备，广结人脉

"田"指"打猎"。全句的意思是，打猎的时候捕获了三只狐狸，又得到了金黄色的箭，非常吉祥。为什么要用"狐狸"这个比喻呢？因为狐狸非常狡猾，看到人来就会躲藏起来。这实际上指九二爻是在危险刚刚解除之后的第二步，此时还有潜藏的忧患，要去发现并予以清除。"三"表示隐患很多。这是说，要有一种忧患意识，而且这种忧患意识要持续不断。黄色的箭比喻美好珍贵的品德，这种品德即《象传》所讲的"中道"，就是居中不偏。

九二爻是阳刚居于阴柔之位。虽然这个位置不太适合它，但它仍然坚守着中道，这叫作"刚直居中"。这是解除危难所必须具备的一种珍贵品德。

总体而言，解卦九二爻告诉我们：此时危难尚未彻底解除，最好不要轻举妄动。要守中道，还要有持续不断的忧患意识，只有这样才能吉祥。

解卦的启示：震上坎下，雷水解

有一句名言"堡垒往往是从内部攻破的"，所以要想解除危难，一定要先从内部去寻找，寻找那些潜伏的危难。要有针对性地采取相应措施，用诚信、中道的方法，这样才能解除掉危难。解除小人的纠缠，最重要的是要有一颗宽容的心，要施行仁政，以规劝他、感化他向上为主，让他自觉地改过为善。然而，一旦他居于高位而且非常凶猛地与你彻底背离时，这时绝不能心慈手软，要准确、干脆、彻底地把他解决掉。这就是解卦给我们的启示。

震卦表示打雷之象，此时只有保持惊惧、谨慎，才能致福。
震卦六二爻：

六二，震来厉，亿丧贝，跻于九陵。勿逐，七日得。
象曰：震来厉，乘刚也。

"震来厉"，惊雷又至，有危险。"亿丧贝"，大大地丧失财物。"跻于九陵"，这个时候应该登上很高的那个山坡。"九陵"指高陵、崇山峻岭之上。"勿逐，七日得"，不要去追逐了，过七天就会失而复得。

《象传》解释："乘刚也。"因为六二爻是阴爻，它下面的初九爻是阳爻，阴在阳上谓之"乘刚"，多有危险。我们可以想象一下，六二爻遇到了打雷，本来就有危险，结果它又把钱财全部丢失了，祸不单行，没有办法，它只好登上高山，想去追寻失掉的钱财，结果根本找不到。其实不需要去追，过了七天，钱财自然会回来，这就是所谓"七日来复"。六二爻说只要守中柔顺，钱财自然就会失而复得。我们看这个意象，震卦六二爻和六三爻、九四爻一起构成艮卦，艮卦有停止之意，就是不必去追。

震卦六二爻告诉我们，只需要柔顺守中，真心反思、反省自己的过错，损失自然会找补回来。

既济卦为成功之后如何守成之卦。

既济卦六二爻：

六二，妇丧其茀，勿逐，七日得。

象曰：七日得，以中道也。

既济卦六二爻的爻辞是说，妇女丢失了车幔，不要急于去寻找，等七天就会失而复得。它和震卦六二爻倒是很像，只是丢失的东西不同。车幔是车的帘子，也是车的装饰，妇女用来遮掩车窗。古时候和我们今天的情形正好相反，妇女出行要谨防被人窥见，能武装到牙齿最好。所以，这种装饰非常重要，没有它，妇人是不敢乘车的。

车幔丢失，七天必回。为什么呢？《象传》说："以中道也。"因为六二爻执行的是中正不偏之道，即使有时会不小心丧失自己的遮蔽物，这也是在成功之后生出的浮躁之心所致。所以只要守住正道、中道、妇道，不必急切地寻找，静下心来反思自己的过错，过七天它就会回来。

为什么一定是七天呢？《周易》上有很多七日，譬如"七日来复、七日得、七日复七日"等。七天实际上是一个周期，一个卦分六根爻，也就是六个阶段，到第七天的时候就是第二卦的开始，也预示着一个全新的开始。其实，这里也是在讲，成功与万事万物的发生、发展、变化一样，也具有周期性。所以我们有所损失的时候先不要急躁，那样解决不了问题。要反思，要从自己身上找原因，这样，在一个全新的开始来临的时候，我们一定会有所得。

既济卦六二爻告诉我们：小有所成之后千万不要浮躁。如果真的出了问题，要认真反思，先从自己身上找原因。

把握和上司相处的技巧

说到上司，不少人都敬畏有加。不过，"有加"的这一部分里，大多是意见和不满。当然，可能有的人只装了一肚皮的不服气。但是，意见和不满也好，不服气也罢，不管心里怎么想，除非你已经打好包裹准备走人，否则，一旦见了上司的面，你肯定不会像鲁迅先生对待"千夫指"那样，横眉冷对。想要前途一片光明，目标能够顺利达成，就必须与上司和睦相处，并且善于借助上司的势。所以，你必须学会一些小小的技巧，懂得如何与上司和睦相处并获得上司的赏识。《周易》二爻中有不少关于处理上下级关系的至理名言，现在分别介绍，可能对你今后处理职场关系和升迁有些帮助。

睽卦为分离、背离之卦，是说小心做事可保无忧。

睽卦九二爻：

> 九二，遇主于巷，无咎。
> 象曰：遇主于巷，未失道也。

睽卦九二爻的爻辞说，在巷道中与主人不期而遇，这样的事没有灾祸。

九二爻的主人当然是六五爻，因为六五爻居于最尊位。从整个卦象来看，九二爻和六五爻是处在相互背离的状态的。此时九二爻能和主人不期而遇，说明它并没背离一种"化背离为和合，化干戈为玉帛"的道义。九二爻为刚爻，它能够在刚健的时候处于柔位，其行为没有失去中道，所以《象传》的解释是"未失道也"，意指它在背离的时候并没有强求相和，也没有大动干戈把矛盾激化，而是采用了一种柔顺的心态来对待主人，与主人自然而然地相和。此爻说明，应该非常小心地处理相互背离的局面。

睽卦的启示：离上兑下，火泽睽

通观全卦，睽卦六爻所讲的都是在背离之时应该采取的做法。全卦不是讲怎样背离、分离，而是讲如何"化背离为和合"。所以，每一根爻的做法都是在讲如何相和，如何不背离。其中，有很多做法，比如下三爻所讲是在背离的时候有所期待，而上三爻则讲在背离之时如何呼应。总结起来，六爻所讲的都是要小心谨慎，要柔顺委婉，要心平气和，只有这样，才能破除背离的局面。

睽卦九二爻告诉我们：和上司发生矛盾或处在背离状态时，不要意气用事、把矛盾激化，而要逼着自己冷静下来，分析一下这么做的结果，这样总有自然而然相和的一天。人在屋檐下，不得不低头，与上司对着干，对自己来说绝对是一种无谓的损耗。这不是教我们丢掉骨气去装孙子，而是情势使然。我们的羽翼还没有丰满，没办法自由地搏击长空，只能暂时寄人篱下。

益卦为增益、增长之卦，有利于继续前进。

益卦六二爻说的就是与上司的相处之道：

六二，或益之十朋之龟，弗克违，永贞吉。王用享于帝，吉。

象曰：或益之，自外来也。

"或益之十朋之龟"，有人送来价值十朋（朋，古代货币单位，两贝为一朋）的灵龟，这时候是"弗克违"，没有办法拒绝。"永贞吉"，占卜永远都吉利。"王用享于帝，吉"，大王应该将灵龟献给天帝，这样天帝就会降福。

《象传》的解释是："自外来也。""外"在这里指九五爻。这句话的意思是，六二爻得到的灵龟是九五爻送的，是君主送的。为什么六二爻能得到九五爻的赏识和资助？这是因为六二爻也居中，是以柔中之德来获得九五爻这个刚爻的补益的。

损卦的六五爻也具有柔中之德，所以也能得到九二爻的补益。

益卦六二爻告诉我们：要想获得上司的赏识，柔顺是办法之一，因为没有人会喜欢自己手下有一个刺头。

小过卦六二爻更是道出了与上司交往的真经：

六二，过其祖，遇其妣，不及其君，遇其臣，无咎。
象曰：不及其君，臣不可过也。

"过其祖，遇其妣，不及其君，遇其臣，无咎。"意思就是，超过了祖父，遇到了祖母，但是不能超过君主，而应该遇合大臣，这样就没有灾祸。祖父是九四爻，因为九四爻是阳爻，所以祖父也是阳。祖母则是六五爻，君主也指六五爻。大臣指六二爻自己。因为六二爻又中又正，是柔顺得中，这个时候做事情最适合，所以它会越过第三爻，然后再超过第四爻，目的是遇到六五爻，得到六五爻的庇护，而六五爻处在君位，是一个君主，所以只要跟它相遇合就可以了，但是注意千万不要超过它，还要继续守住中道。六二爻是个大臣，就要安居大臣之位，不要去超过君主，只要能受到君主的保护就可以了。

小过卦六二爻告诉我们：过犹不及，凡事都不要做过头，尤其注意不要抢了上司的风头。要安守自己的本分，柔顺得中，这样，上司自然会赏识、提拔你。

第三步

惕龙——谨言慎行，
每日反省

这一部分讲的是六十四卦的第三爻，也就是《周易》人生六步曲的第三步。对这步的总结是"三多凶"。因为三爻是下卦的最上一爻，此时人生第一个阶段到头了，很快就要进入下一个阶段。完结一个人生小循环后，必然面临一个巨大的动荡期，很多势力需要重新洗牌，还有一些要重打鼓，另开张。三爻就处在这么一个十字路口，自然需要谨言慎行，每日反省。所以乾卦九三爻的爻辞便是："君子终日乾乾，夕惕若，厉无咎。"这时的情形已经很凶险了。可是也不能因噎废食、停下脚步，这是人生道路上不可避免、必须过的坎，过不了这个坎，你就会被优胜劣汰、适者生存的法则踢出人生的竞技场。那我们该怎么办呢？与时俱进。

三爻多凶

现在到了第三爻,也就是人生六步曲的第三步。"三多凶,四多惧。"三、四爻的判词都不太好,尤其三爻,直接就是"多凶"。因为三爻是下卦的最上一爻,很快就要进入上卦,下卦完结一个小循环后,必然面临一个巨大的动荡期,很多势力需要重新洗牌,还有一些要重打鼓,另开张。三爻就处在这么一个十字路口,自然需要谨言慎行,每日反省。所以乾卦九三爻的爻辞便是:"君子终日乾乾,夕惕若,厉无咎。"情形已经很凶险了。"厉"在《周易》的爻辞吉凶判断中排在倒数第三位,仅稍好于"凶"和"咎",表示一种潜在的危险,虽然吉凶未卜,但只要谨慎行事,尚不会有什么大的损失。可是,你得说"厉无咎"这个结果是怎么努力才换来的。先得"终日乾乾"。"乾乾"不管解释为前进又前进也好,警惕再警惕也罢,总之是一直在努力进取,还要担着十二分的小心。这还不算完,还要"夕惕若"。晚上,饭后睡前的一段空闲时间,还总结、反省白天发生的事情,尽可能把每一个大小隐患都消灭在萌芽状态。这简直是在战战兢兢地过日子了,结果也才是个"厉无咎",可见三爻的危险有多大。

我们再看九三爻的《象传》:"终日乾乾,反复道也。"它还在强调,要顶住压力,继续前进又前进的道理。当然,继续前进的同时,肯定还要保持高度的警惕性。前路凶险,可是也不能因噎废食停下脚步,须知,处在三爻时位的，都会面临这样的凶险。这是人生道路上不可避免、必须过的坎，过不了这个坎，你就会被优胜劣汰、适者生存的法则踢出人生的竞技场。而如果能够胜出，除了可立于不败之地，你还能收获很多宝贵的经验教训，它和物质财富一样，能给你再创辉煌打下坚实的基础。

孔子在乾卦《文言传》里提到了一句今天依旧很时髦的话："终日乾乾，与时偕行。"我们可以借用来解释怎么实践"终日乾乾"和"反复道也"。孔子不愧是圣人，在几千年前就把我们的行动纲领给制定出来了，而且历久弥新。这句话什么意思呢？其关键在于"时"字的解释。

"时"可以理解为天时，即天道，也就是大自然的运行规律。人绝不可以违背天道，"违天不祥"。逆天而行就更不能被容忍了，分明就是自取灭亡。

"时"还可以理解为时势、时务，这当然指人类社会运行的一般规律了。所谓"时势造英雄""识时务者为俊杰"，说的就是这个道理。它指的是人对社会规律的一种宏观掌控能力，因为这决定着一个人在社会大潮尚且波谲云诡时能否及时做出正确的判断，并迅速投身进来，占得先机。古往今来，跟错人或站错队都是成大事者不可饶恕的低级错误。成王败寇，古来公理。权力场上的搏杀一向血腥而残酷，一旦分出高下，下的一方付出的绝对不是汗水和泪水，而是鲜血和人头。

《周易》和朝代名称

"元"在《周易》中意为开头、元首。乾卦《卦辞》说"元亨利贞"，意即从一开始就亨通，有利于贞问。孔子撰《象辞》，又把"元"的境界提升了一层，曰"大哉乾元"，意思是"伟大啊，天所施放的元气"。公元1271年，忽必烈建立元朝时，正是采用了汉族官员刘秉忠的建议，从"大哉乾元"取意，定国号为"元"。

元灭，明建。明太祖朱元璋依样画葫芦，也从乾卦《象辞》中找灵感，按"大明始终"一句，定国号为"明"，意即以"日月之明"抵消元朝的"开始、元首"。

第三步　惕龙——谨言慎行，每日反省

"时"还可以指代时机。这里特指临事能够做出正确判断并把握最佳的出手时间和机会。不击则已，一击必中，不留后路，绝对是"静若处子，动若脱兔"。各个行业的成功者几乎全都具备这方面的特质。

说到这里我们会发现，孔子并不是一根筋，非一条道走到黑不可，也会教人随机应变、见风使舵。想当初，他带着一干弟子周游列国，屡屡碰壁，混得状如"丧家之狗"仍乐此不疲。当然，他也放过狠话，说："道不行，乘桴浮于海。"意思是，索性不在国内待了，要到海外去。可惜他终归没有去，折腾到垂垂老矣时终于闭门著述，当他的教书匠和编辑去了。从孔子的郁郁一生中我们还有新发现，就是道理都是讲给别人听的，用在自己身上完全失效。这一点，大圣如孔子者，亦不免矣。

人生必须与时俱进

对国学不感兴趣的朋友大多有这样一种论调,有点像当年孔子向老子讨教礼时老子责难孔子的说法:"子所言者,其人与骨皆已朽矣,独其言在耳。"意思是,你宣传的那些玩意儿,作者的骨头都糟烂了,就留下几句废话。言下之意很明显:能有什么用呢?我们讲《周易》,很难避免遇到类似的问题,不过我可以告诉大家,《周易》虽然也"其人与骨皆已朽矣,独其言在耳",但"其言"非但永远不会过时,而且还很时尚,是与时俱进的。且先只看这一句"终日乾乾,与时偕行","与时俱进"不就是它的翻版吗?

"终日乾乾,与时偕行"见于《周易》的《文言传》,据说是孔子所撰,只以乾、坤两卦作为解释对象。我们引用的这句就是他对乾卦九三爻的解释。

先看乾卦九三爻的爻辞:

九三,君子终日乾乾,夕惕若,厉无咎。

"乾乾"一般有两种解释:其一是前进又前进,有点《古诗十九首》里"行行重行行"的味道;其二是警惕再警惕。这两种解释都说得通,而且两种解释也更深地挖掘出了《周易》的内涵。"夕惕若","夕",傍晚时分。此时白天的工作已经告一段落,正是睡眠前的一段空闲时间,君子正好可以利用这段时间进行总结、反省,即"惕若"。"惕",警惕,引申为反省。

"若"同"然"，直译为"……的样子"。"厉无咎"，"厉"和"咎"都是《周易》中表示事态吉凶的特定词语。此句可翻译为：虽然吉凶未定，但是没有什么大的损失。

这样，整个爻辞的意思就不难理解了：君子一整天都在前进前进前前进，到了傍晚时分还要总结反省，虽然吉凶未定，但也不会有大的损失。

这里体现的是一种忧患和危机意识。乾卦九三爻是下卦的最上爻，根据《易传》的解释，"三多凶，四多惧"。第三爻的爻辞一般不好，乾卦九三爻也不例外。我们再来看看其他有关九三爻的论述。

> 象曰：终日乾乾，反复道也。

《象传》还是说，前进又前进，反反复复地前进。

> 九三曰君子终日乾乾，夕惕若，厉无咎，何谓也？子曰，君子进德修业。忠信，所以进德也。修辞立其诚，所以居业也。知至至之，可与言几也。知终终之，可与存义也。是故居上位而不骄，在下位而不忧，故乾乾因其时而惕，虽危无咎矣。（《文言传》）

这一看就是儒家的解释方法。其中，"进德修业"是成语。"修辞"现在已经演变为一门学问。"几"比较难理解，笼统来说，它有两个意思：第一，时机；第二，几微，微小。"时机"可不是偌大的有形的东西，能够一把抓住，它是很难把握、稍纵即逝的。

《周易》讲宇宙大规律，告诉我们指导这个规律的大法则就是"时机"。《周易》强调"时"，就是告诉我们，要抓住时机。当然，我们还可以升华一下，使这个观点更加丰满：所谓时机，是离不开特定时代的，什么样的时代，就会赋予这个时代的人什么样的时机。大而言为时代，小而言为时机。时代与时机合二为一，就是时务。古人常说"识时务者为俊杰"，目的也是教人认清时代、把握时机、与时俱进。其实，这种人生大智慧，咱们的老祖宗在《周易》里早有论述，只不过后人讲得更明白，也更容易为大众所接受、认同罢了。

下面看上段《文言传》的译文，也就是孔子对"君子终日乾乾，夕惕若，厉无咎"的解释。他说：（这是比喻）君子要增进美德，修行功业。忠信诚实，就可以增进美德；修饰言辞出于诚挚的感情，就可以积蓄功业。知道进取的目标而努力实现它，这种人，你可以跟他商讨事物发展的征兆；知道终止的时刻而及时终止，这种人，你可以跟他共同保全事物发展的适宜状态。这样就能够居上位而不骄傲，处下位而不忧愁，能够恒久保持健强、振作，随时警惕慎行，即使面临危险，也可以免遭祸害。

从译文中，我们不难看出，"与时偕行"不但包含着"与时俱进"这层含义，还有"与时俱退"这层含义。原文中的"知至至之""知终终之"说的就是这两层意思。这与《周易》的产生和孔子作《易传》的历史大背景分不开。孔子所处的时代，诸侯割据，小国林立。孔子周游列国，想要施展抱负，可惜得很，他一辈子都在"待价而沽"，却始终没有卖到合适的价位，最后只好退而教书育人。那是时代的错误，但势必在孔子的著述中有所体现，这个体现就是"与时俱退"。人需要该出手时就出手，也需要该收手时就收手。毕竟，人生之路没有一帆风顺的，也许有些磕磕绊绊，我们仅凭一腔热血横冲直撞是过不去的，这就需要我们停下来想一想，或者先退下来，想明白了，换条路再走也未尝不可。所以说，《周易》中的智慧是无穷尽的，在任何时代都能焕发出青春和活力。

拿今天来说，大时代已经创造了足够的条件和机会让我们去"与时俱进"，但是在你所处的小环境内，有些时候还必须学会"与时俱退"，这里的"时"指时机。时机不成熟，就像没到瓜熟的时候你强扭的瓜，怎么着它都不甜。孔子虽然赢得了"千秋万世名"，各种头衔一大堆，但他基本上一生潦倒，活得很不得志。跟他差不多生活在同一时代的范蠡，没有留下什么著述，但身后的传奇故事却层出不穷。而且，从行事原则看，他才应该是把《周易》彻底读懂读透、活学活用、与时俱进退的那个人。

范蠡的老家在楚国宛地，大致相当于今天的河南南阳一带。他比孔子小十五岁，孔子周游列国屡屡碰壁的时候，年轻的范蠡也在经受着另一种煎熬。当时楚国国势不振，经常被吴国欺负，而能和吴国抗衡的，只有一

第三步 惕龙——谨言慎行，每日反省

个越国。为了救楚国于危难之中，范蠡的目光牢牢盯住了越国。

越国和吴国同处长江中下游，是一对老冤家，双方原本旗鼓相当，动起手来互有损伤，但后来伍子胥流亡到吴国，还推荐了军事天才孙武，一下子就把越国比了下去。越王很不甘心，于是让大夫文种四处寻访贤人。

> **《周易》与日本天皇**
>
> 明治天皇（1852—1912），名睦仁，为日本第122代天皇，"明治"为其年号，取自《周易·说卦》的"圣人南面而听天下，向明而治"。所以在日本明治期间，全国上下掀起了学习《周易》的高潮，甚至提出了有名的"不知《易》者，不能入阁"的组阁原则。
>
> 此外，明治天皇的儿子大正天皇（1879—1926）的年号"大正"也取自《周易》，源于"大亨以正，天之命也"。

文种堪称范蠡的伯乐。文种做过范蠡的父母官（宛令），对范蠡的大名早有耳闻，于是直接找到范蠡，说明来意，双方一拍即合。范蠡入越，从此开始了他在政治舞台上的黄金时代。

吴越争霸的故事大家都很熟悉，此处不再细讲，只说吴王夫差自杀以后，越国完胜，范蠡功莫大焉。他的好朋友、好同事文种认为，天下大定，可以舒舒服服地安享荣华富贵了。范蠡却不这么认为，他看得更长远，说越王勾践的长相不行，"鹰鼻鸷目"，这种人，只可共患难，不可共享乐。现在吴国已亡，咱们没有了用处，再待在他手底下恐非长久之计，要想保全性命，还是逃走为好。文种也不是等闲之辈，但在政治上显然还很不成熟，他最终没有听从范蠡的劝告，选择了留在越国。这一留就把性命也留下了。文种的结局是"伏剑而死"，被勾践逼得拿剑抹了脖子。

范蠡的出逃被后人，尤其文人墨客，赋予了浓厚的传奇色彩。他们大多认为范蠡是带着西施一起走的，两人原本就有感情，从此泛舟五湖，逍遥自在。但那只是传说。范蠡淡出政坛之后，辗转去了陶地（今山东菏泽

定陶区一带），在那里做起了生意。做生意的范蠡一点儿也不比他在政坛上的表现逊色，三次积聚至千金资产，三次散尽从头再来，后人都尊称他为"陶朱公"，不少生意人还供奉他为财神。范蠡无疑是一个奇才，他靠自己的才华帮助越国战胜了强吴，然后审时度势，放弃高官厚禄，转而开拓了第二个事业领域，照样玩得风生水起。他以自己的实际行动诠释了《周易》中"与时俱进"的精神。

与范蠡相比，在书面上写下"与时偕行"的孔子就有些迂腐和不知进退了，只会如丧家之犬般东奔西走，哪有半分范蠡飘然出尘的洒脱？所以我们最后说：光说不练，不是好汉。不要只把"与时俱进"挂在嘴巴上，埋头实践才是硬道理。

大舍才能大取

在我们的人生之路上,机会是多多的,伪装成机会的凶险也是多多的,所以我们一定要学会取舍。而且,绝大多数情况下,舍和取的结果通常是成正比的,大舍方能大取,大舍之后往往孕育着未来的大取。

不过,前提是,大舍必须是审时度势地舍、谨慎小心地舍。舍的原因是我们对前方即将发生的事情无法掌控,舍的结果应是对我们的生存发展有百利而无一害的,或者退一步讲,即便暂时有害,也远远比不上未来的有利。切忌随随便便地舍、随心所欲地舍。最后,还有一点,舍绝不是一遇到困难就垂头丧气或掉头跑开,必须是在我们努力了、尝试了之后,前途仍然没有任何转机,我们这时候才舍,而且要舍得决绝、舍得痛快,绝不拖泥带水。古语说:"蛇毒噬心,壮士断腕。"真的勇士为了保留有用之躯,连被蛇毒到的手腕子尚且可以断掉,我们需要的也是这样的决心和勇气。

屯卦六三爻说的就是取舍之道:

六三,即鹿无虞,惟入于林中,君子几,不如舍,往吝。
象曰:即鹿无虞,以从禽也。君子舍之,往吝穷也。

此爻意译出来,还是一个颇耐玩味的小故事:追赶野鹿到树林里,如果没有向导的指引,君子明智的选择应该是适时放弃,继续前行可能会遭遇凶险。这层意思从爻位亦可看出：六三爻居下卦的最上位，是阴爻，再往上，六四爻也是阴爻而非阳爻，同样意味着前行将会遭遇凶险。

鹿在后世常常喻指国家政权。秦朝二世而亡，群雄纷起，《史记》描述当时的情形，用了如下一句话："秦失其鹿，天下共逐之。"意即秦把自己的政权搞丢了，天下英雄都有机会参与角逐，以将之据为己有。在《周易》酝酿成书的时代，鹿肉无疑是奢侈品，不是随便谁都能够享用的。追赶野鹿到了树林里，可见此前已经费了一番周章，下了一定功夫。这时候断然放弃、无功而返，实在很扫兴。可是，形势如此，因为你没有向导指路，自己对树林里的情况又不熟悉，所以，半途放弃也就成了最聪明的决定，至少可以保全你不遭遇凶险。而且，暂时放弃并不意味着永久放弃，在放弃之后，你可以为下一次的追逐做一些先期的准备工作，譬如寻找一个合适的向导，找人熟悉一下树林里的情况，这样，下次就可以放心大胆地进入林子，把野鹿擒获回来。

这里我们需要简单解说一下屯卦。屯卦为乾卦、坤卦之后的第三卦。乾代表天，坤代表地，天地生成，二者交合才能进入第三阶段，而这一阶段也正是万物草创、百废待兴的阶段，困难、困顿是不可避免的。再看屯卦的卦象，上为水为云，下为雷。云雷激荡，风雨大至，天地之间充斥着这么一派气象，预示必将有大事发生，或者要进行重大的变革。传说仓颉造字之时，"天雨粟，鬼夜哭"，就是因为字的出现破解了自然界的一桩大秘密。当然，大事件、大变革往往也催生着大机会、大成就，造就着大英雄、大豪杰。

再回到六三爻上。既然屯卦是一个机会之卦、变革之卦，那么机会背后就一定暗藏着凶险、涌动着暗流，这是很简单的道理——天上掉下来的不全是馅饼，天下也从来没有免费的午餐。这就需要我们练就一双慧眼，迅速判断并抓住每一个真正的机会，并且尽量规避暗流和凶险。因此，学会正确地取舍也就成了重中之重。

东汉末年，天下还没有三分的时候，刘备被曹操追得团团转，连个落脚的地儿都没有，不得已，逃到了江东孙权的地盘上。这下可好，孙权成了"城门失火"被殃及的"池鱼"。曹军尾随而至,号称有八十三万大军,拉开架势,要逼着孙权投降。当时的局势是,以江东政权的整体实力,很难和曹操抗衡,和刘备联手或者可以一战。那会儿刘备虽然像条丧家犬一样狼狈,毕竟还顶着个"汉室宗亲"的高帽子,有一定的号召力,而且手下的残兵败将尚有数万之众。后面的事情大家都清楚了,孙刘联军火烧赤壁,曹军大败,三国鼎立的局面最终形成。

孙权在此过程中有一处惊天动地的大手笔,就是把荆州借给了刘备作为暂住地。这一借加强了孙刘联盟的牢固度,使双方关系达到空前和谐,连一向眼高于顶的曹操亦不敢小觑。而刘备后来正是以荆州为根据地打拼出了属于自己的一片江山。不过,刘备在此的做事方式好像不太讲究,翻脸比翻书还快,直接就不认账了,让自己的二弟关羽一直坐镇荆襄,根本不提归还荆州的事,孙权方面一张嘴,刘备方面还百般抵赖。这是造成两家联盟最终破裂的主因,也间接促成了蜀汉、东吴同归于晋的大结局。

在这个真实的故事里,孙权的表现实在不是刘备所能望其项背的。孙权将自己的祖宗基业拱手送人,是为大舍,最终开创了更大的基业,建立了东吴政权。而刘备借地不还,恶化了两家关系,联盟解体,杀伐自此不断。最后,关羽被东吴击杀,刘备含恨起兵,再败,身死白帝城,是为不舍直接导致的恶果。

防人之心不可无

俗话说：害人之心不可有，防人之心不可无。这绝对是经由无数个血的教训总结出来的至理名言。前半句用以自律，人只有坦坦荡荡，立得正，行得端，不生害人之心，才能傲然挺立于天地之间。后半句就有些"人心惟危"的意味了，人心隔肚皮，你永远猜不透别人揣的是什么心思，所以，从这个角度说，还是时时处处存一些防人之心安全一些。对敌人、陌生人、一般人，说得再让人心寒齿冷一点，甚至对朋友、亲人，在某些时候、某些方面，也要有防范之心。因为最好的朋友有时候摇身一变可能成为你最致命的敌人，亲人也可能对你所做的事情根本无法理解。在国民党统治时期，那些从事地下革命工作的共产党员，有几个不是对自己的亲人都讳莫如深、守口如瓶的？

历史上因缺乏防人之心而稀里糊涂脑袋搬家的例子不鲜见，举个典型的很符合小过卦九三爻的情形的例子，这个例子中的人大名鼎鼎：岳飞。

岳飞，他的光辉业绩我们就不提了，只说他在风波亭被冤杀一事。千载而下，绝大多数人都把害死他的账记在奸相秦桧身上，其实宋高宗赵构才是真正的元凶首恶。很明白的道理，赵构是龙头老大，他要不点头，秦桧敢把这么一位国之干将给整死？除非他也不想活了。至于赵构害岳飞的原因，也很简单。岳飞口口声声要直捣黄龙府，迎接徽、钦二帝还朝，而且真的表现出了很大可能性。试想，那两位要是回来了，至少有一位要当皇帝，到时候他赵构将如何自处？不但皇位不保，弄不好还会被复辟势力弄死。历代宫廷中父子相残、兄弟阋于墙的事情多了去了，他又怎会不知道？所以岳飞不识相地叫着要迎接二帝还朝，那是自蹈死路，怨不得旁人。

故事讲完，估计不少朋友的后背已经凉飕飕的了。大可不必，今天还严重不到那个程度。但是，缺乏防人之心，有可能让你在前进的路上摔大跟头，或给你的事业造成不可估量的损失。

小过卦九三爻有言：

九三，弗过防之，从或戕之，凶。

象曰：从或戕之，凶如何也。

"弗"，不。"过"，过分。"从"，跟从、追随。"戕"，伤害、戕害。如果不去过分地提防，跟随着这个人就会受到他的伤害，所以说结果很凶险。

那么，这个人究竟是谁呢？从三、六爻相互呼应这个原则来看，可以确定，九三爻追随的无疑是上六爻。因为上六爻居于最高位，但却是一根阴爻，所以是个阴险的小人形象。而九三爻呢，是阳刚之爻处于下卦的最高位，在追随上六爻这个小人的过程中，自恃阳刚和强盛，自恃实力，往往会对上六爻疏于防范，甚至可能连一丝防范之心都没有，这样一来，上六爻稍微用些手段，猝不及防的九三爻就会横遭戕害。估计九三爻被戕害了，还莫名其妙。而且，从《象传》的"凶如何也"一句可以知道，凶险的程度还非常严重。这就需要九三爻提高警惕，小心谨慎，以免到最后脑袋都搬家了，都到阴曹地府了，还稀里糊涂的。

虽然说防人之心不可无，但也并不是让你整天高度紧张、神经兮兮的，一遇风声鹤唳，立时草木皆兵，拿任何人都当不共戴天的仇人看待。逢人遇事，多长个心眼多一份小心即可。俗话说，"小心驶得万年船"。

不做能力以外之事

《现代汉语词典》解释"能力"为"能胜任某项工作或事务的主观条件"。一个人的能力有强有弱,这一点自不待言,就是解释里所说的"主观条件"。能力还要分门别类,这也很容易理解,就是解释里所谓的"胜任某项工作或事务"。唐代韩愈的《师说》中有句曰:"闻道有先后,术业有专攻。""胜任某项工作或事务"指的就是后半句"术业有专攻"。举个例子,孟尝君手下的鸡鸣狗盗之徒能够胜任的就是鸡鸣狗盗,你让他去干别的绝对不灵,因为专业不对口,超出了他的能力范围。

我们的祖先早在传说中的三皇时代就对"能力"有了比较深刻的理解。三皇是何人?普遍的观点是燧人氏、伏羲氏和神农氏。这三位上古之皇各有所长,教会了人类不少技艺。燧人氏最早教人钻木取火,让人们吃上了熟食,身体健康状况有了很大提高,而且,居处之外燃一堆熊熊大火,还可以避免野兽的侵害。伏羲氏是研究《周易》者的开山祖师,三圣之一,他"始作八卦,以通神明之德,以类万物之情",而且,他还是最早结网捕鱼的人。神农氏确乎很神,不但是太阳神,还是农业神,最早教人耕作,又是医药之神,相传他亲尝百草,创立了医学。和这三位差不多同时代的,还有一个有巢氏也很厉害,他最早教人在树上搭窝居住,然后经过几千年的演变改良,才有了我们今天住的房子。

第三步 惕龙——谨言慎行，每日反省

三皇以下，后世设官，都以专业来分，像今天的农、林、牧、副、渔各部，各由擅长此业者任主官。不过那时候没有专门的学校，也没有专门的老师，一切全凭个人兴趣自由发展。等你发展出某方面能力并超出别人了，你就可以去做这方面的官长，没人考证你的出身、学历等硬件。例如，周代的始祖后稷原本是个有母无父的野孩子，还因为曾被扔掉过好几次而名叫"弃"，可就因为他长大后善于种植粮食作物而被任命为"后稷"（官职），专门负责农业方面的事情。那时有以官名称呼人的习惯，所以后人习惯叫他"后稷"。

真正根据个人能力、专长而区别对待并因材施教的创始人就是我们《周易》三圣的最后一圣——孔子。不但如此，他还是我国最早创办私立学校的人，并且办得有声有色，门下弟子多达三千人，其中各诸侯国国宝级的贤者就有七十二个。孔子开四科授徒，后世学者多据《论语·先进》所载，将德行、言语、政事、文学视为"孔门四科"。《论语·先进》原句为："德行：颜渊、闵子骞、冉伯牛、仲弓。言语：宰我、子贡。政事：冉有、季路。文学：子游、子夏。"

弟子各有所长，孔子洞悉其长而各用其长。据《史记·仲尼弟子列传》载，政事科的子路好勇尚武，孔子用为侍卫，自此"恶言不闻于耳"。确实，有子路那么一条虎背熊腰、凶神恶煞般的汉子往身边一杵，谁还敢说半个"不"字？后来，齐国想要攻打鲁国，需要有人出去游说以解鲁难时，子路第一个跳出请命，孔子不许，子张、子石又请命，孔子仍不许，直到子贡站出来，孔子这下许了。

子贡名端木赐，号称"中国儒商之祖"，外出常与各国诸侯分庭抗礼，其威望、影响可想而知。子贡在孔子门下位于言语科高才生前列，以"利口巧辞"著称，舌战功夫常让孔子招架不住。子贡出使，果然不负孔子所望。他在利害相关的几个诸侯国间走了一趟，鼓动如簧之巧舌，不费一枪一刀，战果斐然。《史记》记载他的超人战果为："故子贡一出，存鲁，乱齐，破吴，强晋而霸越。子贡一使，使势相破，十年之中，五国各有变。"

这就是子贡的语言能力，果然"一言之辩，重于九鼎之宝；三寸之舌，强于百万之师"。可是，即使有这样的语言能力，他也还有"败走麦城"的时候。

《吕氏春秋·必己》载：

> 孔子行道而息。马逸，食人之稼。野人取其马。子贡请往说之，毕辞，野人不听。有鄙人始事孔子者曰："请往说之。"因谓野人曰："子不耕于东海，吾不耕于西海也，吾马何得不食子之禾？"其野人大说，相谓曰："说亦皆如此其辩也，独如向之人！"解马而与之。

这个故事很有意思，一向辩才无碍的子贡把话都说完了，人家"野人"还是不为所动。最妙的是"野人"最后那句话，翻译一下大约是："话说成这样才叫有口才，哪儿像刚才那个鸟人！"

看来能力还有个适用范围的问题。就像对牛弹琴一样，人就算弹到吐血，牛依然吃它的草，睡它的觉。

再接上原初的话题。鸡鸣狗盗之徒在孟尝君手底下白吃白喝，不知过了多少年，始终没有任何表现的机会，反倒累及孟尝君招人讥笑。他们和冯谖及平原君手下的毛遂还不一样，人家是没逮着合适的表现机会，或者是大材不屑小用，他们是就那么点旁门左道之才，别的一概不会。不过有一点我倒挺佩服他们，就是对自我能力的定位很准确，很有自知之明，绝不做超出自己能力范围的事。经过长久的蛰伏和等待之后，他们终于逮着了一鸣惊人的机会，为自己正了名，也报了主人的知遇之恩。不过他们的做法着实很冒险，设若孟尝君没有困秦之难呢？那他们的一生岂不要白白消磨葬送在无尽的等待中了？再设若，孟尝君没有那么礼贤下士，中途"炒"他们"鱿鱼"呢？

所以，为所有能力不足但有自知之明者计，包括那些知识结构单一或者专业能力不强的，要么赶快充电，丰富自己的知识结构或者提高自己的专业技能，要么认清自己的实力，寻找和自己相匹配的位置。唯其如此，

第三步 惕龙——谨言慎行，每日反省

才能够心安理得地在职场立足，并且谋求新的发展。

而对于那些总想做出超自己能力范围之事的人来说，我建议他好好看看《周易》里面这两个三爻，或许能得到一点点启发。

履卦六三爻：

六三，眇能视，跛能履，履虎尾，咥人，凶。武人为于大君。

象曰：眇能视，不足以有明也。跛能履，不足以与行也。咥人之凶，位不当也。武人为于大君，志刚也。

"眇"，瞎了一只眼睛。爻辞的意思是：虽然瞎了一只眼睛但是也能看，虽然跛脚但是也能走。踩在老虎尾巴上，老虎咬他，凶。武士妄想做天子，当然更凶。再看《象传》的解释：瞎一只眼能看，但不能算看得清楚。跛脚能走，但不能算走得很好。老虎咬人凶险，是因为"位不当"。武士想做天子，是因为心志超出了范围。

六三爻阴爻居阳位，不正，又是下卦上爻，不中。不中不正，所以各种能力都是半瓶醋。一只眼瞎，跛脚，按理应该踏实本分地做事，但六三爻不干，因为它在下卦最上位，所以心志很高。下面又有两个比喻，说明六三爻这种心强命不强的做法：好像去踩老虎尾巴，而老虎是要发威咬人的；好像只会舞刀弄枪的武士想当天子，而志向超出太多，注定要失败。

履卦六三爻说的正是我们上面提到的情况，不衡量自己的实力、不依据自己的资质想要出位，那是很难的，就像《红楼梦》里的晴雯，身为丫鬟却心比天高，在先天条件决定一切的时代，她的悲剧也就不可避免了。今天，先天条件没限制了，唯一的衡量标准就是能力。俗话说："没有金刚钻，别揽瓷器活。"最好不要做超出自己能力范围的事情，那样至少能让你免于丢人现眼。更不要冒险逞能，要安居己位。当然，后天努力可以提高自己的能力，等能力提高了，水涨船高，有多大皮包多大包子，到了那时，你完全可以选择适合你新能力的职业。此一时彼一时也，我们现在就只说眼下。

人生智慧六步曲

> **履卦的启示：乾上兑下，天泽履**
>
> 履卦给我们的启示是面对凶险怎样行动并取得成功。第一，要柔顺、和悦，不要假情假意，要符合天道。第二，想要战胜凶险，就要居中不乱，坦坦荡荡，不要因受到外界影响而自乱方寸。第三，如果才能不够的话，就不要冒险逞能，做自己能力范围以外的事。第四，要有恐惧之心，不要无法无天、主观武断、刚愎自用。

同人卦讲如何会同，我们来看九三爻：

九三，伏戎于莽，升其高陵，三岁不兴。

象曰：伏戎于莽，敌刚也。三岁不兴，安行也。

"戎"，士兵、军队。"伏戎于莽"，把军队潜伏在草丛里面。"升其高陵"，上到高山上，也指上到最高处。九三爻在下卦最上位，上到最高处，目的不言自明，就是去观察敌情。"三岁不兴"，三年都不能兴兵作战。

为什么"三岁不兴"呢？我们看《象传》的解释："伏戎于莽"是因为"敌刚也"，敌人太刚强了，寓意是不要跟它斗。这里的"敌人"指上卦的三根爻，它们全是刚爻，太刚强了！其中最关键的一根爻是九五爻，刚中之刚，飞龙在天哪！所以九三爻很识趣，马上继续潜伏在那里。"三岁不兴，安行也"，三年都不兴兵作战，所以能够平安地发展。

同人卦九三爻无疑很明智，虽然居下卦最上位，有高蹈之心，想要征伐，但是一看势头不妙，敌人太强大，自己没有足够的能力战胜它，马上按兵不动，也就没有什么灾祸了。九三爻虽不中但正，所以有此结果。

所以，我们做事时一定要衡量自己的能力，然后再采取相应的措施，拿鸡蛋碰石头的事是万万不能干的。

亡羊补牢，为时未晚

这个故事得从战国时候的楚襄王说起。

襄王即位之初，不顾楚国国势日蹙，也不顾秦国在一旁虎视眈眈，只管吃喝玩乐。他出入时前呼后拥的，全是一帮奸臣小人。

大夫庄辛实在看不下去，基于臣子的责任来劝谏。襄王大怒，把他骂了个狗血淋头。

庄辛无奈，只好说："如果这样的话，请大王允许我到赵国去避一避。楚国早晚要亡，我不想遭受池鱼之灾。"

襄王心胸还真够宽广的，庄辛这么诅咒他和楚国，而且当面明说了不愿与他共患难，他竟然连个"滚"字都没说，就放庄辛走了。这事要搁在别的昏君头上，庄辛十个脑袋也不够砍的。

庄辛去赵国以后，襄王的舒服日子没过半年，秦国就大举来犯，攻城略地，很快占领了楚国的郢都。襄王则颠沛流离，逃亡到了城阳。这时候，庄辛的一番谏言被他想起来了。

很自然，庄辛被隆而重之地请了回来。襄王满脸惭愧，说："悔不听先生之言，以至于此。现在还有什么补救办法吗？"

庄辛说："当然有。亡羊补牢，为时未晚。古时桀、纣富有四海而不免亡国，商汤、文王以百里之地而终有天下。咱们现在的地盘总比百里要大吧。"

襄王痛改前非，听从庄辛的建议励精图治，楚国果然强盛起来了。这就是"亡羊补牢"的故事。由庄辛的话，还总结出了题目上的八字成语"亡羊补牢，为时未晚"，其字面义是：羊丢了也不打紧，只要赶快把羊圈补好就行了。后来引申为：犯了错误咱不怕，只要能下定决心改正，就还是个好同志。

庄辛的劝谏发生在战国时期，其实类似意思的论述早在《周易》里面就有，而且还不止一处。

我们只说一下节卦，节卦是讲述节制之道的卦。

节卦六三爻：

六三，不节若，则嗟若，无咎。

象曰：不节之嗟，又谁咎也。

"若"，语气助词。"嗟"，叹息，表示后悔之意。全句意思是，不能节制的话，只要能叹息后悔，就会免去灾祸。

《象传》的解释是，如果已经因为不能节制而叹息，有追悔补过之心了，还有谁会再加灾祸呢？从卦象上看，六三爻阴爻居阳位，它处在下卦兑卦的最高位，下面乘着两根阳爻，所以才会显示出不被节制的意象。这个意象看起来像一个柔弱的人踩在两个刚健的人的头上，所以说是一种不节制、为所欲为的意象。如果这个时候继续下去肯定会有灾祸，但是如果这个时候自己感叹、叹息、后悔，觉得自己做得不对，那么就能免除灾祸。

节卦六三爻告诉我们的就是一个"亡羊补牢，为时未晚"的道理。但是有一层意思节卦六三爻没有明说，当是题中应有之义，那就是感叹、叹息、后悔之后的补救行为，如亡羊之后的补牢、楚襄王痛表后悔之后的励精图治，这一点是我们必须明白的。如果只是单纯地后悔，后悔到整天躲在家里以泪洗面，就是洗一辈子，现状还是现状，失去的也不会自己长腿跑回来。还是得行动起来，努力补救，这样才可能挽回损失。

还有一点需要注意，这也应该是六三爻的暗含之意，那就是损失还没有大到无法弥补的地步。因为六三爻不是上六爻，离顶点还远。

仍拿上面的例子来说：羊圈里还有不少羊，值得补；楚襄王还没有被秦国干掉，楚国还没有亡，翻盘的机会和资本都还有。

总之，奉劝大家一句，好好节制，最好不犯错误，不蒙受损失。在羊一只都没丢之时先仔细检查，把羊圈修好，这比什么都强。毕竟"补牢"只是一种事后的补救措施，不到万不得已，是没有人愿采取的。

> **节卦的启示：坎上兑下，水泽节**
>
> 节卦所讲的节制实际上可以推广到人类社会的各种事物、各种情况乃至自然界。比如季节，一年四季也有节制，有了节制，才能达到一种和美的境界。季节如此，动植物的生长过程也如此，人类的喜怒哀乐更如此。"喜怒哀乐之未发谓之中，发而皆中节谓之和"，喜怒哀乐要节制。"礼节"至少要达到两个目的才叫"甘节"，一个是要守正，一个是要适中，不可太过，太过就成了"苦节"。我们的衣食住行要有节制，我们做企业、做事业也要有节制，我们为人处世更要有节制。所以，节制具有普遍的实用意义。

恒心恒德都重要

从小到大,关于恒心的格言和故事我们不知道学了多少。问过一些小孩子,好像他们最早知道的大多是李白看见老妇人拿铁杵想磨绣花针,从此立志读书的故事,还有与之伴生的那句格言:"只要功夫深,铁杵磨成针。"然后是愚公移山,恒心都"恒"到了无穷尽的子子孙孙辈那里。

随着个人阅读范围和知识面的扩大,类似的格言和故事知道得越来越多,其最直接的效果是把"恒心"两个字牢牢地刻在了心里,到任何时候都不会忘掉。但知易行难,很多大道理我们不是不知道,而是"知道"和"实践"之间的距离太远了,简直比从地球到火星之间的距离还要远。

还说恒心。

想要做成一件事情,尤其所需时间跨度比较大的事情,恒心的作用就凸现出来了。就说"铁杵磨成针"这件事吧。我们暂且不去考证真伪,甭说实践,就是想一下,都得具备莫大的勇气。可是,真的就有人这么做了。做的人就叫"有恒心的人"。新闻上经常出现这样的消息:某人数十年如一日做某件单调枯燥的事情,从不言苦,从不言累,至今还在做着,而且还要继续做下去。数十年如一日,这叫"有恒心"。每当读到这种消息,我都肃然起敬。为什么?因为我知道我做不到。"恒心""坚持""持之以恒"这些词写起来容易,记起来也容易,可是真做起来,那是要做千几多人的心血、做白几多颗曾经绿鬓青丝的头颅的。

恒心并不只表现在终我们一生都必须坚持做的事上，这样浩大的工程有，但是不多（不过下面就有一个，我们很快就会说到），更多的是我们花费精力和时间去完成了一件事情，那么在这件事情上我们就叫"有恒心"。譬如，科学家搞一项研究，耗时多少多少年，终于成功，那么科学家在他研究的这件事上就叫"有恒心"，因为他没有中途退缩，更没有放弃。

下面就说需要穷我们毕生精力表现恒心的浩大工程——恒德。

恒德，顾名思义，就是恒久地保持高尚的道德情操。所谓"恒久"，说白了，也就是一辈子，因为道德修养本就是需要穷尽一生来提高和完善的。

朋友们没有看错，我用的动词是"提高"。因为善无止境，恒无止境，恒德更无止境。《周易》恒卦九三爻说的就是这个道理。

我们来看一下恒卦九三爻：

九三，不恒其德，或承之羞，贞吝。

象曰：不恒其德，无所容也。

"不恒其德，或承之羞"，这是非常有名的八个字，孔子在《论语·子路篇》里面钦点过此句，其原话为：

子曰：南人有言曰："人而无恒，不可以作巫医。"善夫！不恒其德，或承之羞。

子曰：不占而已矣。

"人而无恒，不可以作巫医"，人如果没有恒心，就不能做一个很好的巫医。巫医在当时的地位非常高，尤其在南方一带，巫风更盛。读过屈原作品的人应该知道，他的大部分作品都带着一股浓重的神巫色彩。"不占而已矣"，不要去占卜。孔子明确地说过一句话："善为易者不占。"精通了易道之后就不需要去彰显，更不需要去求神问卜了。孔子引用这句话就是说，人要有恒心，要懂得守恒之道，而不必去求神问卜，只要守恒就可以了。"不恒其德，或承之羞"这八个字是什么意思？就是如果德行不能恒久的话，那结果就是"或承之羞"，有的时候会感到羞愧或遭到羞辱。"贞吝"，就会有遗憾。"吝"在这里可以理解为"遗憾"。

> **恒卦的启示：震上巽下，雷风恒**
>
> 恒卦从六个方面来说守恒：一开始，不要求得太深，要浅。接着，要居中、守中，这叫作"中恒"，即要按照中道，也就是说，你开始守恒，不要太重，也不要太轻，要守中道。九三爻从反面来说，如果"不恒其德"的话会怎么样，九三爻这个"德"是阳刚之德，刚性的德就存在于我们心里，所以不要去求神问卜，这样才能恒久。到九四爻，要守正。到六五爻，那个德是柔媚之德。到上六爻，就太过了，就震动不安、大而无功。所以，这是从正反两方面来说的，它是一个过程。有的人卜卦，只看动爻，这是非常不全面的。

《象传》进一步解释："不恒其德，无所容也。"就是说，一个人如果没有恒德，天下之大，估计他也是没办法容身的。这个程度比"或承之羞"可严重多了，直接把"不恒其德"者的地球球籍给开除了，要把他轰出地球了。《诗经·卫风·氓》讲述了一个无良男人对女子始乱终弃的故事。描述男子不义之举所用的句子是："士也罔极，二三其德。"这个男人也曾经对女人好过，但是这种好没有坚持下去。"二三"意为三心二意、感情不专一。这其实就是不"恒"的一种，只不过特地指明了是发生在男女感情方面的。这个男人的故事经由一个怨妇的口道出，很"幸运"地被收录进了我国第一部诗歌总集《诗经》中，这个堪称"中国第一负心汉"的男人也因此"扬名立万"，"二三其德"也因此成了形容男子负心薄幸的代名词。

恒卦九三爻为什么要讲恒德呢？因为它是下卦的最上爻，处在人生比较关键的阶段，正是进德修业的绝佳时期，所以正该趁此时机进行修炼。当然，在人生的六个阶段，时时都要修炼，要"恒其德"，要有持之以恒、一以贯之的功夫。

九三爻的爻辞不太吉利,因为它是从反面来说的,是说如果"不恒其德"的话会怎么样。我们转到正面去,如果能"恒其德",自然就会逢凶化吉、遇难成祥。而且,九三爻是阳爻,这个"德"还是阳刚之德、刚性的德。这个德就蕴藏在我们心里,我们要做的就是把它发掘出来。所以不要去求神问卜,不灵。恒德心中求,这样才能恒久。

最后告诫大家一句:一定要有恒心,还要有恒德。恒德最重要。

上善若水，不争而胜

著名思想家老子的老师叫常枞。常枞精通殷商礼乐，学问也极其渊博，对许多问题都有奇特而独到的见解。常枞病危的时候，老子一得到消息就马上前去看望他。

老子问道："先生病得如此重，对弟子有什么遗教吗？"

常枞问："经过故乡要下车，你记住了吗？"

老子回答："经过故乡下车，就是要我们不忘旧。"

常枞说："没错。"又问："看到乔木要弯腰快速通过，你懂吗？"

老子回答："这是说，在老年人面前要恭恭敬敬的。"

常枞说："是这样的。"然后，他又张开嘴给老子看了看，问道："我的舌头还在吗？"

老子回答："当然还在。"

常枞又问："我的牙齿还在吗？"

老子回答："一颗也没有了。"

常枞又问老子："你知道是什么原因吗？"

老子回答："舌头之所以存在，不就是因为它柔软吗？牙齿全掉了，不就是因为它太刚强了吗？"

常枞说："对啊，是这样的。天下的事情，处世待人的道理，都在里面了，我还有什么可以再告诉你的呢？"

第三步 惕龙——谨言慎行，每日反省

从这个故事里面，老子提炼出了一段话，大意是："上善若水。水善利万物而不争，此乃谦下之德也；故江海所以能为百谷王者，以其善下之，则能为百谷王。天下莫柔弱于水，而攻坚强者莫之能胜，此乃柔德；故柔之胜刚，弱之胜强坚。因其无有，故能入于无之间，由此可知不言之教、无为之益也。"

"上善若水"就是说，水具有滋养万物生命的德行，它造福万物、滋养万物，却不与万物争高下，这才是最难能可贵的美德。其实这也正是老子所主张的为人处世的要旨，即"不争"。老子对"水"的认识是很深刻的，认为水至善、至柔、至刚。它善于包容，能灵活应变，甘处卑下，知忍让。后人将水的这种精神发展为"以柔克刚，柔弱谦下"的处世之道，要求不与人争有、争多，而是先帮助别人、给予别人。只有抱着这种价值观，才更容易获得稳定、和谐与成功。

晋卦的启示：离上坤下，火地晋

晋卦讲了一个人怎样走向成功，一个人的晋升之道，最关键的是《象辞》上讲的，要"顺"和"柔"，既要"顺"，又要"柔"。下卦初六、六二、六三爻都处于初始状态，表示要"顺柔"，这三爻合起来是坤卦，所以下卦三爻都是吉的，只要"顺"了、"柔"了即可。具体的做法是：初六爻是"裕"，就是要宽容。六二爻是"愁"，就是要有忧患意识，要忧愁，要"晋如愁如"。从行为上来说，初六爻是进进退退，六二爻是前进之中要有忧患意识。六三爻是"众允"，就是大家都信任他了，他应把这种信任、柔顺坚持到底。然后是上卦，上卦三爻合起来是离卦，其有两个爻是偏于凶险的：一个是九四爻，因为他晋升是像硕鼠那样，用不正当的手段窃取高位，那是危险的；另一个是上九爻，上九爻同于九四爻，也是阳爻，因为他上升到头了，"晋其角"，就去讨伐别人，"伐邑"，虽然对他来说有时是吉的，但最终的结果就艰难了。

但我们这本书不是讲《老子》的，回归正题，我们来看晋卦六三爻的爻辞：

六三，众允，悔亡。

六三爻是下卦的最后一爻，也就是人生第一阶段的终了。这个时候是"众允，悔亡"。因为经过了"晋如摧如"和"晋如愁如"两个阶段，到这时候，众人已经应允他了，也就是信任他了，不再"无孚"。原本不信任他的，现在也已经信任他了，他的悔恨就消亡了，也就是无悔了。为什么呢？答案就在《象传》里面：

象曰：众允之志，上行也。

《象传》解释说，下面是坤卦，坤卦主顺，顺应着就"上行"了，顺应着上面这个日，也就是太阳、大明，所以他就无悔了。这样他就到了第二个大的阶段、时期，也就是上卦了。

天下最柔弱的水，反而能够攻克天下最坚强的东西，没有不能侵入的空隙，在杯盆中是杯盆之形，在江河中是江河之形，在海洋中是海洋之形，什么环境都可以适应。我们做人当然也要像水一样，不可争强斗胜，应该柔顺谦虚，宽怀忍让，以柔和包容之心待人，以水滴石穿之力量去对待一切艰难险阻，这样才能更好地发挥自己的长处。

专一成就第一

《卖油翁》的故事朋友们应该都很熟悉,其大意如下:宋代的陈尧咨很擅长射箭,当时很少有人能和他相比,他自己也常沾沾自喜。有一次,他又在自家的园子里显摆箭术,有个卖油的老翁来了,放下挑着的担子,站在一旁斜着眼观看。陈尧咨已经注意到了老翁的存在,抖擞精神,射出的箭十支能中八九支,这成绩也算相当不错了,但老翁只不过微微点了点头,一副不以为意的样子。

陈尧咨有点受不了了,就问他:"你也会射箭吗?你觉得我射箭的本领还不行吗?"老翁说:"射箭我不会,但你射到这种程度也只不过是手熟罢了。"陈尧咨听后愤然说:"你怎么敢轻视我射箭的本领!"老翁说:"凭着我倒油的经验就可以说明这个道理。"

随后,老翁取过一个葫芦放在地上,用铜钱盖住葫芦口,慢慢地用小瓢把油往葫芦里倒,油从铜钱的孔中注入,一滴也没沾到铜钱上。老人最后说:"我这点儿手艺没有什么别的奥秘,只是手熟罢了。"

这个故事讲的就是专一的妙用。也就是说,无论做什么事情,只有专心致志、坚持不懈,才能取得成功。即使一个没有什么过人优势的人,单凭这一点,也能取得很好的成就。专注一心地只卖油、倒油,倒了几十年后,技术才能够像上文说的那样纯熟。这也正是损卦的六三爻想要告诉大家的道理。

下面我们来看一下损卦六三爻的爻辞：

六三，三人行，则损一人；一人行，则得其友。

"三人行，则损一人"是什么意思？我们知道，损卦是从泰卦变过来的。泰卦的下卦三爻全是刚爻，也就是阳爻。泰卦变成损卦后，原先的九三爻就变成现在的六三爻，"损一人"就是这个意思。"一人行"，这一人指泰卦的九三爻，它往上行就变成损卦的上九爻，这样就能"得其友"，得到自己的朋友。这里的朋友就是指初爻和二爻这两个刚健的朋友。

《象传》进一步予以解释：

象曰：一人行，三则疑也。

"一人行"，泰卦的九三爻往上行能得到自己的朋友，但是如果下面的三根阳爻全部往上行，就会招来别人的怀疑。如果泰卦下面三根阳爻全部上行，那就变成否卦了，这反而是一种不好的局面。

这里实际上讲的就是专一之道，告诉我们不要贪多，而要专注地做一件事情。只有专一才能做到第一。这一点对我们无论做人还是做事，都有非常大的启发。该减损自己的时候就要减损，哪怕减损到最后只剩下"一"，也没关系，正好一心一意、专心致志，这样既能得到别人的帮助，也能得到别人的信任并达成自己的理想。

损卦的启示：艮上兑下，山泽损

损卦所讲的是减损之道，有两点特别值得注意。第一点，减损之道要符合时机。"二簋应有时，损刚益柔有时，损益盈虚，与时偕行"，讲的都是要注意时机。初九爻是"酌损"，九二爻是"弗损"，六三爻是"损一人"，表明在不同的爻位，减损是不同的，也就是要损所当损。到了六四爻需要减损自己，减损自己就能受益。六五爻和

第三步 惕龙——谨言慎行，每日反省

> 上九爻都是受益，不过不是减损自己而是受益于别人。这些都必须符合时机。第二点，减损之道要符合心志，关键是要有诚信之心，就是要"有孚"。初九爻一开始就讲要"尚合志"。六四爻讲"喜"，"喜"也是一种心志，只有减损自己之后才能"喜"。上九爻能"得臣无家"，能大得民心，是因为有损小家而益大家、损私利以益公益的心志。

只有专一才能成就第一，企业的发展也如此。多元化经营虽然可以资源共享，但有一利必有一弊，我们也不能忽视或否定了企业"多元化"可能遭遇的风险。"多元化"很容易使企业精力分散、资源分散，这是不争之实。很多企业就没有意识到这一点，立足未稳，就开始仓促转型，结果不但没有分散企业的经营风险，反而使其经营状况雪上加霜，不少企业还加速陷入财务危机甚至走上了破产之路。巨人集团的兴衰就是这许许多多例子中的一个。

1989年8月，史玉柱和三个合伙人用借来的4000元钱开始创业。四个月后，销售额便突破百万大关。

1991年4月，史玉柱注册成立珠海巨人新技术公司，11月即获纯利1000万元。

1992年9月，集团公司成立，注册资金1.19亿元。

1993年，巨人集团推出一系列产品，实现销售额300亿元，利税4600万元，成为极具实力的计算机企业。其后，由于国际电脑公司的进入，电脑业步入低谷，巨人集团遭受重创，为寻找新的产业支柱，巨人把目光投向了多元化经营。

1995年5月，巨人集团在全国范围内一次性推出电脑、保健品、药品三大系列的30个产品。同时，巨人产品广告以整版篇幅见诸全国各大报刊。此后，巨人集团急速膨胀，不到半年时间，子公司就从38个发展到228个，员工也从200人发展到2000人。但多元化的快速发展也使得巨人自身的弊

端一下子暴露无遗。

1996 年年底，巨人集团终因财务状况不良而陷入破产危机。

可见，想要在喧嚣的当下静下心来，专一做一项事业，不受其他欲望的摆布，是一件多么艰难的事啊！这意味着你有可能放弃很多机会，意味着你遭遇了困难不能退缩。

别人三心二意、四处出击的时候，你的专一会带来更多的成功机会。

学会分享，懂得感恩

　　学会分享是所有企业家成功的秘诀。

　　在这方面，比尔·盖茨的表现首屈一指。微软公司从 1975 年成立到现在，已经走过了 40 多年的历程，从最初的两个人发展到现在的数万人，比尔·盖茨也从一个电脑爱好者，一跃成为世界排名前几的大富豪。这一切都与比尔·盖茨高明的激励机制分不开。

　　比尔·盖茨对待员工一点都不吝啬。他始终认为，人才是公司最大的财富。他曾经公开说过一句话："如果把我们顶尖的 20 个人才挖走，那么我告诉你，微软会变成一家无足轻重的公司。"

　　为了留住人才，微软公司明文规定，职员可以拥有公司的股份，并可在购买股票时享受 15% 的优惠，公司高级技术人员可享受更大幅度的优惠，公司还给任职一年以上的正式职员一定的股票买卖特权。

　　这一举动立即引发了人们的巨大关注，因为微软是第一家用股票期权来奖励普通员工的企业。公司故意把薪水压得比竞争对手还低，但公司职员拥有股票的比例比其他任何上市公司都要高，股票升值才是职员们主要的收益。不过，微软不给股票持有者股息，持股者回收到的利润纯粹来自市场价格的攀升。从而，微软将员工个人利益同企业的效益紧紧结合在了一起。截止到目前，微软已经成功造就了超过 1 万名百万富翁。当然，比尔·盖茨的总资产每年也都以惊人的速度攀升。

同时，微软也与所有硬件厂商和软件厂商分享着 Windows 操作系统火爆的市场商机。现在，很多硬件厂商的产品都支持微软的所有操作系统和软件，所有软件厂商的产品也都能在微软的操作系统中运行，这就是微软的分享精神。如果微软不把火爆的操作系统市场分享给硬件厂商和软件厂商，仅凭它一己之力，能有今天的辉煌吗？它能有今天的业绩，一直得益于它的分享精神和感恩之心。

这也正是益卦六三爻要给予我们的启示：

六三，益之用凶事，无咎。有孚中行，告公用圭。

"之"，自己。"益之"，自己受益。"益之用凶事"，自己受益之后就要去"用凶事"，去处理凶险的事情，这样才没有灾祸。"有孚中行"，心中要有诚信，然后按照中道来谨慎地行事。"告公用圭"，拿着玉圭去告知王公。

看《象传》的解释：

象曰：益用凶事，固有之也。

"益用凶事"，自己得到益处后，不能据为己有，只顾自己享受，还必须拿去处理那些凶险的事情，去帮助那些处于凶险之中的人。"固有之也"，这样做，恰恰能保住这些利益。《老子》说："外其身而身存。"如果把自己置之度外，反而能保住自身。处理那些凶险事情的时候，要像手里拿着玉圭去告知王公那样，态度要很恭敬，心要很虔诚。这就告诉我们，要懂得付出，而且付出的时候，要诚心诚意。

中国的企业家马云也非常清楚这个道理，2008 年 8 月 2 日，他向阿里巴巴员工发布了一封名为"冬天里的使命"的内部邮件，指出阿里巴巴"肩负着比以往更大的责任，我们不仅仅要让自己不倒下，我们还有责任保护我们的客户——全世界相信并依赖阿里巴巴服务的数千万中小企业不能倒下"。

2008 年 10 月底，阿里巴巴集团宣布，经过半年多的精心筹备，帮助中小企业过冬的"150 亿援冬计划"正式启动，其目的是帮助所有客户度过这

第三步 惕龙——谨言慎行，每日反省

场金融危机。

马云无疑很聪明，也懂得分享的道理。他知道企业与客户是血脉相连的，"一损俱损，一荣俱荣"，如果客户倒下了，自己也将很快倒下。"援冬计划"不仅是在帮助客户，更是在帮助自己。

> ### 益卦的启示：巽上震下，风雷益
>
> 益卦和损卦要结合起来看。这两卦告诉我们，如果想受益，就必须先损自己。反过来，如果一味求益，就必然会受损。尤其领导者，应该去益别人，不要把天下之公贪为己有。"天之道，损有余而补不足；人之道，损不足以奉有余。"可见，天道是公平的，而人道则有违天道，这样就会遭遇灾祸，好比益卦的上九爻。同时，它们也告诉我们，利弊、祸福、吉凶等都是一种交互转换的关系，这是普遍规律。越想求福反而越容易有祸，越有忧患意识反而越会有福。孔子在读到损卦和益卦时，曾经有过"自损者益，自益者缺"的感慨。《淮南子》也说："益损者，其王者之事与！事或欲以利之，适足以害之；或欲害之，乃反以利之。利害之反，祸福之门户，不可不察也。"

所以，你也一定要记住：如果想成功，就必须学会与别人分享，不仅要与别人分享财富，还要与别人分享快乐。

不要让愤怒影响你的判断

愤怒是一种常见的情绪。可以说，没有谁一生中没发过脾气，只不过有些人善于控制，能做到喜怒不形于色，而另一些人的确生性温和，不会大发雷霆、暴跳如雷罢了。

日常生活中，我们经常会在街头巷尾看见数人聚拢一起，互挥老拳且破口大骂。这是愤怒的最常见表达方式，也是战国时那个敢于公开和秦王叫板的唐雎所谓的"布衣之怒"，其结果轻则"免冠徒跣，以头抢地"，重则"伏尸二人，流血五步"。当然，要是打群架，也可能会"伏尸数人"。搁在今天，经过一系列法律程序之后，肯定还要再"伏尸数人"、徒刑数人。是人就有怒的权利，匹夫能怒，天子更能怒。"天子一怒，伏尸百万，流血千里。"天子一怒，能把人间顷刻变成尸山血海。

怒是儒家、佛家、医家公认的"七情"之一，是人不学就会的本能之一。作为一个正常的有血有肉、有着正常思维感情的人，你让他一辈子"不出恶声"显然不可能。我佛如来为慑服邪魔外道，尚且要做狮子吼，金刚还要怒目，我辈凡夫俗子更不在话下，不怒上几怒恐怕就枉为人了。问题是你表达愤怒的具体方式是什么，你愤怒时会不会丧失理智。我们这里姑且不理会气大伤身、怒伤肝等说法，因为我们既不是社会调解人员，也不是医家。

第三步　惕龙——谨言慎行，每日反省

"激怒"这个词相信大家都知道，而被激怒者的表现想必大家也不陌生，尤其看演义小说时，两军对垒，各举刀枪，如果有一方事先已被激怒，那么，大家用膝盖都可以想得到这位的结局，不是当场玩完就是被人生擒活捉，总之讨不了好去。现如今发生的形形色色的刑事案件，和愤怒扯不上关系的似乎少之又少，不是长期积怨就是一时气急，总之，当事人一定是气急败坏、丧失理智了。

上面说的这些都是愤怒的极端表现，当然还有不极端的。诚然，一个人在受到欺骗、侮辱等各种形式的攻击或伤害时，很少有能岿然不动、面不改色的，大多数人立马就怒发冲冠、揎臂抡拳，状如斗鸡。这是可以想象得到的自然反应。没关系，虚张声势不会造成什么严重后果，要紧的是下一步的举动。只要能理智地控制自己，对形势和后果做出正确判断，不跟着一个箭步冲上去，效仿鲁提辖对付镇关西的套路，其他都好商量。还有，在运作企业的过程中，难免也会遇到一些让决策者愤怒甚至出离愤怒的事情，这时决策者必须保持头脑清醒，进行周密细致的分析和判断，然后做出正确的决策。否则，一旦被怒火烧昏头脑，胡乱决策，说不定正好掉进躲在暗处的敌人或小人彀中。俗话说，商场如战场，因为不见硝烟，所以暗箭更难防。这一点不可不慎重考虑。

《周易》的夬卦九三爻给我们提出了愤怒时如何应对的建议。

夬卦九三爻的爻辞为：

九三，壮于頄，有凶，君子夬夬，独行遇雨，若濡有愠，无咎。

"頄"，面颊骨。"壮于頄"，怒形于色。怒到这个份儿上，说明已经非常愤怒了。"有凶"，肯定有凶险。"君子夬夬"，君子很果断。"独行遇雨"，独自前行，又遇到下雨。为什么这里会出现雨的意象呢？因为上卦为兑，兑为雨。这里把遇雨比喻为遭到小人的猜忌、猜疑。"若濡有愠"，被雨沾湿了衣衫，心里感到恼怒。整个爻辞的意思是，君子要刚毅果断，在遭到小人的猜疑、名誉受到一定玷污的时候，内心虽然愤怒，但要能做出正确的决断，这样就没有灾祸。

为什么在这里会遭到小人的猜忌？因为九三爻对应的是上六爻，上六爻代表小人。爻辞的前半部分为凶，那是因为过于恼怒，怒形于色，不能做出正确的决策。后半部分，内心虽不满但还是压下去了，没有做得太过分，最终理智地做出了正确的决策，所以没有灾祸。

夬卦的启示：兑上乾下，泽天夬

夬卦六爻告诉我们决断的道理。要想与小人决断，必须做到以下几点：第一，一定要慎于开始，刚开始的时候不能像初九爻那样太强行、太冒进，要把握好时机，相时而动。第二，一定要守中道，要公正，敢于在大庭广众之下彰明小人的罪恶。第三，一定要时刻警惕，这样，即使有小人陷害，也可确保无虞。第四，不要迷信武力，要以德服人。

再看《象传》：

象曰：君子夬夬，终无咎也。

即使遭到小人的猜疑，名誉遭到一定的玷污，但只要内心果断，不受干扰，能做出正确的决断，最终也是没有灾祸的。

记住：不管任何时候、任何处境，千万不要让愤怒影响了你的判断，控制了你的决策。

习惯决定成败

我们每天高达 90% 的行为都出于习惯。一个好习惯可以使你心想事成，相反，一个坏习惯也可以使你一事无成。

比如，每日整理办公桌。美国铁路公司董事长罗西曾经说过："一个书桌上堆满了文件的人，若能把他的桌子清理一下，只留下手边待处理的文件，就会发现他的工作更容易些。这是提高工作效率和生活质量的第一步。"

曾有调查公司对美国、英国、澳大利亚、德国和法国 5 个国家的 2600 名经理人进行调查，结果显示，48% 的受访者喜欢乱而有序的办公桌风格，占了最多数。这类办公桌上虽然东西很多，但是牵扯到工作方面的文件却不可思议地很整齐。各种文档分门别类，排列非常合理而且具有逻辑性，给人专业又不会太严肃的感觉。

60% 的国外职场人士表示，这样的习惯需要通过后天的训练来养成。在美国，不少家庭在孩子很小的时候，就引导他们使用一些工具，比如用一些标签给他们的桌椅编好名字，来培养孩子的细节管理的能力。他们长大进入办公室后，自然会按照这些从小培养起来的习惯来管理他们的办公桌。

其实，成功人士不一定比其他人聪明，但是，好习惯却使他们变得更有教养、更有知识、更有能力；成功人士不一定比普通人更有天赋，但是，好习惯却让他们训练有素、技巧纯熟、准备充分；成功人士也不一定比那些不成功者更有决心或更加努力，但是，好习惯却放大了他们的决心和努力，并让他们更有效率、更具条理。

涣卦六三爻讲的就是习惯的问题：

六三，涣其躬，无悔。
象曰：涣其躬，志在外也。

"躬"，自身。"涣其躬，无悔"，涣散自身，没有悔恨。那涣散自身的什么东西呢？身体可以涣散吗？当然不可以。这里指涣散自己身上的不良习气，要把不良习气涣散掉，这样才没有悔恨。

为什么必须涣散掉自己身上的不良习气呢？看《象传》的解释："志在外也。"因为其有志于向外发展。六三爻是下面这个坎卦的最高一爻，坎卦表示危险。六三爻马上就要进入上面那个卦，那是巽卦，所以其只有向外发展，把自身不好的东西都涣散掉，然后跟上面的爻聚合在一起，才能摆脱危险。

涣卦的启示：巽上坎下，风水涣

涣卦实际上说的是涣散与凝聚的关系，从涣散说到凝聚，其主题就是告诉我们，怎样在涣散的时候凝聚人心，讲的是散与聚之间的一种互相依存的辩证关系。涣散而不乱，涣散而能凝聚人心，立足于这个基点，它还可以引申为形散而神聚——涣散的是形体，不涣散的是精神。这既是一种美好的社会境界，同时又是写文章的一种美学意境——自然成文，焕然有文。涣卦告诉我们，处于涣散时期该怎样凝聚人心，以达到一统天下的境界，这点对于我们今天的团队建设是非常有意义的。

自身的不良习气首先就是不良习惯。俗话说："习惯成自然。"

第三步 惕龙——谨言慎行，每日反省

"习惯"其实就是一个人的行为经过不断反复，逐渐演变、固化为某个固定意识和行为的过程。人的大脑如同一台摄像机，人的任何行为都会被这台摄像机摄录下来。这些过去所记录的东西，会时常左右或影响人现在的行为。也许他本人并未意识到，但"习惯"对他日常行为的影响是实实在在的。

古今中外，凡是走向成功的各界人士，之所以能站在成功的巅峰，是因为他们都拥有良好的习惯，而良好的习惯不仅赋予了他们健康的体魄，而且赋予了他们积极进取的心态，这使他们在面临困难与挫折或者陷入绝境与失败时，能迅速战胜一切，主宰命运并走向成功。可见，习惯是一个人成功的关键因素。

善于合作比个人能力更重要

比卦告诉我们，如何在组织内部建立并保持一种和谐的关系。其卦象为九五一根阳爻，余下五根为阴爻。六三爻和六四爻分别代表着一件事情的反、正两个方面，正应了我们说的那句"不三不四"，没法分拆开来，所以我们结合在一起来看。

六三，比之匪人。

象曰：比之匪人，不亦伤乎。

六四，外比之，贞吉。

象曰：外比于贤，以从上也。

"匪人"，不正派的人。"比之匪人"，和不正派的人亲近、套交情。可想而知，和不正派的人亲近、套交情，结局一定很悲惨，所以《象传》慨叹"不亦伤乎"，不也感到哀伤吗？六三爻阴爻居阳位，不正不中，而且"匪人"不正派，经常干扰九五爻，一天到晚唱反调，跟九五爻对着干。

六三爻是反面教材，我们再看作为正面典范的六四爻。六四爻"外比之，贞吉"，自外比和九五爻，所以大吉大利。《象传》说明了具体原因，"外比于贤，以从上也"，在外面结交贤明之人，以便顺从领导，更好地为其服务。

第三步　惕龙——谨言慎行，每日反省

六四爻和六二爻一外一内，都是九五爻的忠实下属，从内心里愿意接受九五爻的领导。六二爻是因为与九五爻相呼应，六四爻则刚好在九五爻之下，阳上阴下，是"顺"的关系。六四爻是阴爻居阴位，不中却正，守持着正固，一心为领导着想，一切以集体的利益为上，所以六四爻不但自己忠心耿耿，还处处留心结交有助于领导和集体利益的贤明之士，以便有朝一日为领导所用，为集团的发展服务。

我们可以设身处地地想一想，如果我们自己处在领导的位置上，遇到这样的好员工，能不对他青眼有加吗？能不让他升迁吗？

反观六三爻，就没能逃脱"三多凶"的魔咒。这当然是六三爻咎由自取，怨不得旁人。为什么？六三爻不中又不正，且位在下卦最上，很容易与跟其同位的上卦最上爻上六爻勾结，而上六爻是明目张胆向九五爻挑战的，必杀技就是跟领导唱反调、对着干，所以，六三爻是"比之匪人，不亦伤乎"。

每一个集团的领导都希望集团内部团结一致、亲近和谐，因为只有在融洽的环境中，集团才有可能获得源源不断的前进动力，才能在布满荆棘的前进途中同舟共济。没有哪个领导喜欢破坏和谐融洽气氛的害群之马，也没有哪个领导能够容纳一个真正的异己分子，除非他想效仿上古时候的禅让制，把辛辛苦苦打下的江山拱手让人。

既然上述情形不可能发生，而"匪人"偏偏就是集团内部的害群之马和真正的异己分子，那么六三爻的下场就注定是可悲的。

和"匪人"同流合污，那是自甘堕落，在别人眼里，至少在领导眼里，他迟早要和"匪人"画上等号。

近朱者赤，近墨者黑。久入芝兰之室而不觉其香，同样，久入鲍鱼之肆也会不觉其臭。孟母之所以三迁，就是害怕耳濡目染、潜移默化的可怕能量。

一旦和"匪人"画上等号，一个直接而最近的结果就是你将被打入另册，然后，不久的将来，等待你的恐怕就是老板或部门主管亲自主厨的一顿鱿鱼大餐了。即使侥天之幸未被"炒鱿鱼"，你在集团的升迁之路也会被

牢牢封死，虽然你未必知道，搬起石块去封死那条路的正是你自己。

"天作孽，犹可违；自作孽，不可活。"形容自作自受的同类词语还有很多，相信"比之匪人"的六三爻会有充足的时间用心体会。

换换口味，讲个有点偏离主题但又和主题息息相关的，有关三国蜀汉的丞相诸葛亮和他手下两员大将赵云和魏延的故事。

三个人，一个领导，一个听指挥的，一个唱反调、对着干的。

魏延在蜀汉政权内部绝对是一个响当当的人物，从正史记载来看，他的能力丝毫不逊色于演义小说中神乎其神的赵云。可魏延就是有点不服领导管束，遇事就想出风头，诸葛亮不让，他就发脾气、闹意见，甚至消极怠工。诸葛亮北伐中原数次，他屡屡请命，要自带一支精兵作为偏师，以为大军羽翼。历史证明，他的意见完全正确，且极具战略眼光，可惜诸葛亮就是不许。非但不许，在病死之前还秘嘱左右：一旦自己身死，魏延无人能制，必杀之。魏延的确不如诸葛亮。诸葛亮死，魏延叛，被杀。

赵云，如雷贯耳的名字，其实并没有传说中那么玄乎，他一直就是刘备身边的禁卫军将领，一生基本没有捞着单独领兵的机会，可是看看人家混得，活着的时候占尽风光不说，还在后世被写小说的演绎出那么多故事。

诸葛亮的人格魅力向来没有多少人诟病，容人之量也应该合得上"宰相肚里能撑船"的尺度，而且以他的明察秋毫，当然知道魏延唱反调的真实意图不是谋反，而是想谋得重用。可是，饶是如此，诸葛亮还是容忍不了，最终生生逼反了蜀汉后期的一员猛将。赵云虽然有德有能，但也不至于夸张到后世小说所写的那种地步。

所以，什么样的人不受领导待见，什么样的人易获升迁、能受重用，不用我再说什么了吧。

跟对领导，更容易获得成功

跟对领导，和领导同心同德，这是你笑傲职场最大的本钱。管仲跟对了齐桓公，范蠡跟对了越王勾践，萧何跟对了刘邦，诸葛亮跟对了刘备，这才成就了一代代千古君王和一代代名相。屈原跟错了楚怀王，伍子胥跟错了吴王夫差，最后都落得个悲惨的下场。

这就是随卦六三爻想要告诉我们的道理：

六三，系丈夫，失小子，随有求，得，利居贞。
象曰：系丈夫，志舍下也。

"系"，比邻，即与九四爻比邻。"小子"，指初九爻。"系丈夫，失小子"，这叫因大失小，这就是芝麻和西瓜的问题。六二爻是捡了芝麻丢了西瓜，而六三爻是捡了西瓜丢了芝麻。"随有求，得"，六三爻追随并有求于九四爻，有所得，有功。"利居贞"，有利于安居守正。

《象传》解释"系丈夫，失小子"，是因为"志舍下也"，六三爻可以抛弃下面的东西。下面即指初九爻。所以，虽然在六三爻的爻位，三多凶，但六三爻只要照这样去做，就照样是吉利的。实际上，六二爻和六三爻是讲究随哪一个的问题，六二爻跟随了一个小子，而六三爻跟随了一个丈夫。

跟随不同的人，会有不同的结果。随卦教导我们，尤其是没有成功的人，应该怎么做，另外就是成功者、领导者应该怎么做。

> **随卦的启示：兑上震下，泽雷随**
>
> 总的来说，随卦讲的是怎么样随时、随势、随人、随心、随天道。第一，要按照天道的规律办事，比如按照天道的规律，到晚上了，那你就回屋里睡觉去，如果是白天，那你就去做事情。就这么简单，也就是平平常常、自自然然，但这实在是一个大法则。《黄帝内经》上讲，"秋冬养阴，春夏养阳"，即要符合天时，虽然简单，但符合天道。你们考试要熬夜，这就不符合天道。第二，要随从一个值得随从的人，随人要随"丈夫"，即"大人"。怎样才能随"大人"呢？要安居守正，而且要非常诚信地去随从他。

在尚未成功之时，跟对人绝对可以让你少走弯路。但要想跟对人，必须有一定的眼光。你准备跟的人必须具备四大特点：其一，能纵观全局，有一定的远见。其二，做事利落果断，公私分明。其三，胸怀宽广，能容人。其四，有号召力，善于鼓舞人心。

找到了你决定要跟随的人，你还要尽量找机会接近他，把自己的才能展现给他看。美国的某家猎头公司曾对1300名管理者进行过调查，结果发现，远离总裁和高管的职员，无法或者很难凭借自身的能力获得晋升。根据这项调查，有68%的管理者提拔了自己"经常看到的职员"。他们会优先提拔那些自己经常遇到并与之进行过交流的职员，而不是那些有能力或诚实可靠的职员。

并不是只有美国企业存在这种现象，事实上，优先选择"经常看到的职员"是古今中外不变的现象，这是工作和生活中理所当然的事情。

如果你想要被提拔，却又在日常当中躲避着领导，只会躲在别人看不见的地方哀叹"为什么领导就看不见我的努力呢",甚至故意疏远那些与领导走得很近的同事,认为他们奴颜婢膝,像只哈巴狗,那么你怎么可能被提拔呢?如果不想继续这样,那么现在就开始改变吧,不能再这样继续抱怨下去了。

一般来说,任何人都会对与自己相似的人产生好感,亲近与自己有共同爱好和习惯的人。领导也一样,他们喜欢提拔与自己相像的人并委以重任,喜欢把下级培养成跟自己一样类型的人。可以这样说,如果单靠能力和成果就能晋升,那能升职的人会多得数不清。看看你周围吧,没有比自己更有能力、成果更多的人了吗?是不是要等到他们一个个升职了以后才轮到你?公司里哪有那么多能让大家都晋升上去的位子!

但如果你一点准备都没有就贸然靠近领导,那么就只能品尝到失败的滋味。因为靠得越近,相互之间就越了解。如果你还没有一定的实力,就不要去领导身边转。能被领导看在眼里的人,一定是能把个人利益与公司利益摆在一起、与公司共进退的人。

媚上取宠要不得

豫卦的主旨是教人寻找快乐，但我这一节要细讲的六三爻却通篇晦气，充满了告诫、悔恨、凶险甚至威胁之语，看不到半点亮色和快乐的影子。

原因其实很简单，只有接受了告诫，及时悔恨，才能避开凶险、躲开威胁，进而步入快乐的天地。寻求快乐的过程并不一帆风顺，有时候快乐也需要用艰辛和痛苦甚至追悔来换取。

我们的目的就是教大家怎样以最小的代价来获得快乐之神的青睐。提气的文字看得太多，或提气的话听得太多，难免会像被南风熏得醉乎乎的人一样，以为前进的道路上满是鲜花和掌声，而无冷枪和暗箭。一路豪歌行去，摔了跟头才知道：只知道要做什么远远不够，还要知道不要做什么。

鼓励的话要说，冷水也要随时劈头泼下，这样我们的头脑才能随时保持清醒。

豫卦六三爻就是这样一瓢醒脑的冷水。

六三，盱豫，悔，迟，有悔。

象曰：盱豫有悔，位不当也。

"盱豫"，献媚，讨好别人、取悦别人，靠媚上来得到快乐。"迟"，后来。"有"通"又"。"迟，有悔"，到后来又后悔了，悔过了，认为靠献媚来取悦别人是行不通的。

为什么会造成这一尴尬局面呢?《象传》解释了:"位不当也。"

豫卦只有九四爻一根阳爻,所以这根爻最为关键,六三爻才要去讨好它,想要靠讨好它而得到快乐。但是六三爻"位不当也"(阴爻居于阳位叫不当),而且又不中,不中也不正。两爻的爻位又不应,一个是下卦最上爻,一个是上卦最下爻,所以注定六三爻会碰一鼻子灰,最后灰溜溜地无功而返。

> **豫卦的启示:震上坤下,雷地豫**
>
> 豫卦实际上告诉了我们欢乐的原则:首先,欢乐要适中,比如到了六二爻"介于石"的时候,要"以中正也",要适中,要适可而止,不要一开始就欢乐,然后又欢乐得太过分了,沉迷于欢乐之中不能自拔。其次,欢乐要跟忧患始终联系在一起,不要永远欢乐,一定要有忧患意识。只有"生于忧患",你才能活着。太安乐了就会死。不要太过分地去享乐,要有危机意识,到六五爻"贞吉"就能"恒不死"。

对人好要有个限度,太好了极容易被人误认为是讨好和献媚。所谓"礼下于人,必有所求"。被讨好者甚至会怀疑你别有用心,想找他借钱或托他办事,从而对你怀有戒心,这样你就成了寓言《智子疑邻》里那个可怜的邻居。不过那个邻居还好,斧头一旦找到,误会就立刻冰释。你可是"遍体排牙说不得",跳进黄河也洗不清了。

对一般人过分好尚且如此,对领导就更不能过分好了。何况六三爻还不是过分好,本身它就是在讨好和献媚,想取悦九四爻,以获得它的宠信。

我们说,大多数人对于"糖衣炮弹"是缺乏警惕的,很容易着了道。人性使然。但那和小人得势一样,只是暂时的,而且也有人并不那么容易上钩。不管你是什么企图,一旦真相大白,不但你的所有努力付诸东流,强烈的羞耻心还可能促使他向你抡起报复的大棒，如此，则结局可是不得了。

媚上取宠是一种很无聊、很冒险的游戏，因为你对游戏没有分毫的操控能力，随时会被人清理出局。可能你会获得暂时的快乐和利益，但也别忘了，你的领导绝对不是傻子，就算偶尔鬼迷心窍，总也会清醒过来。就算他一直鬼迷心窍，他身边也还有其他心明眼亮的人。因为不齿于你的行径，他们会自觉结成同盟，让你进行个一人的战斗。纸里终归包不住火，你的胜利注定是无望的。

在职场生存，在不同时段，几乎每个人都做过下级。不管上级领导是异性还是同性，相处的明智方式无疑是：公私分明，不卑不亢；经得住诱惑，也扛得住打击；绝不和任何领导发生不清不白的暧昧关系，哪怕他在你眼里优秀得天上地下独一无二。最后，记住最重要的一点——本职工作一定要做好。

只有靠工作能力和人格魅力赢得别人尊重的人，才有可能成为职场中的胜出者。只有那种尊重才是真正的尊重，值得尊重的尊重。

家和万事兴

自家庭成为社会的一个固定组成部分以后，无论古代还是现代，夫妻关系无疑是家庭生活中至关重要的关系，对家庭内部的和谐发展起着举足轻重的作用。母系氏族社会比较久远也比较特殊，我们不考察。男权社会确立以后，可以说，中国的家庭一直都是在稳定有序的状态下运行的。尤其封建时代，三纲五常成为不可逾越的社会规范。在一个普通的家庭之中，男主外女主内，男耕女织。由于有"夫为妻纲"的律条卡着，除去极少数另类外，绝大多数男女各司其职且相安无事。

但现代社会提倡自由，男女平等，各种新思潮、新体验也都现身。其他的略过，只说男女平等这一条。首先声明，我不是男权主义者，也不是女权主义者。我认为男女平等很好，而且这也是男女关系发展的必然趋势和终极目标。可是，我们不能不承认，世上根本没有绝对意义上的平等，只能在某时某段维持某种程度上的平衡，因为世界上的万事万物无时无刻不在变化着，"变"是世界赖以发展的动力所在。我们讲《周易》，关于"易"字最流行的一种解释就是"变化"。

但是，现在的男女平等打破了延续数千年的男尊女卑的铁律，女人取得了和男人一样的社会地位，影响到家庭，进而使得男女在家庭生活中的关系也发生了微妙的变化。

《周易》中提到了家庭关系,体现在家人卦中:

> 家人,利女贞。

"利女贞",有利于女子贞固。为什么是有利于女子的呢?那是不是不利于男子呢?我们先来看一个字,平安的"安"字。"安"字上面是宝盖头,就是房子,下面是"女"字。家中有女即为"安"。实际上在一个家里,女子,也就是母亲,起的作用最为关键,因为女主内,男主外,所以女子在一家之中是最重要的。但并不一定说,只提到了女子,就只利于女子的贞固,而对男子就不利了,它不是这样的意思。实际上,这里的"女"也包括男子。这个卦,二爻和四爻是阴爻,是讲女子的,其他四根爻都是阳爻,是讲男子的。

家人卦的启示:巽上离下,风火家人

家人卦讲的是治家之道,虽然在卦辞上只提到女子,"利女贞",说女子守正就能获得大吉,但实际上整篇讲的是男子和女子如何正家、治家。其中,第一爻、第三爻、第五爻还有最上一爻,都指男子之道,第二爻和第四爻则指妇人之道。男子之道强调闲、厉、假、威。总而言之,男子治家就是要"严",妇人治家就是要"顺"。男严女顺就是男女正道,即夫唱妇随,或者叫"阳唱阴随"。这种观念也是《周易》男尊女卑、天尊地卑思想的一种发挥。另外,我们从家人卦里得到的一些启发,还可以推而广之,从治家推广到管理企业、治理国家。管理企业、治理国家,也都要有一些尊卑观念,要有一点互相尊重,要有一点上下次序,该严厉的要严厉,该顺从的要顺从。这样治家,家风就正;治国,天下就能平定。

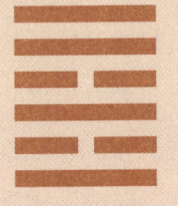

第三步 惕龙——谨言慎行，每日反省

> 象曰：家人，女正位乎内，男正位乎外。男女正，天地之大义。家人有严君焉，父母之谓也。父父，子子，兄兄，弟弟，夫夫，妇妇，而家道正。正家而天下定矣。

《象传》中这个"女"当然指六二爻。"女正位乎内"，六二爻在内、在下。"下"就为"内"，"上"就为"外"。"男正位乎外"，"男"指九五爻。所以这里女主内、男主外。这个实际上是符合一种天地大道的，因为在天地里面，地为下，天为上。"下"为一类，而地又代表女人，所以它们在属性上是相同的。当然，主内不是只管内部不管外部，主外也不是只管外部不管内部，而是指它的重点。"男女正，天地之大义也"，男主外女主内，是符合正位的，这是天地的大理，符合天道。

"家人有严君焉，父母之谓也。"家里人有严明的君主，就是有严明的主宰。家里这个君主是谁呢？就是父亲和母亲，指父母共同而言。

"父父，子子，兄兄，弟弟，夫夫，妇妇，而家道正。"父父，子子，兄兄，弟弟，夫夫，妇妇，其头一个字都是动词，指父亲要尽父亲的责任，儿子要尽儿子的责任，哥哥要尽哥哥的责任，弟弟要尽弟弟的责任，丈夫要尽丈夫的责任，妻子要尽妻子的责任，这样家道就正了。

孔子说"父父子子君君臣臣"，也可以这么理解，当父亲的就要有当父亲的样子，当儿子的就要有当儿子的样子，当哥哥的就要有当哥哥的样子，当弟弟的就要有当弟弟的样子。

我们这里讲了三对关系，一是父子，二是兄弟，三是夫妇。后来，儒家又把它推广为五种关系，就是五伦。五伦就是君臣、父子、夫妇、长幼、朋友。对五伦的要求是君臣有义，父子有亲，夫妇有别，长幼（指兄弟）有序，朋友有信。

对一个家而言，不存在君臣和朋友，所以去掉这两伦，一个家里主要就是父子、夫妇、长幼这三伦关系。

我老家徽州家家都贴有一副对联："事业从五伦做起，文章本六经得来。"在这里我再重申一下，要做大事业，必须先把五伦做好，而五伦中最

重要的又是家里这三伦，其他两伦是从家里这三伦推广出来的。这三种关系处理好了，家道也就端正了。家道端正了，正家而天下定矣。这就是儒家所强调的，"治国平天下"必须从治家开始，"修身齐家"才能"治国平天下"。所以这个卦是以一个家庭为基本单位，家庭治好了，推广到治国平天下，即治理企业，治理国家，治理世界。君子要按照这个标准来治家、治国，要先治家，后治国。这就是家人卦给君子的一些启发。

可以说，这种情况是比较符合我国的传统和一般情况的。

我们再来看一下家人卦的九三爻：

> 九三，家人嗃嗃，悔厉，吉。妇子嘻嘻，终吝。

这是对比来说的：一个是"家人嗃嗃"，另一个是"妇子嘻嘻"。"嗃嗃"就是嗷嗷叫，"嘻嘻"就是嘻嘻哈哈。前面是指家里人被管理得非常严密，严密得有点受不了了，都嗷嗷叫了，发愁了。后面是指家里人被管理得非常宽松，妇子嘻嘻哈哈，还在欢乐笑闹。这两个治理结果是完全不同的。九三爻是指男子治家，前面那个管理得非常严密，家人都嗷嗷叫了。治家严明了，那时"悔厉，吉"，尽管有悔恨，有危险，但这种情况是吉的。而后面这个管理得非常宽松，小孩和妇人都嘻嘻哈哈的，但终究是有遗憾的。为什么呢？

> 象曰：家人嗃嗃，未失也。妇子嘻嘻，失家节也。

"家人嗃嗃，未失也"，指虽然严厉，但是没有失去这种治家的指导。那"妇子嘻嘻"是什么意思呢？就是听任妇人和儿童随心所欲。"失家节也"，指失去了家中的礼节。

这就告诉我们，治家的礼节是很严厉的，不能放任自流，不能放任纵恶。"失"，又可以通"佚"，就是"放佚、放纵"。"未失"，没有放佚、放纵。

古代男尊女卑，女性是没有地位的，未嫁之前要听父亲的，出嫁之后要听丈夫的，家庭暴力时有发生，甚至还被任意买卖。那个时代女性的命运真的很悲惨。但时至今日，不管我们承认不承认，男尊女卑的观念还在

第三步　惕龙——谨言慎行，每日反省

左右着一些人的思想和行为。

在我看来，只要一个家庭夫妻和谐，日子幸福美满，一家之主是男是女倒并不重要。问题是很多女同胞翻身之后，不免有些过，有些大女子主义，所以某些男同胞的日子就不大好过了。天长日久，矛盾越积越深，总有一天会大爆发。现如今离婚率居高不下，男女地位变化导致的观念冲突无疑是罪魁祸首之一。

除此之外，经济观念的不同也是造成家庭不睦的重要原因。社会地位提升之后，有些女性的经济观念也慢慢发生了变化，觉得任何感情都不如实实在在的金钱来得可靠。"贫贱夫妻百事哀"嘛，再忠贞的爱情如果没有面包做后盾，也终会灰飞烟灭。

蒙卦六三爻就是在讲这种情况：

六三，勿用取女，见金夫，不有躬，无攸利。
象曰：勿用取女，行不顺也。

"勿用取女"，不要娶这样的女子。"见金夫"，她心中只有有钱财的男子。"不有躬"，不亲自顺从其夫。"无攸利"，娶这样的女子没有好处。

《象传》给出的解释"行不顺"，指品性不柔顺、不温顺。六三爻，阴爻居阳位，三多凶。《象传》说，不要娶这样的女子，因为六三爻的品性不柔顺。你想呀，如果一个女子以金钱的多寡来作为择夫的标准，那谁敢娶她？你今天很有钱，可以娶她，给她买珠宝、买名牌衣服，可以讨她高兴，明天你破产了，遭遇困境了她会怎么样？肯定是弃你而另攀高枝去了，想要她跟你共患难，那只是痴人说梦。这样一来，家庭都不存在了，何来幸福与和睦？

我们在这里说要妥善处理夫妻关系，并不能给朋友们提供一套详细具体、操作性强且行之有效的方法。非但我，谁都提供不了，只能笼统地建议：夫妻双方要互相尊重、互相理解；有小矛盾别藏着、掖着，要在第一时间摆在桌面上敞开了谈；要包容、忍让，包容、忍让是家庭和睦的最好润滑剂。

蒙卦的启示：艮上坎下，山水蒙

蒙卦各爻分别指代了"蒙"的不同状态，具体为：初六，发蒙，泉水象之，指以制度、规章进行限制。九二，包蒙，包容受蒙人之意。六三，不要娶品性不柔顺的女子，因为其心思根本不在你身上。六四，困蒙，在困蒙之中前进。六五，童蒙，进入自觉求师之状态。上九，击蒙，利于抵御不正之人和邪气。

第四步

跃龙——小有所成，再接再厉

这一部分讲的是六十四卦的第四爻，也就是《周易》人生六步曲的第四步。这一步的特点是"四多惧"。第四爻是上卦的第一爻，预示着人生进入了一个全新的发展阶段，是人生第二阶段的开始。接着发展下去，就是第五爻，在乾卦中就是九五之尊的"飞龙在天"。按说，第四爻应该比较吉祥、吉利才对，可是《周易》中第四爻的判词却是"四多惧"，境遇有点像初九爻的"潜龙勿用"，所以自然也不会太好。因此，这一阶段我们要做的就是谨慎避祸，退而自保，调整好心态以后，再做打算。

四爻多惧

第四爻是上卦的第一爻，预示着人生进入了一个全新的发展阶段，接着发展下去，就是第五爻，在乾卦中就是九五之尊的"飞龙在天"。按说，第四爻应该比较吉祥、吉利才对，可是《周易》中第四爻的判词却是"四多惧"。怎么看待这个问题呢？我们还以乾卦为例。

乾卦九四爻：

九四，或跃在渊，无咎。

乾卦的九四爻，刚爻居阴位，首先不正，而且又不中，再加上处在上卦下爻的位置，境遇有点像初九爻的"潜龙勿用"，所以自然也不会太好。

其实，我们再看一下坤卦的六四爻，结果也差不多。坤卦的六四爻虽然阴爻处阴位，但是既不正，地位又卑下，所以其爻辞看起来甚至比乾卦九四爻还不如，更需要警惕、小心。

坤卦六四爻：

六四，括囊，无咎无誉。
象曰：括囊无咎，慎不害也。

这一爻的情形有点像乾卦的九三爻，确切地说，比乾卦的九三爻还要惨,就是索性把自己装进一个大口袋里完全隐藏起来,把自己的才华也彻底隐藏起来,什么都不做。但不是说,只要饱食终日混天黑就行,这只是暂时地归隐。此时我们要谨慎避祸,静观其变,一旦时机成熟,则应如弩发机,这样才能"无咎无誉",不好也不坏。而且《象传》还特意强调了一句"慎不害也",即谨慎小心才能躲避灾祸。原因无他,就是六四爻这根阴爻太柔弱了,又处在上卦下位,面临突如其来的全新局面,一时之间方寸大乱、手足无措,所以只能退而自保,调整好心态以后,再做打算。

黑格尔与《周易》

黑格尔是19世纪德国著名的哲学家,创造了正反合辩证逻辑定律,在西方哲学界享有较高的声望。然而,黑格尔的哲学成就也与《周易》息息相关。这位西方哲学家终身都在研习中国的《周易》,运用中国的《周易》。黑格尔认为,《周易》的变化原理与他的哲学观点完全相通。这位大哲学家在他的自传中承认,他所创造的正反合辩证逻辑定律正是受到《周易》的启发,并且在《哲学史讲演录》上赞叹《周易》包含着中国人的智慧。据说,他还曾经感叹,他一生中最大的遗憾是没有完全学透中国的《周易》。

反观乾卦九四爻,因为它是一根刚爻,虽然爻位不中不正,但自身刚健有为,而且又度过了九三爻的最危险期,所以只要奋发图强,就能有所成就。尽管这个成就比起九五爻来微不足道,但经过前三爻的潜伏待时、德才兼修、终日乾乾,至此总算获得了"或跃在渊"的机会,而且结果还没有灾祸,"无咎"。

"跃"意为"腾跃、跳跃"。"或跃在渊",就是说,九四爻可以在水里腾跃一下了,尽管前面还有一个"或"字做限定。此处"或"字解释为"有时"。全句意即这个龙还没有完全摆脱束缚,还不能自由自在地想跃就跃,而且,跃的场所也有规定,是"渊",它想一下撞塌天,不行,它还不具备

第四步 跃龙——小有所成，再接再厉

那种能耐，只能按规定时间在"渊"里牛刀小试一番，解解馋罢了。不过，这比起潜龙、见龙、惕龙的待遇，已经有天壤之别了。那三条龙，一条趴在水里不能动弹，一条好不容易爬上地面了还不敢造次，第三条干脆就战战兢兢，如履薄冰。

换句话说，乾卦九四爻已经小有成就。这一点在《象传》中也有体现。《象传》说："或跃在渊，进无咎也。"就是说，下面还有继续发展的潜力，大环境已经开始发生微妙的变化，它的时代即将来临，只要找准时机、把握机遇，前进也没有任何灾祸，完全可以再接再厉。

可以这么说，九四爻是黎明前最后的黑暗，只要挺得过去，下一步进入的就是人生发展的至高峰和黄金期——飞龙在天。

向着目标不断进取

人生第一步是潜龙,第二步是见龙,第三步是惕龙,第四步是跃龙。

到了第四爻,"或跃在渊,无咎",可以腾跃起来,显然要比九二爻只能到地面上喘口气的"见龙"高,而且"跃"字给人的意象很富生机和活力,有几分跃跃欲试的意味。那么,这个"或"字怎么解释?"或"意为"有的",可以指"有的人""有的事",也可以指"有的物",我们在这里把它抽象一下,指"有时"。到第四爻的时候,有时可以从深渊里跃出来。言外之意当然就是,有时还不可以跃出来。"在渊","在"通"自"。"渊"还是"潜龙"潜在里面的那个"渊",这位仁兄在九二、九三时位时出来溜达一圈,到了第四爻故地重游,又回老家了。"或跃在渊",有时候可以从深渊里跃出来。这回,跃出来的高度要高一些,比前面的都高,具体说,是"高于田,低于天"。"无咎",没有灾祸。所以就要看时机,先不时地跃出来,探探风声。

关于这一点,《象传》说得很直白:"象曰:或跃在渊,进无咎也。""进无咎也",前进一步也没有灾祸。为什么呢?因为前进一步是九五爻,最尊贵的一个爻,"五多功"。"五多功"是《系辞传》总结的规律。"或跃在渊",巨龙或腾跃上进,或退处深渊,说明要找准时机前进,这样才没有什么灾祸。我们再来看其他解释:

第四步 跃龙——小有所成，再接再厉

九四曰或跃在渊，无咎，何谓也？子曰，上下无常，非为邪也。进退无恒，非离群也。君子进德修业，欲及时也，故无咎。（《文言传》）

"邪"，不正。九四爻阳爻居阴位，故不正。而且它是上卦的开始，不在中，既不正，又不中。这时候要想摆脱"四多惧"的谶语，就一定要进，往上提升，所以它才"上下无常，非为邪也。进退无恒，非离群也"，才上下进退，反复闹腾得像一只没头苍蝇。"无常"和"无恒"同义，都有明显的不确定性，上下进退没有一定之规，没有规定要像咱们踩点上班一样按时来去。合时就进，不合时就退，完全由它自己决定。"离群"，离开这一类群。九四爻是阳类，尽管进进退退、上上下下没有定规，但是它最终要进入阳爻这个群体，不会离开这个群体，所以"君子进德修业，欲及时也"。"及时"，趋时，符合这个时机。"故无咎"，这样一来就不会有灾祸了。

这是对九四爻爻辞的发挥。巨龙有时候腾跃上进，有时候潜伏在深渊里，但却没有祸患。还得搬出孔子来压场子。孔子认为，这比喻贤人的上升、下降是不一定的，并非出于邪恶的念头。他的进取、引退也是不一定的，并非脱离众人（普通人）。君子增益道德、营修功业，是想抓住时机进取，所以没有什么祸患。

"或跃在渊，自试也。"（《文言传》的解释）说明正在进行自我检验和调试。"自试"，自己试试。因为有一个"或"字，希望还是大大的，所以要试试，掂量掂量自个儿到底有多少斤两，真跃出去到底能做多大事。成语"跃跃欲试"的肇源和雏形应该就是此处，只不过被清代的李宝嘉在《官场现形记》中抢去了著作权。

"或跃在渊，乾道乃革。"（《文言传》的解释）乾道即天道，亦即大自然的运行规律。"革"，变革，这里指九四爻如阳气发展到一个新阶段，万物正面临转化。有时候腾跃上进，有时候退处深渊，说明天道转化，要出现变革。

九四，重刚而不中，上不在天，下不在田，中不在人，故或之。或之者，疑之也，故无咎。（《文言传》）

九四爻和九三爻一样，也是"重刚而不中"，它往上不能通达于高天，向下不能立于地面，中不处于人所处的环境，天、地、人三才之中没有个稳定的容身之所，所以最后要强调"疑"。"疑"即疑惑。为什么会疑惑呢？是它上不巴天下不着地、进退两难的位置所限，因此它不得不全面考虑，并进行多方面的谨慎考察，以避免遭受灾祸。

陈抟老祖与太极图

陈抟（约871—989），五代宋初道士和道教学者，字图南，自号扶摇子，对内丹术和易学都有很深的造诣。据《宋史》载："抟好读易，手不释卷，常自号扶摇子，著《指玄篇》八十一章，言导养及还丹之事。"相传，最早的太极图即他所创。据史书记载，陈抟曾将《先天图》《太极图》及河图、洛书传给其学生种放，种放以之分别传给穆修、李溉等人，后来穆修将《太极图》传给周敦颐。周敦颐写了《太极图说》加以解释。我们现在所看到的太极图，就是周敦颐传的。

关于乾卦九四爻讲完了。总体而言，我们可以得出这样一个结论："九四"是一个很有志气的人，上进心很强，一直都在勤奋学习，增进道德修养，虽然他目前举目无亲、投靠无门、举止乖张、反复无常，但一旦时机来临，他绝对不会轻易放过，因为他一直都在等待这一天的到来。相信老天不会让他等太久。

最后再重复一遍孔子的那几句话：君子增益道德、营修功业，是想抓住时机进取，所以没有什么祸患。

暂时归隐，静观其变

这一节，我们来说说明夷卦。明夷卦和晋卦恰恰相反。也就是说，和晋升之道相反，明夷卦教我们在忧伤的时候、在处境不利的时候怎样做。

明夷，利艰贞。

彖曰：明入地中，明夷。内文明而外柔顺，以蒙大难，文王以之。利艰贞，晦其明也。内难而能正其志，箕子以之。

明夷卦的卦象是地在上，火在下，就是太阳落山了，变得暗了。按照《序卦传》来说，前面的晋卦表示前进，前进必有所伤，必受之于明夷。"明"指太阳。"夷"，受伤。"明夷"就是太阳受伤了，它落山了。如果你按照艰贞之道来做的话，就是有利的。也就是说，我们要牢记所经受的艰难，要守住正道。

《彖传》解释为，太阳落到地平线下面去了。"内文明而外柔顺"，内就是下卦，外就是上卦。内是文明的，因为离卦代表文明。外是柔顺的，因为坤卦代表柔顺。这也指一个人内在要光明，外在表现出来的要柔顺，这叫"内方外圆"。"以蒙大难"，整个的意象是蒙受了大难，因为太阳落到地平线下面去了。"文王以之"，周文王蒙受了大难。周文王以德服众，三分天下有其二，被商纣王嫉恨，所以蒙受了大难。但他做得咋样呢？他蒙受了大难，但又逐渐兴起，他的儿子最后把商纣王给灭了。

明夷卦表示，人处于危险境地该怎么做，怎么转危为安，怎么变不利为有利，最后取得胜利，所以"利艰贞，晦其明"。为何"利艰贞"？因为"晦其明"。"晦"，暗，指明亮的太阳光芒已经黯淡了。"内难而能正其志，箕子以之"，意为内在已经受难了，但是它能坚守住自己的志向，坚守住自己的正道，就像箕子那样。

"内难"指一种内部的灾难。因为箕子是商纣王的叔父，是一家人，所以箕子所面临的是家庭内部的灾难，称为"内难"。箕子被商纣王贬为奴隶，后来又被囚在天牢里。箕子不忍心离去，不忍心抛弃商纣王，就装疯躲过了灾难。周武王伐纣，灭了商纣王之后，还向箕子讨教治国的方略。箕子告诉了他"洪范九畴"，所以箕子最终避开了家难。

明夷卦告诉我们，如何在艰难中摆脱艰难，而且这种艰难是内部的艰难，这对我们做人、做企业都是很有启发的。我们的家人、同事对我们不理解时我们该怎么做？我们有难时该怎么做？企业有难时该怎么做？明夷卦就是教我们这种智慧的。

六四，入于左腹，获明夷之心，于出门庭。

"入于左腹"，退到左边的腹地上。师卦六四爻说"师左次"，指军队要在左边驻扎，和这个意思差不多。"获明夷之心"，指心理处在那种艰险、幽暗的状态。"于出门庭"，跨出门庭。你只有了解了光明受伤之始的真正情状，才能毅然地跨出门庭，然后远去。

象曰：入于左腹，获心意也。

《象传》解释"入于左腹"的原因是"获心意也"。也就是，深刻地了解了光明受损之时的心意，所以这个时候就要"入于左腹"，进入腹地，然后才跨出门庭。

箕子规劝商纣王，商纣王不听从并且要处罚他，这时他就明夷，把自己的才华显露出来，具体的做法就是装疯，把自己的志向藏起来了，这样才得以保全性命。虽然装疯，但是箕子心中的志向并没有泯灭，仍在伺机而动。

我们今天当然不用再担心碰上过去那种腥风血雨、瞬间脑袋搬家的惨烈场景，可是身处社会，各种各样暂时无法解决而又不能躲避的麻烦随时会找上门来。怎么办？只有暂时隐退一途可走。那就不要留恋，索性痛快地退下来，正好可以给长期紧张的心情放个假，彻底放松一阵。不过，不要放松到忘记给自己加油、充电的地步。要适可而止，因为这并不代表你已彻底退出江湖。

暂时归隐，静观其变。最初肯定是被逼无奈的，也许不久后你就会发现，这其实是你内心深处真正的梦想和渴望，只不过它被尘俗埋藏太久，有些褪色罢了。趁此大好时机，好好地歇一歇吧。等你再次背起行囊踏上征途，你一定要把这段日子深藏在心底，因为它是你生命中一抹不可多得的亮色。

明夷卦的启示：坤上离下，地火明夷

明夷卦指导我们，在社会混乱或者危险的时候，如果已经成功的事业遭到损失和打击，处境艰难，就暂时退隐，保存实力，以利东山再起。但在不同的时位要有不同的做法。比如，到九三爻的时候就要"南狩"，到六四爻的时候就要"入于腹地"。总的来说，初爻和四爻是以消极的、反抗的态度来对待明夷的，而二爻、三爻和五爻则是以积极的、救世的态度来对待明夷的。但有一点是全卦一致的，那就是要艰贞守正。只要顺时而行、志向不变、坚持到底，就能走出困顿。

把谦虚的美德发扬光大

　　谦卦是六十四卦当中唯一六根爻全吉的卦。即便第一卦乾卦，表示天道、万物的开始，也不是六根爻全吉，九三爻和九四爻就是凶。而谦卦六根爻都是"吉"或"无不利"，"无不利"也是吉。谦卦的卦象是上地下山，地山谦。山本来高出地面，但现在居于地面以下，居下，非常谦虚。再看卦辞："谦，亨，君子有终。"它是亨通的。君子如果"谦"就会有善终。别小看了"善终"两个字，古代社会征战连连，时不时闹个天灾人祸什么的，不少人无法活到天年，所以"善终"很被看重。

　　由于谦卦的特殊性，所以我们特地把它提出来，并且六根爻全部放在一起讲。又由于它六根爻全吉，所以将它置于人生境界第四步，这样显得比较客观而直接，也有助于我们加深对谦卦的理解。

> 初六，谦谦君子，用涉大川，吉。
> 六二，鸣谦，贞吉。
> 九三，劳谦君子，有终吉。
> 六四，无不利，㧑谦。
> 六五，不富以其邻，利用侵伐，无不利。
> 上六，鸣谦，利用行师，征邑国。

第四步　跃龙——小有所成，再接再厉

谦卦六根爻可以分别总结为谦谦、鸣谦、劳谦、捣谦、虚谦、鸣谦。从一开始的"谦谦"，到功成名就后的"鸣谦"，六个"谦"代表了人生和事业的六个阶段。然而，每个阶段的谦虚各有不同。其中，有两个"鸣谦"，一个在六二爻，一个在上六爻。六二爻是刚出名、崭露头角的时候，处在出名的第一个阶段，而上六爻是最终出名的时候。两个"鸣谦"出名的时段不同，但是都要"谦"，只要谦虚，就做什么事都有利、吉祥。

举个涉及清中兴三大名臣之二曾国藩和左宗棠的例子。曾国藩是正经的科班出身，四平八稳地把官做到礼部侍郎，后来回湖南老家为母亲守孝。在这期间，太平天国事起，战火直接烧到了湖南，于是曾国藩开始在老家办团练，搞地主武装。左宗棠则身无功名，虽然满腹经纶，却一直屈居在湖南巡抚骆秉章手下做幕僚。照如今的话说，他就是个被临时聘用的，一旦不合老板心意，随时都会被一脚踢开。不过，左宗棠的确太有才了，不但很受骆秉章的青睐，还赚了个"天下不可一日无湖南，湖南不可一日无宗棠"的名号。曾国藩原先也是一个狂人，自觉熟读四书五经、兵书战策，一般人根本不入他的眼，更别说被他视为"土包子"的太平军了。战争前期，曾国藩屡战屡败，在江西湖口一战差点被太平军的翼王石达开逼得跳水殉职。后来他读了一本书，就是老子的《道德经》，顿悟，晓得自己走了弯路，学会了谦虚、低调。然后他放下身段，专程拜访了左宗棠。左宗棠此前也狂得没边，还给自己取了个字"今亮"，意思当然就是"当今的诸葛亮"。曾国藩当时已经到了谦卦六二爻的地步，值得"鸣"了，但还没学会"谦"，眼睛里夹不进任何人，摔了跟头之后，很快找到了原因，学会了谦虚，大胆任用了左宗棠这个不可多得的人才。事实证明，曾国藩与左宗棠两人凑到一起，产生了一加一远远大于二的合力。

有关曾国藩和左宗棠的书，市面上到处都是，这里再次把他们两位扯出来还有一个用意——曾国藩终其一生，尤其在镇压太平天国大功告成之后，也就是到了谦卦上六爻时，依然谦虚、低调，所以尽管功高震主，但还落了个善终。左宗棠则不然。尽管他功成名就之后做了一系列利国利民的大好事，但因为为人清高孤傲，当时的朝野上下，包括"老佛爷"慈

禧，嘴里不说，心里都对他颇有微词。两相比较，"谦"的作用尽在不言之中了。

谦虚不仅是一种为人处世的态度，更是一种高妙的人生境界。"满招损，谦受益。"韩愈这话如今已变成大白话了，其中的道理却历久弥新。

谦虚是我们中华民族的传统美德。问问现在的孩子们，"虚心使人进步，骄傲使人落后""满招损，谦受益"等关于谦虚的格言，谁都能不假思索地来上几句。历史上以"谦"字入名的名人也很多，如南宋初年的东莱先生吕祖谦，明朝"只留清白在人间"的于谦，近代史学大家王先谦，等等。特别值得一提的是明代人赵谦，据传我国现存第一张太极图即出自此君之手，虽然据我考证，真正的作者应是南宋人张行成，但是还要提到他，因为他的名字就出自我们下面要讲到的谦卦六四爻。

六四，无不利，㧑谦。

象曰：无不利，㧑谦，不违则也。

六四爻已经到了人生六步曲的第四步，一个大循环的第二个阶段的开始。"㧑"通"发挥"的"挥"。"㧑谦"，发挥"谦"，也就是把谦虚的美德发扬光大，那样就会"无不利"，无往而不利。这当然是吉利的。六四爻在这个爻位已经小有所成，人生至少上了一个新的台阶，可它照样谦虚，而且这个谦虚不仅没有减少，反而发扬光大了，所以"无不利"。"不违则也"，没有违背天道。不仅没有违背天道，也没有违背地道和人道，所以才能无往而不利。

骄傲自满是阻挡一个人继续进步的最大拦路虎，因为自满者觉得自己已经功德圆满，没有什么是自己不会的，当然就不会再往自己头脑里倾注新东西，而这些新东西往往就是开启他继续前进动力的钥匙。如此一来，他便再也不会有任何进步了，自然会在新一轮的竞技中败下阵来。

我们应该都知道孔子拜项橐为师的故事。当时孔子已开始周游列国，学问、道德都应已到了一定境界，可是却被一个叫项橐的难住了，而项橐仅仅是一个七岁的孩子。这事搁别人身上，项橐这孩子不定会遭个什么别扭呢。可孔子没有觉得难堪,也没有对敢于刁难权威的项橐反攻倒算,反而郑而重之地拜了他为师。这也给杏坛留下了一段佳话。

> **谦卦的启示:坤上艮下,地山谦**
>
> 谦卦总的来说要求我们从一开始一直到成功之后,都要谦虚。六个阶段都要谦虚,但是每个阶段的谦虚是不同的。有两个同样的词"鸣谦",一个在六二爻,一个在上六爻。六二爻是刚出名的时候,它居中,在出名的第一个阶段,而上六爻是最终出名的时候。两个"鸣谦"出名的时段不同,但是都要"谦",只要谦虚,就做什么事都吉利。这个卦实际上是老子的那种伟大的"阴"谋。就是说,一切从负方面入手,低调做人,低调谋事,这样肯定能成功。这是一种大策略、大智慧。但是要注意一点,就像六二爻所说,"中心得也",不要伪装,不要做伪君子,要从内心出发做一个真正的谦谦君子,这样肯定能得到别人的尊重,成功的概率也会更大。

孔子的行为说明了什么?仅仅说明孔子把谦虚的美德发扬光大了吗?非也。孔子说过:"三人行,必有我师焉。"这就是说,孔子的老师多了去了。"尺有所短,寸有所长。"不管什么人,他总有别人不及的长处。所以孔子的话也可以这么理解:人人皆可为吾师。正是本着这种精神、这个原则,孔子才得以成为一代宗师。所以,发扬光大谦虚的美德只是第一步,是手段,提高自己,使自己跨上一个新的台阶才是目的。

现在,就让我们从第一步做起,依照谦卦六四爻的精神,把谦虚的美德发扬光大。

心态决定状态

有位举人第二次进京赶考,还住在上一次考试时住过的店里。有一天他连着做了两个梦。第一次梦到自己在高墙上种高粱;第二次梦到下大雨,他戴了斗笠不说,还打了把伞。这两个梦似乎有些意思,举人自己解不开,第二天就赶紧去找算命的解梦。算命的一听,连拍大腿带叹气地说:"唉,你还是收拾收拾回家吧。你想想,高墙上种高粱,不是白费劲吗?戴了斗笠还打伞,不是多此一举吗?"举人一听,也是,于是心灰意冷,真的回店收拾包袱,准备回家。店老板非常奇怪,就问他:"客官,明天才考试,你怎么今天就要回乡啊?"举人如此这般解释了一番,店老板乐了,说:"咳,你早问问我呀,我也会解梦。依我看,客官这次一定能够高中。你仔细想想,高墙上种高粱,不是高种(中)吗?戴了斗笠还打伞,不是有备无患吗?这不是高中是什么?"举人一听,觉得店老板的话更有道理,于是振奋精神,参加了考试,结果居然中了个榜眼。

面对半杯饮料,悲观主义者连连叹气:"唉,只剩下半杯了。"乐观主义者则兴高采烈:"居然还剩下这么多呢!"面对同样一种事物,不同的人持不同的观点,这是不同的心态使然。而在不同的心态作用下,人必然表现出不同的精神状态、行动积极性和行动力。最终,行动之后,其结果必然不同。所以我们常说,心态决定状态。

第四步 跃龙——小有所成，再接再厉

美国成功学家拿破仑·希尔讲过这样一段关于心态的重大作用的话："人与人之间只有很小的差异，但是这种很小的差异却造成了巨大的差异！很小的差异就是所具备的心态是积极的还是消极的，巨大的差异就是成功和失败。"

希尔讲的是成功学，也就是如何才能成功的学问。其实，类似的成功学方面的论述，《周易》里面也有，就在观卦的六四爻里。

我们来看观卦六四爻：

六四，观国之光，利用宾于王。
象曰：观国之光，尚宾也。

"观国之光，利用宾于王。"这是到了第二阶段的开始，开始观察一个国家了，观察的视野越来越开阔了。"光"指"光明"。"观国之光"指"观察这个国家光明的一面"。"利用宾于王"就是"有利于做王的宾客"。"宾客"指"辅相"，而"王"则指九五爻。六四爻刚好在九五爻下方，就好像在辅佐这个大王。那么在六四爻这个位置应该怎么"观"呢？"观国之光"，就是要观察这个国家光明的一面。但是，不等于就不观察黑暗的一面了，而是说，只有用光明之心去观察，才能观察到光明之国。如果用黑暗之心去观察，那么任何东西都是黑暗的。

观卦的启示：巽上坤下，风地观

朱熹的学生问过朱熹，观卦六爻一爻胜似一爻，"其所居之位愈高则所见愈大焉"，是否观察者所居地位越高，所见的东西就越大呢？朱熹回答：观卦的六根爻，下面四根爻全是阴爻，上面两根爻全是阳爻，所以分为两组。"上二爻义自别"，上面两根爻意思不一样，有区别。"下四爻所居之位愈近，则所见愈亲切"，下四爻越来越往上，到了

> 第四根阴爻，它和九五爻最接近，所以下四爻确实如他学生所说那样，到了上面两爻，性质变了，变为刚爻，成了君主，就是位置越来越高，看得越来越远了。我们可以从观卦得到什么启示呢？第一，最重要的是用心去观察，用敬仰之心，以客观、中正的心来观察天下。第二，居于不同的位置具备不同的才能，就要用不同的观察方式。第三，只有用不同的心态去观察，才能得到不同的结果。

有这么一个故事：一个母亲有两个儿子，大儿子卖伞，小儿子卖扇子。这下可把老母亲给愁坏了。晴天时，她发愁大儿子卖不出伞，雨天时，她又担心小儿子卖不出扇子。就这样，自打两个儿子选择好职业之后，老太太就没有过上一天安生日子。后来终于有一天，老太太倒下了。请来的医生看出老太太患的是心病，就给她开了个方子。结果老太太还真的没有吃药、打针，霍然而愈。医生的药方其实很简单，就是让她换个角度去看：晴天，小儿子卖扇子卖得好，雨天，大儿子卖伞卖得好，这样，心情自然就好了。

心态不同，状态自然也就不同。文中说的赶考的举人和爱护儿子的老母亲都是这样的。如果能用一番话解开心里的疙瘩，点亮悲观者心中那盏光明和乐观之灯，满天乌云就会散尽，一切问题也都会迎刃而解。

专注一心走正道

  《周易》的精髓在于变。变幻莫测，众妙之门。其根基在于"中"和"正"。"中"和"正"是一个人修养身心、陶冶情操的根基所在，更是一个人处身社会永立不败之地的法宝。而这两者之中，又以"正"为根本中的根本，"中"得奉"正"为圭臬。

  第四爻的爻位决定了，它已经在社会的大染缸中浸染了一个阶段，或多或少获得了一些财富，或大或小谋得了一个地位，算小有所成。而也正是在这个时候，它受到的诱惑最多，遭遇的阻力最大，走上邪路的可能性也最高。所以，我们有必要选择在这个时候，给第四爻敲一下警钟，告诫它千万不要一不留神走上邪路。因此，也就有了这个"专注一心走正道"的章节，收录第四爻中和"守正"，即"走正道"有关的爻，胪陈于下：

  正文开始之前，我要说明一点，按照儒家的说法，所谓"守正"，就是要符合礼仪。孔子曾说："非礼勿视，非礼勿听，非礼勿言，非礼勿动。"这叫"守正"。如果不守正，就会有灾祸。

  由于时代的变迁，我们今天的"守正"已经被赋予了新的含义，注入了新的血液，并非孔子那一套迂腐的调调儿。

  我们来看一下复卦六四爻：

> 六四，中行独复。
>
> 象曰：中行独复，以从道也。

六四爻，正不正？正。阴爻居阴位，所以它行得正。"中"不指中位，而指中道。"中行"，行中道。"独"，单独、一个人，也可引申为"专注一心"。"独复"，专注一心地单独回复。为什么要"中行"？因为六四爻是复卦五根阴爻中居中间的一根，所以它这个"中"指在五根阴爻的中间，而且它又居正位，所以它专注一心地单独回复。《象传》说它"以从道也"，遵从大道而行中正之道。

复卦的启示：坤上震下，地雷复

复卦给我们的启示：要找出一个事物最本质的东西，那就是太极。抓住了这个本体（太极），按照它一步一步地做，就会趋吉避凶。怎么"复"呢？就是要休复（与周围的人和谐相处）、中复（居中守正道）、独复（专心致志地回复）、敦复（诚信敦厚地回复），还要反省自己。抓住了太极，一步步地往下走，就会趋吉避凶。

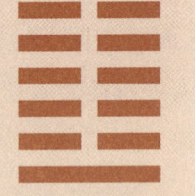

复卦的六四爻很有一股子精神，一心一意要走中正之道，这是很值得我们学习的。

无妄卦和中孚卦的第四爻讲的也是这个道理。

先看无妄卦九四爻：

> 九四，可贞，无咎。
>
> 象曰：可贞无咎，固有之也。

"可贞"可理解为"守正道"。九四爻不正，但它却要守正，因为它是一根阳爻，阳爻刚健，所以往往具有"守正"的能力。而阴爻则往往没有，

第四步 跃龙——小有所成，再接再厉

所以六三爻想正也正不起来。到九四爻的时候却可以守正道，不正而正，所以它"无咎"。《象传》说它坚持守正道，是"固有之也"，是因为阳爻本来就具有这样的能力。有句俗话"打铁还要自身硬"，用在无妄卦九四爻上再恰当不过。

再看中孚卦六四爻：

六四，月几望，马匹亡，无咎。

象曰：马匹亡，绝类上也。

"几"，接近。"望"，望日，就是每个月的十五日，是日满月。"月几望"，月亮接近圆满了，快到十五了。"匹"，匹配、配偶。"马匹亡"，马的匹配却走失了。"无咎"，但是不至于有灾祸。

在本卦中，六四爻的匹配是初九爻，两爻在上下卦中的爻位相同。可是，爻辞却告诫我们，最好不要和初九爻相匹配，因为"马匹亡"的结果是"无咎"，还不错。而且，《象传》中明确指出，要和匹配"绝"，即断绝关系。同时，《象传》还给出了"绝"后的解决方案，即"类上"。"类"意为"类似"，引申为"效仿、顺应"。六四爻的"上"毫无疑问指它的上面一爻——九五爻。六四爻只有断绝和匹配的初九爻的关系，顺应、顺承着上司九五爻，才不至于有灾祸。

什么意思呢？六四爻是柔爻居阴位，正而不中，所以它应该上承九五爻这根阳爻，这样才能得中。

那么六四爻具体该怎么办呢？第一，不能太满足，要虚心。第二，要专一，要专心致志地侍奉九五爻，不可以分心去和初九爻相匹配。只有与初九爻相隔绝，才能无咎。换句话说，在中孚卦中，处于阴位的六四爻需要把工作放在第一位，专注一心地跟着领导干事业。

这就是中孚卦六四爻要走的正道。

综观前面提到的三个卦的第四爻不难发现，走正道其实没有那么难、那么苦，其关键为：

首先，要保持内心的美德（复卦六四爻），不怕所处非正位（无妄卦

九四爻），就怕用非法手段窃取高位。其次，踏踏实实、专注一心地做事情（中孚卦六四爻）。这样就能一切都顺畅、平安、吉利。

　　仔细看看，这其实也是一条获得领导赏识和升迁机会的绝佳途径，而这条途径的立足点便是我们一直强调的走正道！

把灾祸消灭在萌芽状态

唐朝开国大将李勣应该是大家都比较熟悉的一个历史人物。如果有人摇头,那我就再说一个人,大家一定知道,就是《隋唐演义》里那个能掐会算的二哥徐茂公。不错,这两个是同一人,《隋唐演义》里的徐茂公就是以李勣为原型塑造出来的。只不过李勣原本是个威风凛凛的战将,到《隋唐演义》里则成了运筹帷幄的先生。李勣本姓徐,名勣,字懋功,因为追随李世民征战有功而被赐国姓李,于是,徐勣也就摇身一变,成了李勣——就和郑成功常被称为"国姓爷"一样,郑成功是受过南明政权赐国姓朱的。

我们这里讲李勣是为了引出另一个人,他的孙子徐敬业。

徐敬业小时顽劣,非常不招徐家上下待见,李勣更是一见他就摇头,说:"这孩子将来一定会给徐家带来灭门之灾。"等到大了几岁,徐敬业开始喜欢上了舞枪弄棒、骑马射箭,而且好像还很有些这方面的天分,一上手就玩得有模有样的。按常理,李勣应该高兴才对,因为他就是靠着一身武艺博得个封妻荫子的。可事实是,李勣非但不高兴,还暗暗下定了要找机会除掉孙子的决心。

李勣喜欢打猎,有一次打猎,他特意带上了徐敬业。围场在一片草木繁茂的山坡上。众人摆好阵势,李勣就让徐敬业上山去轰赶野兽。围猎就是大队人马聚集一处张网以待,由专人负责把野兽从远处往张网的地方轰赶。

所以，众人都没往其他地方想，包括兴冲冲拍马而去的徐敬业。

徐敬业刚一离开众人的视线，李勣便下令放火烧山。一时火借风势，风助火威，把漫山遍野能烧的都烧了。看看火势渐小，李勣心里一块石头总算放下，心想就凭刚才那阵大火，甭说孙子一个小孩子想不出办法躲避，就是个大人也得被活活烧死。

又等了一会儿，李勣带领众人上山查看，念着徐敬业好歹也是徐家的一棵苗，要把他的尸骨带回去安葬。倒也没累他们找多久，随从就发现了徐敬业的坐骑，肚破肠裂地躺在一堆灰烬里，好像快要烤熟了。徐敬业却不见踪影。李勣心里正犯嘀咕呢，就见那半熟的死马一阵蠕动，很快，满身血污的徐敬业就从破裂的马肚子里钻了出来，毫发无损。

原来，大火烧近时，徐敬业自知逃不出去，山冈平夷，又无藏身之所，于是急中生智，剖开马腹钻了进去，避得一时算一时吧。

见此情景，李勣除了仰天长叹，再无他言。果不出李勣所料，武则天登基以后，徐敬业举兵造反，兵败被杀，徐家满门被抄斩。

防患于未然是人趋利避害的一种本能，只要能够看得出来，没有人会眼睁睁地看着隐患从萌芽状态一天天长成参天大树，肯定会在萌芽的时候就把它彻底根除了。李勣看出了徐敬业可能给徐家带来祸患，也采取了一定的措施，可惜措施不够到位。如果李勣当时叫人直接把徐敬业砍了，谅他也躲不过去，岂不干脆！可惜李勣没有，不知是心存侥幸，还是念徐敬业也是徐家一棵苗而心慈手软，总之他放弃了再杀徐敬业的计划，最终酿成大祸。

《周易》第四爻处在上卦初始时位，很多新生事物应该都处在萌芽状态，包括祸患。如果具备足够的能力，此时正是不费吹灰之力消除隐患的大好时机。大畜卦六四爻讲的就是这件事。

来看大畜卦六四爻：

六四，童牛之牿，元吉。

象曰：六四元吉，有喜也。

第四步　跃龙——小有所成，再接再厉

"童牛"就是还没有长出角的小牛。"牿"类似于一种铐子，专门用来对付伤人的牲畜。小牛还没有角就要用一个东西把它铐住，结果是"元吉"，从一开始就吉利。因为长角的牛有可能使坏顶人，在它使坏的工具还未完备之前就把它铐住，按古人的说法，这叫"止恶于未发之时"，所以从一开始就大吉大利。

《象传》说"六四元吉，有喜也"，六四爻这种从一开始就吉利的做法，将会有喜悦。因为这时候牛还小，比较容易控制。倘等它牛角长长、长锋利，身子骨也长得结实了，再想给它上牿，付出的代价可就大了，说不定它还会顶坏给它加牿的人。

把灾祸消灭在萌芽状态，一则达到了消灭灾祸的目的，二则实现了效益的最大化，即以最小的成本换取最大的收益。另外，要注意：一是千万不要错杀无辜，必须确认是灾祸的芽方可下手。二是一旦下手就绝不容情，绝不可心慈手软、养虎为患。李勣和徐敬业的例子就是血淋淋的教训。

大畜卦的启示：艮上乾下，山天大畜

大畜卦给我们的启示是要积德积善，这样才能有好报。怎么积德积善？至少要具备两点：第一，要有宽广的胸怀，要能容纳比你更强大的人物。第二，要日新其德。这个"新"就在于改变，只有改变自己，才能每一天都是新的，改变就在于不断去掉自己身上不好的东西。这样做了，本性就能变得刚健笃实，就能终有庆、终有喜、终有大吉、终能大行。

人生不如意事常八九

人生不如意事常八九，这是一句大家都耳熟能详的俗语，一般情况下，其运用语境是这样的：出现了一点小波折，摔了一个小跟头，遭遇了一点小麻烦，几个朋友凑一块儿，白酒、啤酒，只要是酒，尽管上。个个喝得面红耳赤之后，你就听吧，这句俗语准保闪亮登场，而且频率绝对比喝啤酒者往厕所跑的频率要高。什么意思？说得多了，说得滥了，大家就都拿它当套话用了，它也就真成"俗语"了，俗不可耐的语言，和一般人临发言前先来几个"嗯、啊、哦"差不多，不表实意，只起承接上文或引起下文的作用。没有人再去推究它的真正意义，也没有人再在乎其中是否有深意。于是乎，一句原本活生生的话就这么"被死亡"了。

人人都知道，人生这条道绝对不是坦途。即便还不知道何为人生的小孩子，他的意识里也肯定留存着这样那样的委屈和不如意。比如，偷嘴挨爸妈训了，和邻居家小孩打架吃亏了，想要新衣服但爸妈没给买，等等。其委屈和不如意，一点儿都不比尝遍愁滋味的大人们少。

大人们呢？个儿顶个儿都是从人生路上摸爬滚打过来的，一身的伤，满心的痛（至少他们自认为如此），不提起倒还罢了，一提起……，却道天凉好个秋？别信辛弃疾那一套，不管用。人家是豪放派词人，东西写完往教坊一放，哥儿几个吆五喝六寻乐子去了，基本上不用考虑职场、上班、

第四步 跃龙——小有所成，再接再厉

老板这一套。我们都是在十丈软红尘中讨生活的凡夫俗子，即使怀揣一肚子的不如意，也还要步履蹒跚地往前赶路，而且，漫漫前路上，我们深知，不如意事仍旧是十之八九。

我们该怎么办？台湾作家林清玄在他的作品里给大家开过一个药方，叫作"常想一二"。就是说，就算人生十之八九是不如意的，总还有十之一二是如意的。在不如意的十之八九里经常想想如意的十之一二，心情自然会好起来，因为我们会发现，生命中并不全是晦暗的灰色和绝望的黑色，也有亮色和希望。

这不失为一个好办法，不过总有点精神鸦片的嫌疑。暂时疗住伤痛之后，最好能再拔高一下，这里赋予大家一种积极向上的心态："天将降大任于斯人也，必先苦其心志，劳其筋骨，饿其体肤，空乏其身，行拂乱其所为，所以动心忍性，增益其所不能。"

先有一个平和的心态，再加一种天将降大任于己的豪迈，坎坷前路，漫漫人生，我们咬咬牙，挺直腰板，再观赏一下沿路的风景，默念两遍毛泽东主席的教诲"无限风光在险峰"，人生自然也就充实而有意义了。

再说了，不如意并非一两个人不如意，天塌下来砸大家。几乎所有的人都感觉到过不如意，至少从老祖宗的《周易》时代，就已经有了许许多多的不如意。

来看蹇卦六四爻：

六四。往蹇，来连。

象曰：往蹇来连，当位实也。

六四爻说，往前走，处境艰难，往回走又接二连三地遇到了艰险。《象传》解释说，这是因为"当位实也"。六四爻为阴爻居阴位，是为"当位"。"实"指"位当其实"。东汉王弼注释："往者无应，来者乘刚。往来皆难。"六四爻本应与初六爻呼应，但却往者无应，因二者皆属阴。六四爻下面又乘着九三爻，是为乘刚。所以，往来皆难，进退都不如意。

再看震卦九四爻：

219

> 九四，震遂泥。
>
> 象曰：震遂泥，未光也。

"震遂泥"，在打雷的时候，惊慌失措，一下子掉进了泥塘里。《象传》里的"未光也"，指九四爻的阳刚之德还不能光大。因为九四爻跟它的上爻和下爻，即六五爻和六三爻刚好组成一个坎卦。"坎中满"，中间实，上下虚，就像虚的泥塘里掉进去一个实的物体。因为九四爻不中不正，所以它的才能无法发挥出来。

一个进退两难、举步维艰，另一个又被比喻掉进了泥塘，这是蹇卦和震卦第四爻所遭遇的不如意。其实，如同万物发动之初的屯卦一样，越艰难、越云雷激荡，机会就越多、越大。屯卦是"利建侯"，有利于开基创业。第四爻的爻位在一个阶段之初，只要把不如意事抛在脑后，奋力拼搏，自然就利于开基创业了。

人生不如意事常八九，这正是上天对我们的鞭策和磨炼，为了让我们有一身钢筋铁骨去寻觅那无限美好的十之一二。

蹇卦的启示：坎上艮下，水山蹇

蹇卦告诉我们如何度过艰险，启示如下：第一，若想度过艰险，必须知止则止，知止则止是大智慧。如果一味冒进，只能更加艰险。但是，止并非停滞不前，而是停下来反思自己。第二，要同舟共济、相互呼应，要志向合一、坚守正道。第三，要不畏艰险、服从权威，做到"王臣蹇蹇，匪躬之故"。俗话说"患难见真情，烈火炼真金"，在困境、艰难中更能锻炼人的品格。所以，君子用蹇卦来反身修德。

人心向背定吉凶

　　这是一个十分古老但至今依然洋溢着活力的命题。自古至今，人心向背都是决定一个集团乃至政权存亡的主要甚至唯一因素。当然，也有人不相信人心，并对之公然进行挑衅。很不幸，这些挑战者无一例外全部成了验证人心力量不可战胜的反面论据——被钉在了历史的耻辱柱上。而那些聪明和开明的统治者则都把笼络人心作为巩固基业的第一要务。历史的发展也证明，他们真的是聪明而开明的。

　　俗话说："公道自在人心。"何为公道？天道、地道、人道都是公道。如此，则人心就是天、地、人三道的代言人，自然无往而不利。公道，万古而常青；人心，亘古而不变。因此，时至今日，人心向背依旧是一个集团、一个组织能否维系并发展的基石。因此，非独为政者应该重人心，为商者亦应重人心，为家者仍应重人心。当代社会中，谁敢说家庭不是一个社会组织？

　　人心，无论何时何地，都须珍而重之。尤其在一个集团的肇始之初，百废待兴，人心惶惶，惧而未定，当是时，谁能抢先一步拢住人心，谁就不但占了先机，而且至少成功了一半。

　　《周易》第四爻处在临事肇始之初，我们来看它对人心有哪些理解。

　　看升卦六四爻：

六四，王用亨于岐山，吉，无咎。

象曰：王用亨于岐山，顺事也。

"王"此处指周文王。升卦六四爻给我们讲述的是一个周文王祭岐山（今陕西岐山）的故事。周文王名姬昌，是商朝末期诸侯之一，以仁义著称。其实周文王活了一辈子也没当上王，只是个西伯侯（地方侯），"文王"是他儿子周武王灭商建周之后追封他的。文王在世的时候，每年都要在岐山祭天。因为他非常德、信、仁、义，所以其他诸侯都支持他，都给他面子，无形中都以他为首领。所以他每年祭天时，其他诸侯纷纷不请自来，这表明文王已经获得了人心。所以这是吉利的，没有灾祸。

为什么呢？《象传》解释："顺事也。"因为祭天这件事顺从了天道，所以才能成就大事。因为顺从了天道、天意，所以文王死后，他儿子周武王姬发才能会盟八百诸侯，打败商纣王，推翻商朝。

升卦的启示：坤上巽下，地风升

升卦告诉我们的实际上是一个积小成大、顺势上升的道理。它着重强调的就是要刚中，要柔以时升，要外柔内刚，要上下呼应，而且要得民心和天道，只有这样，才能不断上升。我们人人都想上升，过一种有意义的人生。做官的想继续升官，做生意的想继续增长财富。但一定要记住：上升要符合天道，要光明正大，千万不要搞歪门邪道。所以升卦的卦辞和象辞里都有"南征吉"字样。"南"寓示着光明。光明就是要坦坦荡荡，要符合自然规律，要符合天道。六十四卦中，晋卦跟升卦意思相近：晋卦强调要顺民，侧重于顺应光明、积极进取方面；升卦强调要顺势，侧重于遵循天道、遵循自然规律方面。两者既有相同之处，又各有特色。

第四步 跃龙——小有所成，再接再厉

我们从爻上看一下。六四爻位在升卦的第二个阶段开始时，柔顺而且得正，上顺从于六五爻这个君主，下又顺应于人心，所以是吉利的。

周文王在岐山祭天，人心归附，诸侯闻风蜂拥而至。后来文王虽然身死，但遗泽所惠，武王依然能够会盟诸侯、灭商兴周。可见，"得人心者得天下"绝非虚言。可是，除了神乎其神的祭天，难道就没有别的获得人心的办法了吗？有。

看益卦六四爻：

> 六四，中行告公从，利用为依迁国。
>
> 象曰：告公从，以益志也。

"中行告公从"的意思是，做事要守中道，要持正地处理事情，如果这样去告诉王公，王公就会言听计从。"利用为依迁国"的意思是，能依照老百姓的利益去迁移国都。在现代若要迁移国都，可以说是惊天动地的大事，而在古代却没那么麻烦。为了避害趋利，迁都是件寻常事。很多朝代都有过迁都的经历，尤其商朝，共迁都五次。益卦六四爻已经到了上卦，上卦是在减损自己，所以就表示，君主为了老百姓的利益而迁都。

《象传》说："告公从，以益志也。"告知有利于天下的事情，君主听了之后能迁移国都。六三爻和六四爻都有"中行"，可是这两个爻对上卦和下卦来说，都不在中位，不在二，也不在五。但从整个卦来看，三爻和四爻合起来刚好居中，所以这里强调要"中行"，就是要守中道，要诚敬地去持正，真心实意地为老百姓办事情，这样才能够得到他们的支持。

尊重老百姓的意见，真心实意地为他们办事情，同样能够得到他们的支持。那么，得到支持以后有什么具体作用呢？

看萃卦九四爻：

> 九四，大吉，无咎。
>
> 象曰：大吉无咎，位不当也。

这个九四爻没有爻辞，单单说是大吉利的，没有灾祸。没有爻辞已够

奇怪了，"大吉"和"无咎"还同时出现，就更奇怪了。为什么呢？因为萃卦九四爻下面衬的三根全是阴爻，表示会聚之时统领了下面的众人。三根阴爻形成坤卦，坤卦为众，表示九四爻能统领众人，能得到众人拥戴，故而能够"大吉"。虽然表面大吉，但是位置不当，"位不当也"，九四爻是阳爻居阴位，本来应该有灾，只有"大吉"的时候才能免灾。"大吉"在此可以看作没有灾祸的条件，因为"大吉"，所以"无咎"。

这就是得人心的作用。本来应该有灾祸，可是一经得人心的"大吉"冲抵，就成了"无咎"，灾祸消弭于无形。

得人心消灾弭祸，不得人心会怎么样呢？

看姤卦九四爻：

九四，包无鱼，起凶。

象曰：无鱼之凶，远民也。

"包无鱼，起凶"，厨房里的鱼不见了，就会有凶险出现。我们前面说过，"鱼"通"遇"，表示知遇的人、拥戴自己的人。姤卦九四爻爻辞的意思是说，一旦失去了知遇的人，就可能出现凶险。

《象传》说："无鱼之凶，远民也。"意思是说，九四爻失去了初六爻，而去强征强夺，这样当然会有凶险。可以和九四爻做一比较的是九二爻。九二爻是"包有鱼"，而且它守着中道，有包容之心，所以无咎。而九四爻则不中不正。

姤卦九四爻告诉我们，如果没有人心的支持，其结局是"凶"。这恐怕和九四爻的不守中正之道有关系。

《周易》第四爻中关于人心的部分解释已毕，最后再告诉大家两句老生常谈的话：第一，无论何时何地，都要守持中正之道。第二，人心不可强求，求也没用，只能感化。

无欲无求，一等境界

这一节应算作《周易》第四爻，即人生六步曲的第四步"跃龙"的结语。大家肯定奇怪，"跃龙"作为人生第二阶段的开始，刚刚小有所成，前边还大张旗鼓地要求我们再接再厉、再创佳绩以迎接新的、更高的辉煌，才一转眼的工夫，怎么就要我们偃旗息鼓、解甲收兵，学佛子跳出三界、无欲无求了呢？

没错。我们都没有错。前文的字里行间的确跃动着一股勃勃的欲望，但它是积极的欲望，跃动的是对生命的礼敬，对事业、成功的渴盼。那种欲望是我们必须具备的。有能力的话，我们还要把那欲望燃成熊熊大火，我们就要靠着那大火的温暖和指引，披荆斩棘，前去寻找成功的殿堂。然而，现在这里的欲望则是消极的欲望，如私欲、贪欲及不正常的爱欲等。正是这些欲望盘根错节，纠缠成了通往地狱的阶梯，所以我们必须坚决去除它们。否则，我们可能终有一天要和地狱中的恶鬼结伴为邻。

据说，某纵横官场多年、送礼鲜有失手的行贿者深有感触地说：是人都有爱好。只要他有爱好，咱就有办法。咱投其所好，自然不会失手。可是这个某人也有束手无策的时候。

有一次，他遇到了一个真正的清官，其他官员喜好的他都不喜好，一点儿也没有沾染上坏习惯，而且为人非常正直。某人窥伺多时，无从下手。

正准备认输，忽然传来小道消息，说是该官员喜欢搜集古玩字画。某人顿时哈哈大笑。

数月之后，该清官如某人所愿，被拉下水。这也再次验证了他那句话：只要他有爱好，咱就有办法。

爱好发展到一定程度之后，就会成为贪欲，对所爱好之物产生的必占有之而后快的贪欲。这种占有的贪欲来势凶猛，不可遏制，有类似毒瘾发作时的症状。至此，乖乖地被别人牵着鼻子走也就在情理之中了。

俗话说："人心不足蛇吞象。"

又说："人为财死，鸟为食亡。"

西汉贾谊《服鸟赋》有句曰："贪夫徇财兮，烈士徇名。"

南宋理学家朱熹有句云："世路无如人欲险，几人到此误平生？"

欲望这个恶魔，的确具有超强的破坏力和杀伤力。它能褫下一些惯常满口仁义道德者的华衮，示我等以其本相。但更多时候，它只对一些可怜的意志薄弱者肆虐。

那么，我们究竟该怎么抵御这个恶魔的侵扰呢？

我们给出的答案就是：无欲无求，一等境界。清中叶以主持"虎门销烟"闻名于世的民族英雄林则徐的答案和我们差不多，他说："壁立千仞，无欲则刚。"诚然，有所求者的腰杆想要直起来总是有一定难度的。林则徐还有另外的名句："苟利国家生死以，岂因祸福避趋之。"

无欲者无求。无所求就不会为人所利用，也就不会被人揪住小辫子，再往后的一系列悲惨故事也就更无从发生。

《周易》第四爻中当然也有关于抵制不良欲望的内容。

来看艮卦六四爻：

六四，艮其身，无咎。

象曰：艮其身，止诸躬也。

"艮"，停止。"身"，上身。该爻辞意为，停止住上身的运动，必无灾祸。《象传》中的"躬"也作"身"讲。全句什么意思呢？就是要自我克制，尽量不让潜藏在身体内的各种欲望迸发出来，要安守本分。这样，各种邪欲就不会伤害到自己的身体，就能"无咎"。

> ### 艮卦的启示：艮上艮下，艮为山
>
> 艮卦讲了正反两个方面的内容：一个是要止住邪欲和妄念，另外一个是要守住本分和正道。事实上，一切宗教，一切为人之道，都强调一个"止"字。"止"是一个出发点，一个我们要达到人生最高境界的出发点。艮卦六爻以人体的六个部位为意象，先从脚趾开始，然后到腿肚子，然后到腰胯，然后上升到嘴，目的在于告诉我们：该停止的时候要停止，不该停止的时候要前进，该行动的时候就要行动。六根爻有吉有凶。凶的情况往往是不该行的时候行，不该止的时候止，而吉的情况就是该止的时候止，该行的时候行。所以这里说明了一个"行"和"止"的辩证关系：止的目的实际上是保证正确地行，止"邪"的同时，也是在行"正"，两者相辅相成，并不矛盾。

克制私欲，安守本分，这是艮卦六四爻开出的治"欲"药方，讲究在个人修炼上下功夫，重点在于强力克制。

来看损卦六四爻：

六四，损其疾，使遄有喜，无咎。
象曰：损其疾，亦可喜也。

"损其疾"，要减损自己的疾病。"使遄有喜"，使得自己马上就有喜悦。"无咎"，这就没有灾祸。为什么？看《象传》解释："损其疾，亦可喜也。""疾"原指疾病，在这里可以引申为自己身上的恶习和私欲。把这些东西减损之后，心里当然就会有喜悦。反过来说，如果不减损这些恶习和私欲，你肯定喜悦不起来。不要认为拥有的物质多了，自己就愉悦、幸福了，

这是大错特错的。物质拥有量跟幸福指数不是一个成正比的关系。在特定的情况下，减少了物质的东西和自己的私欲，心中反而感到愉悦、幸福了。

人对于外物的追求是无止境的，拥有的东西多了还想更多，永远不会感到满足。不满足就不幸福。有时不妨换个思路，舍弃一些外物试试。

克制乃至彻底消除自己的不良欲望对于"跃龙"而言至关重要，因为它此时正处在一条全新的起跑线上。它不是"潜龙"时的一无所有，会有各种诱惑找上它；它不是"潜龙"时的一张白纸，应该明白诱惑何以名为"诱惑"，究竟有什么吸引人的地方。

所以，"跃龙"如果能够达到"无欲无求"的"一等境界"当然好，如果无法达到，能够以超乎寻常的定力克制自己也行，这样才能继续勇猛精进，不至于倒在二次竞技的起跑线上。

第五步

飞龙——抓住机遇，马到成功

这一部分讲的是六十四卦的第五爻，也就是《周易》人生六步曲的第五步。第五爻是一卦之中最尊贵的爻，对这一爻的总结是"五多功"。"功"是功劳、功德、成就、成绩的意思。对一个人而言，此时已然功成名就，要雨得雨，要风得风，家庭幸福美满，心智和精力也达到了最成熟、最稳健的时期，正该大展宏图、遨游四海。人生至此，已经没有任何遗憾，当然是能找到"飞龙在天"的感觉的。但我们在春风得意之时也有需要注意的问题，如不可刚愎自用盛气凌人、万事以和为贵等等。须知，成功和失败往往只有一步之遥。第五爻身处高位，更应该戒骄戒躁、谦虚谨慎，这样才能永葆功业之树长青。

五爻多功

第五爻，上卦的中爻，一般而言，它也是一卦之中最尊贵的爻。当然，凡事不可绝对，所以《易传》说"五多功"，而不是"五全功"。"功"是功劳、功德、成就、成绩的意思。反正这里你尽可以放心大胆地堆砌所有美好的字眼，尤其乾卦的九五爻，完全可以坦然受之。在人生的六步曲中，第五爻所处爻位最好。就一个人而言，此时已然功成名就，要雨得雨，要风得风，家庭幸福美满，心智和精力也到达了最成熟、最稳健的时期，正该大展宏图、遨游四海。人生至此，已经没有任何遗憾，当然是能找到"飞龙在天"的感觉的。我们仍以乾卦九五爻为例。九五爻的吉祥、吉利在于它既当中又当位，又中又正，而且还是刚爻处阳位，处处合拍，没有一点犯忌之处。试想，一个刚健正直的人如果执了权柄，他会怎么办？绝对要干出一番大事业。对了，这里提醒大家一句，我们提出的人生六步曲虽然大致与自然年龄同步，但还是有例外。有很多少年才俊，年纪轻轻就做出莫大功业，名满天下；也有不少人少年得志，至老不衰。这时你就不能简单地用年龄来套，就得按时位和功业来套。例如，我们都熟悉的西汉名将霍去病，十七岁仗剑从戎，二十岁以军功封冠军侯，以后勒石燕然，封狼居胥，功绩让朝野上下为之瞩目。汉武帝为奖励他，想要给他造一所大宅院，结果人家还不要，掷地有声地来了句"匈奴未灭，何以家为"。可惜，天不假年，霍去病只活了短短二十四岁。否则，西汉战争史恐怕要为他而改写。

像霍去病这种情况就是典型的例外。他过早地进入了人生的黄金时期，迎来了巅峰状态，然而他英年早逝，像一颗耀眼夺目的流星划过天际。我这里没有任何暗示，功业成就早晚和是否早逝没有任何必然联系。这里也有例子可以说明问题。唐朝大将郭子仪，年轻时即威震边陲，到八十多岁尚能挟余威匹马击退回纥。战国时赵国名将廉颇、三国时蜀汉大将黄忠都属此列。

刘伯温与《烧饼歌》

刘基（1311—1375），字伯温，青田人，明朝杰出的军事家、政治家。民间传说中的刘基是一位神仙般的传奇人物。由于他熟读《周易》，而且善于应用，不论在军事上还是管理上，都能把《周易》发挥得淋漓尽致。甚至传说他还能准确推断500年的历史变化，素有"前代军师诸葛亮，后代军师刘伯温"之说。据说，明太祖一日适食烧饼一口，内侍传报军师刘基见驾。于是，太祖便拿一器皿把吃了一口的烧饼盖住，然后召见刘基。礼毕，太祖问："先生能识过去未来之事，知否器中有何物？"刘基用《周易》掐指一算，对答："半似日兮半如月，定是金龙咬一缺。"太祖见刘基算得很准，于是开始要他演算500年的历史变迁状况，这就是后世流传的《烧饼歌》。

我们先看乾卦九五爻的爻辞：

九五，飞龙在天，利见大人。
象曰：飞龙在天，大人造也。

既然"飞龙在天"，龙已腾空，到了天上，那么"利见大人"就是顺理成章、自然而然的事，所以《象传》才解释说"飞龙在天，大人造也"。

"造"有"达到"之意。巨龙高飞在天，说明大人奋起，大展雄才。

其实，坤卦六五爻的爻辞也相当不错：

六五，黄裳，元吉。

"元吉"，从一开始就吉利。按说坤卦六五爻虽"得中"却不"正"，又是柔爻处刚位，怎么可能如此完美呢？因为坤卦六五爻是乾卦九五爻的配偶，如果将乾卦九五爻比作一国之君，坤卦六五爻就是一国之母。《周易》时代重男轻女思想严重，要求女人安守本分，美德内蕴，尽心尽力辅助丈夫。六五爻的柔顺正好配得上九五爻的刚健中正，所以从一开始就吉利。

《周易》第五诸爻大致告诉我们，春风得意、宏图大展之时该怎么办。当然，此时也有需要注意的问题，如不可刚愎自用盛气凌人、万事以和为贵等等。须知，成功和失败往往只有一步之遥，第五爻身处高位，更应该戒骄戒躁、谦虚谨慎，这样才能永葆功业之树长青。

飞龙在天，利见大人

九五爻千呼万唤始出来。"飞龙在天"这四个字估计不少朋友比我熟悉，因为那是"降龙十八掌"里面最最强悍的一招，可能悟性高的朋友早已忍耐不住，像九四爻那样跃跃欲试着要和我切磋一番了。不好意思，我没有练过，所学都是书本知识，实战经验一点也没有。

下面咱们就开始探讨书本知识。

和"飞龙在天"在"降龙十八掌"中的地位一样，九五爻也是乾卦最好、最尊贵的一爻。判断一个爻的好坏吉凶，先要看它当不当中、当不当位。当中就叫"当中"，当位则叫"当正"。两条全占，又中又正，恭喜你，上上大吉。旧时在庙里求着这种签，不用住持暗示，懂行的香客都会自觉地多交香火钱。中、正二者占一，也还算可以，有的还相当不错。若既不中又不正，那我就实在无话可说了。乾卦九五爻既中又正，而且刚爻居阳位。一个刚健中正的人一朝大权在手，他会怎么做？不用说，一幅宏伟蓝图呼之欲出，咱们老百姓就等着享福吧。所以九五爻可以"飞"龙在天，不是跃，是飞起来了，腾云驾雾，翱翔九霄。"利见大人"，这是自然而然的事。龙已经飞到天上这个位置，可以大展宏图了，当然有利于出现大人。

隋炀帝时，李渊被贬为太原守备，虽然也是封疆大吏，但他和几个野心勃勃的儿子还是敏锐地觉察到了时代的暴风雨就要到来，所以在太原期间，他们始终没有忘记对朝政和天下大势的关注。他们一方面韬光养晦，避免隋炀帝生疑；另一方面厉兵秣马、积蓄力量，准备随时大干一场。隋炀帝的暴政激起民变，天下大乱，一时之间，有头有脸的造反派就出了好几十号。久蓄异志的李渊父子趁势从太原起兵，历经数年，逐一扫荡了各路反对势力，建立了唐朝。李渊的人生终于到达了"飞龙在天"的时刻。

但对于整个唐朝来说，这时还处于"惕龙"阶段，刚刚建国，大局未稳，总结前朝亡国的教训才是这一时期的要务。初唐这段时间的确很乱，原因是李渊的几个儿子个个勇武过人、胸怀韬略，而且在打江山期间都立下了赫赫战功，他们自然都想接老子的班当九五之尊。一场窝里斗下来，李世民胜出，在玄武门之变中干净利落地解决了自己两个同胞兄弟，还把父亲李渊逼得逊位做了有名无实的太上皇，他则成了唐朝第二任皇帝——唐太宗。李世民的争位之举虽不光彩，但不影响他做一个光彩的、勤政爱民的好皇帝。事实证明，他在位期间，开创的贞观之治使大唐成为当时世界上最为强大的帝国之一。李世民时的唐帝国蒸蒸日上，社会安定，经济繁荣，文化发达，四方臣服。大唐终于有了"飞龙在天"之势。

再看《文言传》中有关九五爻的注解：

> 九五曰飞龙在天，利见大人，何谓也？子曰，同声相应，同气相求。水流湿，火就燥。云从龙，风从虎。圣人作而万物睹，本乎天者亲上，本乎地者亲下，则各从其类也。

"同声相应，同气相求"告诉我们一种象思维的方法。九五爻是飞龙，是天，是大人，是吉。为什么？因为它们属于同一类，或者"同声"，或者"同气"，结果自然或者"相应"，或者"相求"，所以"象"从某种意义上讲就是"类"，是取象思维。我们都说"取象比类"，"类"其实就是"象"，只要是一类东西，就可以放在一起。"水流湿，火就燥"，水流到湿的地方汇聚，火靠近干燥的地方燃烧。"云从龙，风从虎"，龙属云，风为虎，这都是同类，这是方法学的解释。

我说过，如果没有孔子的解释，《周易》这本书就不会有质的变化，而只能混迹于一般的算命书之中。所以"圣人作而万物睹。本乎天者亲上，本乎地者亲下，则各从其类也"。"本乎天者"，指安身立命之根本在天上的东西，如飞禽、云雾等，这类东西肯定亲近、接近上面，即天空。"本乎地者"，指植物等，它们则把大地当作衣食父母。这是天性使然，所以飞龙肯定在天，肯定有利，肯定是大人。

九五之尊

《周易·乾卦》有"飞龙在天，利见大人""飞龙在天，乃位乎天德"。于是，人们便以龙附会君德、以天附会君位，从而将"九五之尊"作为帝王之称，九五也就"御用"了。另外，古人认为，九在阳数（奇数）中最大，有最尊贵之意，而五在阳数中处于居中的位置，有调和之意。这两个数字组合在一起，既尊贵又调和，无比吉祥，实在是帝王最恰当的象征。宫廷中常见"九五"的实用例证，最多表现在建筑的开间数上，天安门、午门、太和殿（后世改作十一间）、乾清宫等主要门阙、殿堂都是面阔九开间，进深五开间，以符合卦象。

总结一下"子曰"的内容，也就是"飞龙在天，利见大人"的原因。孔子认为这是比喻同类声音互相感应，同样的气息互相求合；水向湿处流，火向干处烧；景云随着龙吟而出，山风随着老虎的咆哮而生；圣人奋起治世而万物显明可见；依存于天的亲近于上，依存于地的亲近于下，各以类相从而发挥作用。

下面还有类似的内容。

"飞龙在天，上治也"，"治"，平安。从天下大乱到天下大治，说明形成了最好的政治局面，因为九五爻居上卦之中，所以最平安。

"飞龙在天，乃位乎天德"，这个"位"就是"天"。巨龙高飞上天，说明此时阳气旺盛，正当天位，具备天的美德。

关于"天德"，我们在前文已经讲过，简单说，就是刚健强劲，自强不息。只要具备了天德，那就会要雨得雨，要风得风，顺风顺水。算了，词汇贫乏，还是套一句孔子在《文言传》里拍大人马屁的现成话吧，曰："先天而天弗违，后天而奉天时。天且弗违，而况于人乎？况于鬼神乎？"

翻译成现代文就是，只要做到先于天象而及早行动，老天就不会违逆你；后于天象而处事时，也能够遵循天的变化规律（其实就是奉行天道）。天都罩着你，不违逆你，又何况人呢？又何况鬼神呢？

换句话说，你已经完成了在三界之内的大小通吃，谁见到你都得礼敬三分。这就是"飞龙在天"的境界。

美德内蕴，事业有成

我们在前面说过，每卦的第五爻一般都是好爻，坤卦的六五爻当然也不例外。

来看坤卦的六五爻：

六五，黄裳，元吉。
象曰：黄裳元吉，文在中也。

坤卦六五爻的爻辞判语是"元吉"，意思就是，大吉，非常好，从一开始就好。要不唐高祖李渊怎么会给他的第四子取字"元吉"（古人多以字行，李元吉名劼）呢？可惜这个好字并没有给李元吉带来什么好运气，他后来和大哥李建成一起死于"玄武门之变"。

转回头再说"黄裳"。顾名思义、望文生义均可，"黄裳"指黄色的衣服。古代衣制是上衣下裳，细究起来，这里也可以说是黄色的裙裳。"黄裳，元吉"，字面意思就是，穿着黄色的衣服，所以大吉大利。为什么呢？因为"天玄地黄"，黄色是大地的颜色，六五爻居上卦中位，"中"又代表大地，而且整个坤卦也代表大地，处处契合。六五爻还是整个坤卦的卦眼，在六爻中最为重要。"裳"是下衣，六五爻又是阴爻居阳位，阳刚之气不足，所以应该主动居下，它的配爻是乾卦的九五爻，它要居于九五爻之下。之所

第五步 飞龙——抓住机遇，马到成功

以"黄裳元吉"，是因为"文在中也"。"文"指才华，也可以指大地的本质。大地之心就在六五爻，所以居在中位。

这里需要澄清一点，坤卦六五爻的配爻是乾卦的九五爻，一般人的印象中，黄色是皇家的专利，这不假，但和六五爻中的"黄裳"扯不上任何关系。这里的黄，单纯就指大地之色。《周易》成书之际，黄色还不是皇家专用的，例如汉代皇室就着黑色。唐高祖李渊想拥有皇家独有的服色，下令士庶不许着"赤黄"，但令行禁不止。直至960年，赵匡胤"黄袍加身"一事后，先是黄袍，后是黄色服饰，才被厉禁，黄也自此"侯门一入深似海"，被锁在深宫内院了。

后来，泰国因佛子着黄袈裟而被称"黄袍佛国"。《西游记》中独有黄袍怪而无其他色袍怪，就是因为中土以黄为禁色，大家少见多怪的缘故。

闲话扯远了，拉回正题。看看孔子《文言传》对坤卦六五爻的发挥：

君子黄中通理，正位居体，美在其中，而畅于四支，发于事业，美之至也。

"黄中通理"一句对道教产生了重要的影响，后来道教取名都要用"黄"字，如《黄庭经》。"黄"指"中"，所以在人体上，"黄中"指体位居中，当然也指中丹田。中丹田究竟在哪里，说法不一，但都特别强调一点，就是：只有守住"黄中"，才能"通理"。"美在其中，而畅于四支"，内丹学按照这句话来建构体系，当然它原来的意思是说居中位，正是抓住了这一点才能"正位居体"。"正位"之说考究起来并不准确，严格按《周易》来说，它不正，而是刚好居于中位，不是"中正"而是"正中"，正好在中间，居于卦爻的六五之位，所以"美在其中"。因为阴性事物是美好的，所以"畅于四支，发于事业，美之至也"。全句贯串起来，意思是：君子内在的美好品质好比黄色中和、通达文理，他身居正确的位置，才能、美德蕴藏于内心，顺畅地流布在四肢，并在事业上能有所发挥，总之，这才是最美的品质。

统观六五爻种种，不难看出，这应该是为身居高位者提出的一个问题：

"美德内蕴"和"事业有成"两者究竟何种关系？诚然，这两样都是我辈俗人望穿秋水、求之若渴的，但若非得出二择一的单选题：先要"美德内蕴"，还是先要"事业有成"？我想十之八九的朋友会把选择键毫不犹豫地按在"事业有成"上。没错，我也是这么想的。

> **周武王卜凶伐商**
>
> 周武王起兵讨伐商纣王之前遵照旧例，也让神巫给卜了一卦，结果居然是"大凶"。众人面面相觑，不敢定夺。这时三军统帅姜尚越众而出，走上前去，踩碎龟甲，扔掉蓍草，大声说："朽骨枯草，焉知吉凶？"军心大定，武王遂下令进军，于牧野一战大败商军，"流血漂杵"，商纣王自焚，周朝建立。这说明占卜结果未必那么灵验，迷信占卜只是自欺欺人，人心向背才是战场上克敌制胜的关键。

财富的吉凶辩证法

屯卦主要教导我们怎样化解险境、在险中求胜、做一个成功的领导者，九五爻却旁及了财富的吉凶辩证法问题，虽然这也是成功领导者必备的基本素质，但我们有必要把它单独择出，玩味一番。

屯卦九五爻：

> 九五，屯其膏，小贞吉，大贞凶。
> 象曰：屯其膏，施未光也。

爻辞看似简单，也比较直白，理解起来却有些费劲。"屯"在这里作"囤积、积蓄"讲。"膏"原意为油脂，此处引申为财富。全句指积蓄财富的时候，在小事上、小的方面是吉利的，在大事上、大的方面则很凶险。或者也可以这样理解："小"指阴爻，即和九五爻相呼应的下卦中爻六二爻；"大"指阳爻，即九五爻。这么讲，小大和吉凶之辨依然不那么分明。怎么就吉、怎么就凶呢？究竟为什么呢？我们再试着结合《象传》"屯其膏，施未光也"来理解。"光"通"广"。这就是说，把财富积累起来，因为没有广泛施舍，所以就有了小大和吉凶之间的变化。到这时，"小吉"和"大凶"之间的辩证关系才算基本明朗，大致是：在小范围内积聚财富，同时财富积累比较少的话，就像六二爻，刚刚起步，还不具备施舍的能力，也就没有人眼红你、嫉妒你，进而对你产生不利的想法。等到你的财富积累多了，有能力广泛施舍了，如果你仍然吝啬抠门、一毛不拔，那后果就堪忧了，十分凶险。我们看这个九五爻，至尊之位，如日中天，"五多功"，结果应该都是好的，却因为有能力施舍而没有施舍，落了个"凶"的判词。由此可见，为富不仁的后果多么可怕！

很多人都读过《左传·庄公十年》的一则故事，叫"曹刿论战"，讲的是鲁庄公十年发生的事。齐国派兵攻打鲁国，一群脑满肠肥的朝廷官吏束手无策，曹刿于是入见庄公，劈头就问庄公关于战争做了哪些准备工作。庄公也算是个明君，并不糊涂，第一件答的就是："衣食所安，弗敢专也，必以分人。"意即：衣食这类用以养生的东西，寡人从来不敢单独享用，一定会拿出来分给身边的人。按说庄公已经做得很不错了，不吃独食，心里惦记着别人，还付诸行动了。可是曹刿却不满意，不客气地说："小惠未遍，民弗从也。"意思是，你那点小恩小惠根本没有普施大众，老百姓没有得到实际利益，肯定不会跟着你去卖命。想想看，鲁庄公贵为一国之君，真正的九五之尊，无数人仰慕攀附的对象，因为没有在国内普施恩惠，在国家有难之际，就没有老百姓站出来替他分忧解难。我们这些积聚了些财富的普通人，怎么能不引以为戒，广泛施舍、帮助穷苦人渡过难关呢？

如果不想听反面的意见，正面的也有，就在我们的《周易》里面。

来看第九卦小畜卦的九五爻：

九五，有孚，挛如，富以其邻。
象曰：有孚，挛如，不独富也。

爻辞简单译为：坚持诚信并持之以恒，终于有了小小的积蓄，这时定要和邻居们共同分享。《象传》进一步解释："有孚，挛如，不独富也。""不独富也"，即不能只自己富有而不顾穷邻居、穷朋友。小畜卦的境界似乎比屯卦高了一层，说得也比屯卦直白。积攒了差不多一辈子，总算有了一点小小的积蓄，不过因为坚持诚信的缘故，还是要尽己所能地分给邻居们一些，这样做的结果是不言自明的，绝对"凶"不了。

第五步　飞龙——抓住机遇，马到成功

小畜卦九五爻的爻辞和象辞都很直截了当，就是要和周围的邻居一起富有，不能自己赚大钱，眼睁睁看着朋友打饥荒。因为在九五爻时，已是人生最成熟的阶段，若人生六十岁一甲子，每十岁为一爻，到这时至少已经有了小小的积蓄，这时就要让你的邻居共享你的富有。

助人最好发乎内心，像小畜卦九五爻一样。屯卦九五爻就显得有些勉强，需要对比吉凶后果。不过，相信屯卦九五爻不是吝啬鬼，肯定能做出正确的选择，慷慨解囊，施舍给最需要帮助的人。其实，推而广之，在助人方面，非只财富，德行亦然。一个人如果有很高的德行、修养，又有可以助人、教化人的机会，却无视民生疾苦，跑到山里做了"两耳不闻窗外事"的隐士，那他的一肚子修养管什么用呢？对社会、对苍生黎民又能做出什么贡献呢？这一点，儒家做得最好，讲究"穷则独善其身，达则兼济天下"。穷困的时候至少保证自己管住自己，"独善其身"，不做坏事。一旦发达起来，就不遗余力地向着"兼济天下"的目标努力。孔子曾经放过狂言，如果崇奉的大道实在行不通的话，就要"乘桴浮于海"，跟大伙说"拜拜"了，要漂洋过海。可他只是说说而已，周游列国屡屡碰壁之后，他的选择依然是"兼济天下"的教书育人和潜心著述。我们今天学习的《周易》便是他的手泽之一。

西方谚语"予人玫瑰，手留余香"，说的是普通人在助人之后自己获得的愉悦感。对于一个完全有能力去帮助别人而自己又毫发无损的人来说，也许再没有比主动帮助别人更让他满足的事情了。我们这里不去深究助人后获得愉悦的心理因素，尝试着去做一下，你自然就会知道。而且，也许过一段时间以后，你还会有意想不到的惊喜和收获。因为接受你恩惠的人，不会永远居于人下，一旦他们发迹了，就会对你有所报答，这世上恩将仇报的中山狼毕竟不多。和屯卦九五爻命意相近的还有涣卦的九五爻，它是从领导的角度介入的。

来看涣卦九五爻：

九五，涣汗其大号，涣王居，无咎。

象曰：王居无咎，正位也。

爻辞意即领导如果能像发散身上的汗水一样来发布号令，又能够涣散掉自己居住的房子，当然也包括拥有的那些财物，就能够聚合人心，免除灾祸。有一句话"财聚则人散"，反之自然是"财散则人聚"，说的就是涣卦九五爻的这种情形。这一点对成功人士来说尤其重要。你想会聚人心，就得仗义疏财，就得把财物散掉，所以《象传》才说："王居无咎，正位也。"就因为它处在九五爻这个最尊贵的位置上，所以就应该疏散自己的财物以聚拢人。

最后，我们再强调一点。助人之后，你送出去的不仅仅是一笔物质财富，更重要的是一笔丰厚的精神财富，许多美德将在你助人的过程中传播开来并代代传承下去。社会也正因这种薪火相传的美德而获得净化和发展。套一句流行歌曲的歌词：只要人人都献出一点爱，世界将变成美好的人间。

小畜卦的启示：巽上乾下，风天小畜

小畜卦告诉我们：第一，要想成功，就一定要走正道（"复自道"）。如果别人没有走正道，就要帮助他走正道。第二，要想取得成功，就要根据自己的才能，选择处在适当的位置上。第三，如果获得成功，那么不要独富，要共富，好东西一定要大家分享。

刚愎自用要不得

说到刚愎自用，我最先想到的是两个人，几乎没有先后之分，都是中国冷兵器时代战神级别的人物——项羽和关羽。很奇怪，这两位名字中都有一个"羽"字，而且驰骋沙场时的杀伤力都超级惊人，共同的性格缺陷都是刚愎自用、不听人言，最终结果都是以性命为性格买单。

我们这里先说项羽。

项羽最早粉墨登上历史舞台始于秦始皇的一次出游。他和叔父项梁夹在人堆里"观礼"，兴头上口无遮拦地嚷了句"彼可取而代也"。当时，人堆里还有另外一位爷，见始皇帝车仗如此威仪，在心里默念了句"大丈夫当如是"。这个人是刘邦，后来成了项羽的掘墓人。

不可否认，项羽的个人武力至少在当时无人能敌。千军万马之中纵横捭阖，犹如闲庭信步，取上将首级估计真像探囊取物。正是因为有了如此勇力，在灭秦和楚汉战争的前半段，战场上的主动权一直牢牢被项羽把握着。也正是因为有了如此勇力，项羽把"刚愎自用"一词的含义诠释得淋漓尽致，战略决策的制定成了他的"拍脑袋工程"。

范增是项梁留给侄儿项羽的一个智囊，项羽尊称他为"亚父"。范增的谋略水平的确高，如果才尽其用的话，他绝对可以抗衡刘邦手下整个智囊团而毫不逊色。很可惜，"亚父"到底比不过亲爹，项羽跟范增客气了之后，慢慢就不怎么待见这个处处喜欢指手画脚的老头儿了。

范增的结局是汉三年辞官归里，途中病死。此时，四年的楚汉战争已经只剩个尾巴，宁斗智不斗力的刘邦和他的手下群策群力，终于扭转了战争局势，并在汉四年用大队人马前呼后拥着项羽来到了他生命的最后一站——乌江渡口。

项羽自刎而死。也许他认为其他人根本不配取他性命，所以他选择了自己动手。

在生命的最后一段时间里，项羽一直在争分夺秒地秀他的必杀技。他知道自己的生命已经进入了读秒阶段，他要抓紧时间进行最后一次表演。他肯定不服，可是至死，他都不知道自己为什么会败给刘邦！

司马迁对项羽的评价，除"放逐义帝而自立"失天下之望外，接着便是："自矜功伐，奋其私智而不师古。谓霸王之业，欲以力征经营天下。""私智""力征"无疑是引导项羽一步步走向鬼门关的黑白无常。

刚愎自用的第二号代表人物是武圣人关羽。

关羽的事迹，大家都知道，此处不再多说，只说他和项羽的不同之处。比之项羽的匹夫之勇，关羽就发展得比较全面：兵书战策能看，还能活学活用；当时的演义小说《春秋》亦恒置枕边、座右，闲时常信手翻上两页。这样一个多面手、全才，当然更有资格刚愎自用。他不刚愎自用也没办法呀，论文演武，别人统统不是他的对手。就这样，关羽一步步变成了众所拥戴的神。他的神气在水淹曹操七军、差点迫魏迁都之时最盛。关羽的最后一部重头戏是"走麦城"。在这部戏中，他出演的其实只是个配角，真正的主角是让鲁肃刮目相看的原"肌肉男"吕蒙。然后，关羽就成了真神。

归纳这两个"羽"，最大的共同点就是他们都无愧于真正的"九五之尊"，至少在某些方面如此。换句话说，他们都拥有足够的值得他们去刚愎自用的资本。这恐怕也是处第五爻爻位者的通病。他们差不多都有足以骄人的本领或成绩，有自信。可是这种自信如果过分膨胀起来，就极容易转变为自大。自大离刚愎自用就一步之遥。这是九五爻应该引以为戒的。

第五步　飞龙——抓住机遇，马到成功

下面我们来看看《周易》中的刚愎自用者怎么个表现。
来看履卦九五爻：

> 九五，夬履，贞厉。
> 象曰：夬履贞厉，位正当也。

"夬"通"决"，意为决断，主观武断，非常刚强。勇敢的老虎，如果过分主观武断、刚愎自用，就有危险了，就"贞厉"。因为九五爻刚爻居刚位。《象传》补充："夬履贞厉，位正当也。"意思是，占卜的结果之所以是"厉"而非更坏，是因为九五爻爻位好，又正又中。事实上，第五爻的爻位和它的刚愎自用是皮与毛的关系："皮之不存，毛将焉附？"没有九五爻的爻位，自然也就无所谓刚愎自用，没那能耐！不过，即便有了能耐，也还是谦虚低调一些好，要像坎卦九五爻那样。

来看坎卦九五爻：

> 九五，坎不盈，祇既平，无咎。
> 象曰：坎不盈，中未大也。

"坎不盈"指江水不满。"祇"通"坻"，指小山丘。"祇既平"，山丘逐渐平了。江水不满，山丘平了，这表明已逐渐脱离了危险，所以"无咎"。九五爻又中又正，没有灾祸。《象传》解释"坎不盈"的原因："中未大也。""中"指九五爻居中。"未大"指坎卦九五爻不愿意去做大，如九二爻，就是"求小得"。这就告诉我们，无论在什么时候，都要从小事做起，不要贪大。要像大海里的水一样，永远不满。正因为永远不满，所以什么东西都可以往里面灌注。这也正是林则徐名句的意蕴："海纳百川，有容乃大。壁立千仞，无欲则刚。"

坎卦展示给我们一个"有容乃大"、做事低调的九五爻，这也应该是所有处第五爻爻位者效仿的榜样。

强盛不可久，九五爻往上，很快就会到达上爻，到那时，刚愎自用者的苦日子就要来了。

坎卦的启示：坎上坎下，坎为水

坎卦给我们的启示就是：在凶险的环境中，要保持住水之德、中正之德，要反复地去求福、演习，这样才能脱离险境。另外，做人还要低姿态，这样才能高境界。坎卦的卦象是水，水给人以很多意象。第一，水是险的。这就告诉我们，要去摆脱这种险。第二，水是积细流成大川的。这就告诉我们，要有包容之心。第三，水的威力是巨大的，因为它是居下的、柔弱的。这就告诉我们，做人要低姿态。第四，坎卦的中间是阳爻，代表一颗诚心。这就告诉我们，做人要有诚心，这样，再艰难，也能脱险。第五，水的流动是经久不息的。这就告诉我们，要永恒、反复不断地去做事情。

万事以和为贵

王昭君是我国古代四大美人之一,以"落雁"著称。据说,她前赴匈奴途中,行至塞外,想到此去一别,再无回转故乡之日,悲从中来,于是奏起了离别之曲。王昭君身边的随行人员怎么样,史籍没有明表,反正天上飞过的大雁不但听出了曲中的门道,而且看到了马上骑乘的美女,这么一来就出了神,忘了拍打翅膀,所以"吧唧吧唧",全撂地上了。这就是"落雁"的来历。

"出塞和亲"是王昭君一生中最大的亮点,也是世人发现她绝世容貌的开始,更是她个人命运的最大转折点。下面我就简单复述一下昭君出塞的故事。

王昭君名嫱,昭君是她的字。她还有曾用名,"明君"和"明妃",西晋时因避晋太祖司马昭之讳而改。昭君老家在今湖北秭归,"天生丽质难自弃",东汉元帝时应选入宫,因自恃貌美而不肯贿赂宫廷画师毛延寿而被黑,从此沉沦后宫。

在此之前,汉朝的北邻居匈奴一直不团结,闹内讧,一度出现过多达五个单于。这五个单于像春秋战国时的诸侯一样打来打去。打到一定份儿上,其中最不能打的呼韩邪单于就想到了汉朝这条粗腿,决定抱抱试试。他在元帝的爸爸宣帝时就已经开始款塞入朝,态度极其诚挚。元帝即位后,看他实在实诚，就决定送给他五个中原媳妇。这就是天朝上国的派头，出手阔绰，不送则罢，一送惊人，而且送出去的这些姑娘打的还都是宗室之女中的佼佼者的名号。

元帝计议已定，下诏让宫女们报名应征。王昭君主动报名。纵然北地苦寒，倘若有情有爱，也胜过在牢笼中被囚禁一生。

据说元帝乍一见昭君的美貌，当时就后悔了。可没办法，话放出去了，只好让呼韩邪捡个大便宜。

昭君出塞后五十年内，汉匈边境再无烽火狼烟。这是王昭君的历史功绩，也是和亲政策的历史功绩。

无独有偶。汉以后，同为当时世界超级大国的唐也采取过和亲政策，不是被迫，而是主动，把宗室之女送到周边的少数民族地区。其中最有名的是文成公主。其他还有金城公主等，碍于篇幅，不再细说。

这是汉以后的和亲。汉以前当然也有。从某种意义上说，四大美女头一位，西施，其入吴之行也算和亲。不过，这和亲对越国而言，屈辱意味太浓，而且西施入吴的主要目的也不是发展双边睦邻友好关系，而是搞破坏，这就使她的和亲变了味道。

再往前追溯，就到《周易》中记载的事了。这才是咱们这一节的主题，千呼万唤始出来。

好了，我们来看泰卦六五爻：

六五，帝乙归妹，以祉元吉。
象曰：以祉元吉，中以行愿也。

帝乙是商纣王的父亲。当时周部落已经很强盛，部落首领就是西伯姬昌，也就是后来被追封的周文王。"归"，出嫁。"妹"，指女儿，跟我们今天的理解有出入。帝乙把他的女儿嫁给了西伯以求和、求好。帝乙为天子，西伯为侯，帝乙为了稳定天下、巩固统治而采用联姻的方式与西伯结盟。《象传》解释："以祉元吉，中以行愿也。""祉"，福气。"元吉"，大吉。既获得了福气，又大吉大利。采用"和"的方法、沟通交流的方法，就会

"和合"。"天地氤氲，万物化醇，男女媾精，万物化生""一阴一阳是为道"，就是这个意思。"中"，内心。"中以行愿也"，内心愿意按照这种愿望去做。意思是，联姻这件事情，帝乙是心甘情愿去做的，没有人强迫他，所以才获得福佑，且大吉大利。

> **泰卦的启示：坤上乾下，地天泰**
>
> 泰卦告诉我们：最关键的在于要沟通、交流。初九爻告诉我们，要用内推的方法来预知、推理、推论；九二爻告诉我们，要有包容之心，要用安泰合泰的精神包容无能之辈和边远地方的人；六四爻告诉我们，不要强调富有，要"翩翩不富"，要虚心；六五爻告诉我们，只有用联姻、交好的方法，才能取得大吉；九三爻则告诉我们，万事万物的大规律是"无平不陂，无往不复"。

六五爻为泰卦最关键的一爻，正因为六五爻的做法，才带来了泰卦的大吉大利。这也正是"和为贵"策略能被沿用下去的根本原因。

帝乙归妹，以和为贵，与后世的和亲一样，基本都是为了保持稳定，求得大家共同发展。

我们今天做企业，稳定无疑也是求发展的最重要基础。就是说，我们也需要"和"。那么，就想办法求"和"吧，这就看你自己怎么运筹了。

忧患和危机意识永不忘

"居安思危"是我们都很熟悉的一个成语，它反映了一种深切的忧患意识，也表达了对长治久安的一种高度企盼。古往今来，不少名人名言都对之进行过精到的评述和深刻的阐发。

古语"思所以危则安矣，思所以乱则治矣，思所以亡则存矣"解释了居安思危的三种情形及其具体作用。

孟子的名句"生于忧患，死于安乐"则揭示了忧患和安乐之间的辩证法，也道出了忧患意识对于长保安乐的重要性。

北宋大政治家司马光在《资治通鉴》中借千古诤臣魏徵之口直接向唐太宗点出了为政的真谛"居安思危，戒奢以俭"，并且明确提出了"十戒"的建议让太宗采纳。魏徵的疏文就是让后世历代昏君为之汗颜不已的《谏太宗十思疏》。

以上种种，都是关于居安思危的话题。我们讲的是《周易》，重点当然还得落到《周易》上。

《周易》作为中华文明和智慧之源，涉及"居安思危"这个重大研究课题的论述俯拾皆是，而且几乎是一个贯穿全书始终的重要思想，因为《周易》的主旨就在于一个"变"字，变的目的就在于适应不断变化的形势和外部环境，而"居安思危"则是促进变化的最重要因素之一。

第五步　飞龙——抓住机遇，马到成功

下面我们以离卦六五爻为例简单说一下。

来看离卦六五爻：

> 六五，出涕沱若，戚嗟若，吉。
> 象曰：六五之吉，离王公也。

离卦六五爻呈现的是一幅悲痛伤感图。

"涕"指的不是鼻涕，而是眼泪。"出涕沱若"，眼泪像滂沱的大雨一样流下来。"戚"指悲伤。"戚嗟若"，悲伤叹息的样子。为什么流眼泪、感到悲伤呢？因为六五爻是阴爻居阳位，居于最尊位，自己力量不够，所以感到悲伤。这是吉的。为什么？《象传》解释："六五之吉，离王公也。"因为自觉力量不足，能依附六五爻这个王公之位，能奋进，就像乾卦的九三爻那样，能"终日乾乾，夕惕若"，这样虽"厉"，但"无咎"。

《论语》里说："曾子曰：吾日三省吾身，为人谋而不忠乎？与人交而不信乎？传不习乎？"这样反复地反省自己，就能大吉。

老子说过："夫惟病病，是以不病。"其句式如同"其亡其亡，系于苞桑"。因为"病病"，所以"不病"。意思是，正因为把病当作病，时时刻刻小心提防、预防，一天到晚惦记着，对它极其重视，反而就没有病了。同样，正因为"其亡其亡"，一天到晚想着将要灭亡，才会时刻小心提防，积极、及时采取措施补救，才永远不会灭亡。

据此，难道只有处于王公之位的人才需要居安思危，我们升斗小民就不需要了吗？绝对不是。有一句俗话"人无远虑，必有近忧"，说的就是普通老百姓的居安思危之重要。其实，只要生存在世上，任何人都逃避不了自然和社会法则的约束。

社会法则不说了，总有那么多烦心事等着我们去处理、去解决。我这里只说一下自然法则对不居安思危者的报复。汶川大地震时，八万同胞罹难，草木含泪，山河同悲。可是在悲伤之余，我们有没有想到别的一些什么？据说有一位普普通通的中学校长，由于平时带领学生们进行过紧急逃生训练，该学校的学生在地震中无一伤亡。这说明了什么？

253

我们不能确保居安思危就能完完全全免除灾难，但至少可以帮助我们最大限度地减轻受到的伤害。

世界上每天都有各种各样的意外发生，如果我们不想得过且过、听天由命，那我们就牢记下面这句话吧！

——居安还要时刻思危。

> **离卦的启示：离上离下，离为火**
>
> 离卦和坎卦相比，坎卦是行险而刚中，离卦是附着而柔中。坎卦代表月，离卦代表日；坎卦代表水，离卦代表火；坎卦代表艰险，离卦代表光明。这两个卦是相辅相成的，有着密切的关系。体现在人身上，坎卦代表肾，离卦代表心；坎卦代表元精，离卦代表元神。这些都是人身上最重要的东西。乾、坤主要讲天道，坎、离主要讲人道。坎、离之间要经常交换。所谓"抽坎填离，以复乾坤"，就是变后天为先天，这就比喻人能像天地一样长生。

刚柔相济，感化为主

三国时候，诸葛亮感念刘备三顾之恩和临终托孤之义，殚精竭虑要北伐中原的曹魏政权。这时，偏偏后方蜀地的南蛮又闹了起来，为首的就是酋长孟获。说到这里，大家应该都明白了，我讲的是"七擒孟获"的故事。那好，既然大家明白，故事我就不讲了，再给大家说一副长对联，是清代的赵藩题在成都武侯祠的。联曰："能攻心则反侧自消，自古知兵非好战。不审势则宽严皆误，后来治蜀要深思。"

这是一副大大有名的对联，讲诸葛亮的治蜀政策以及后世应该对之进行的思考。其大意是说，两国交兵，攻心为上。能做到这点，敌方自然心服口服，打消不愿臣服的三心二意。看看历史上那些善于用兵的名将，没有一个是好战和嗜血的。要审时度势并对症下药，采取适当的策略。不然，过宽或者过严都有可能造成失误。这一点是后来治理蜀地的人需要仔细考虑的。一言以蔽之，这副对联的中心意思就是要求治理者刚柔相济，而且以感化为主。

据说，诸葛亮临去孟获占据的南中，和马谡进行过竟夕长谈。马谡其人虽然缺乏实战经验又常好为大言，但做个参谋人员还是很有一套的。他认为孟获自恃勇猛，冥顽不灵；蛮人反复无常，极难调教。但是要想求得南中的长治久安，就必须对孟获实施攻心战，要打得他心服口服，然后再予以招抚。诸葛亮深以为然。

到南中以后，诸葛亮先抡起手中的大棒，揍得孟获屁滚尿流，对之七擒七纵。直到孟获一点脾气都没有了，诸葛亮才收起棒子，递给孟获一根胡萝卜——仍让他负责管理地方，中央不再派员干预，一切规制都照南中原先的样子。就这样，恩威并重、软硬兼施，孟获这个肌肉男终于乖乖地当起了蜀国的守土官。此后，终诸葛亮一生，南中再没闹出什么大乱子。

诸葛亮的策略也简单，先以实力上的绝对优势揍得孟获满地找牙，让他知道仅凭着一把子力气蛮干是行不通的，然后再把孟获拉到谈判桌边坐下来，好言好语地和他商量下一步怎么办。这会儿还能怎么办。孟获就算再脑残，也不会不知道诸葛亮藏在桌子下面的那只手握着棒子呢，稍有不慎，自己就得赔上满头包。这也是刚柔相济策略得以实施的最重要硬件之一——你得有足够的实力，保证一旦翻脸能打得对方毫无还手之力。否则，单纯的绥靖政策只能养虎遗患，像第二次世界大战初期的法国一样，绥靖来绥靖去，最后差点把国家主权都给绥靖没了。一味地刚也不合适，不但损耗自己的实力，还有可能使原本已经十分尖锐的矛盾进一步激化。那样一来，后果肯定不堪设想。

《周易》第五爻中也有不少关于刚柔相济策略的应用。因为对于处在人生黄金期的第五爻而言，这无疑是一门很高明的领导和管理艺术。刚柔并济可以让员工对你的人格魅力和强大能力达到更深层次的认识，进而紧紧地团结在你的周围。下面我们就来具体看一下。

来看噬嗑卦六五爻：

六五，噬干肉，得黄金，贞厉，无咎。

象曰：贞厉无咎，得当也。

噬嗑卦主要讲刑罚措施，其六五爻绝对是蕴涵了大智慧的一爻。前面四根爻都具体讲刑罚，讲使用刑罚应该因人而异，而六五爻却道出了治狱之道的关键。

"干肉"指风干的肉,比"干胏"还要坚硬。"得黄金"指心中要像黄金一样守中道且刚强,因为黄是土的颜色,故为"中"。这一爻告诉我们,在遇到受刑之人愈来愈刚硬的时候,我们要坚持走中道,虽然艰难,却不会有灾祸,因为六五爻"得当也"。刑罚本来就是很刚硬的,若行刑之人也是阳性、刚性的,就不免会有点过头。而六五爻是阴爻,以柔顺中和刚硬的刑罚,就能达到柔中带刚、刚柔相济的效果。

> **噬嗑卦的启示:离上震下,火雷噬嗑**
>
> 噬嗑卦的上九、初九两根阳爻,初九爻讲的是小惩大戒,上九爻讲的是刑犯积恶不改或用刑太过。对上九爻的刑犯积恶不改,《系辞传》说:"善不积不足以成名,恶不积不足以灭身。小人以小善为无益而弗为也,以小恶为无伤而弗去也。"三国时,蜀汉昭烈帝刘备临终前以"勿以善小而不为,勿以恶小而为之"教导过后主刘禅,可惜刘禅一句没听进去。善恶都是由一点点的小善小恶日积月累而成的。对用刑者来说,也不可太过,太过会招来灾祸。这一卦给我们最大的启示就是要刚柔相济,要柔中守正道。

老子《道德经》中说:"民不畏死,奈何以死惧之。"等到老百姓连死都不怕的时候,你还一味地刚猛,以死相威胁,显然是没有任何用处的。这个时候就得换个路子,尽可能利用感化的手段来教导他们。当铁的手腕收不到预期效果的时候,我们不妨换个思路,采用刚柔相济、感化为主的手段,说不定百炼钢就会变成绕指柔。

来看蛊卦六五爻:

六五,干父之蛊,用誉。

象曰:干父之蛊,承以德也。

"干父之蛊",纠正父亲的过错。"用誉",就会有美誉。蛊卦主要讲如何纠正错误,尤其长辈或领导的错误。其中,有四根爻都提到了"干父(母)之蛊"。初六爻的"干父之蛊"、九二爻的"干母之蛊"、九三爻的"干父之蛊"、六五爻的"干父之蛊",都是对父母而言的,它们有什么不同呢?

初六爻的"干父之蛊"是一开始就要纠正父亲的过错,但不可太过,因为初六爻是阴爻,所以纠正的时候要柔顺一些。九二爻的"干母之蛊"是你有能力去纠正了,但纠正时不要太固执,居阴位时也要柔顺一些。九三爻是居于下卦的最上一爻,又是刚爻居于阳位,所以纠正太过了,会有小小的后悔,但不会有大的灾祸。六五爻的"干父之蛊"则是柔中带刚的,阴爻居于阳位,所以需要柔中带刚。

要纠正长辈或者领导的过错,肯定要讲究一定的策略,这个策略就是刚柔相济。因为领导和长辈毕竟不同于晚辈和下属,肯定会顾及自己的颜面。这时我们就应该尽量保存他们的颜面,不让他们产生抵触心理。这对他们改正错误作用很大。另外,原则问题上一定要"刚",必须针锋相对,不让他们产生逃避心理,这样他们才会及时、完全地改正错误。

来看咸卦九五爻:

> 九五,咸其脢,无悔。
> 象曰:咸其脢,志末也。

咸卦为感应之卦。"咸",通"感"。"脢",指后背。"无悔",没有悔悟。"咸其脢",感应到后背。"背"即"反"的意思。也就是说,人心相反,背道而驰。能把人的背都感应了,绝对可以无悔,结果是吉祥的。九五爻又中又正,没有失位,所以"无悔"。也可指当时和你意见不合的人你都能去感应他,那才是"无悔",所以"志末也"。最细微之处都能去感应,那是很伟大的,符合九五爻的中正感应之道。

用真心感化那些曾经和你意见相左的人,你就会交到很多和你相知相依的朋友。以真心换真心,这个道理绝对不会错。

咸卦的启示：兑上艮下，泽山咸

通观咸卦六根爻可以看出，下三爻主静，上三爻主悦。所以要真心地感应，不能花言巧语。《礼记》中说"人生而静，天之性也；感于物而动，性之欲也"。人生要安静，这种安静是人的一种天性；感应于万物才有所行动，也是天性的一种。这个卦讲的就是人与人之间的一种关系，以及怎么处理人际关系。一个社会、一个企业的不稳定，一个组织的不安定，最核心的问题就是人与人之间的关系出了问题，人与人不和谐，心与心不和谐，心与心不感应，心心不相印，口是心非。有心以后的无心，才是感应之道。它可以使天下和平、和谐。什么样的感应、什么时候采取什么样的方式来感应，都是值得深思的。

来看解卦六五爻：

六五，君子维有解，吉。有孚于小人。
象曰：君子有解，小人退也。

解卦讲如何解决困难。"维"可以理解为"维系"。虽然有那些艰难的束缚，但是还能够找到解决的办法，这就是吉祥的。"孚"，诚信。要用诚信来感化小人，这样解决矛盾、走出困境之后，小人自己就会意识到自己的错误，自然而然也会放弃邪恶，转恶为善，自觉后退。六五爻为什么能做到这些呢？因为六五爻为柔爻居中，不是用强硬的方法来限制小人，而是采用柔顺的策略，以居中道、不偏执的方法去排除隐患、感化小人。

对于小人的无理纠缠，最重要的是有一颗宽容之心，施行仁政，以规劝、感化他积极向上为主，让他自觉地改过从善。但是，一旦小人居于高位而且非常决绝地与自己彻底背离，你也不能一味迁就、心慈手软，要准确、干脆、彻底地对之进行打击。

多个朋友多条路，多个敌人多堵墙。要尽量化敌为友、转恶为善。要以诚信为根本、感化为手段，使小人自己认识错误，自觉地加入到我们的队伍中来。

刚柔相济、感化为主，针对的主要是我们曾经的对立面。只要策略运用得当，再辅以一颗真心去感召，相信结果绝对不会让你失望。曾经的敌人也可以相逢一笑泯恩仇、化干戈为玉帛，最终成为与你肝胆相照、并肩作战的亲密战友。

防微才能杜渐

"防微杜渐"是个成语,出自南朝宋范晔的《后汉书·丁鸿传》。

东汉和帝即位后,窦太后临朝,其兄窦宪因击破北匈奴有功,官居大将军,权倾朝野,窦氏一门因此鸡犬升天。很多忠心于刘氏的朝臣都暗暗担心,但慑于窦氏权势,都在隐忍,大臣丁鸿也是其中的一个。但丁鸿和其他人不同:他的隐忍不是因为害怕,而是在等待最佳出手时机。皇天不负有心人,几年以后,机会终于被丁鸿等来了。

那年发生了日食。在谶纬之说和灾异说盛行的东汉后期,这被认为是社稷将有大难的前兆,一时朝野上下人心惶惶,众说纷纭。丁鸿熟读经书,于是引经据典、有理有据地给和帝上了一封奏疏,痛陈国家大权旁落的巨大危害,建议迅速改变这种局面。和帝原本对窦宪等人的所作所为已有觉察,丁鸿的上书刚好触中他的痛处,当即下诏解除了窦宪的兵权。

丁鸿给和帝的上书中有这么几句:"若敕政责躬,杜渐防萌,则凶妖销灭,害除福凑矣。"意即:如果皇上亲自下令责罚当事人,把祸患消灭在萌芽状态,那么坏人一定能够被彻底消灭,国家和百姓也就有福了。由此后来引申出了"防微杜渐"这个成语。

这是正面的例子,和帝及时"防微",所以收到了"杜渐"的效果。也有不能"防微"的反面例子。查一查历朝末代君王的亡国史,大抵脱不了

261

这个范畴：亡国并非他一人之过，而是前朝多年弊病积重难返。其中，以吊死煤山的明崇祯帝最为典型，也最冤枉。

在坏事刚刚萌芽、还很微小的时候着手防范，就不致酿成祸患，这叫"防微杜渐"。大畜卦讲的就是如何"防微杜渐"的。

大畜卦是教人如何积累善德、礼贤下士的，其六四、六五两爻也归依这个主题，但从单个爻来看，其中还有其他深意。

六四，童牛之牿，元吉。
象曰：六四元吉，有喜也。
六五，豮豕之牙，吉。
象曰：六五之吉，有庆也。

六四爻中的"童牛"指头上刚刚长角的小牛。"牿"，对付伤人的牲畜的铐子。这里被铐住的是小牛初生的角。这个爻辞有什么含义呢？我们可以想想，小牛刚长角时，奇痒难当，它势必用角去使坏顶人。把角给它铐上，它动弹不得，也就没法干坏事、犯错误了。照古人的话说，这叫"止恶于未发之时"，是防患于未然的一种有效措施。一旦牛角渐渐长得锋利、有了伤害人的实力，再想阻止它作恶就困难了，至少得付出相当大的代价。比起原先只花费几根木头的举手之劳，成本就不可同日而语了。所以《象传》说，如果在小牛角刚刚长出来的时候就把它的恶劣止住，会有大喜悦。

六五爻，"豮豕之牙，吉"。"豕"，猪。"豮豕"，被阉割了的公猪。公猪的獠牙应该是伤人、搞破坏的利器，如今却说它吉祥，原因是通过阉割把它的凶性给除掉了，虽然它还想使坏，但是使不出来了。六五爻紧承六四爻而来，整个大畜卦里只有六四、六五两爻是阴爻，暗示它们的阳性、雄性的东西已被去掉，因而表现出一种柔性的特点。

"童牛"是比较温顺的牛，"豮豕"是凶性已经去掉的猪。由牛、猪而联想到人，道理其实一样。人原本从动物进化而来，天性中不免隐藏有动物性、兽性的一面，这也是数千年来"人性恶"赖以立论的主要依据之一。如果能够在人的兽性发作之前就将其去除，那么，将来他再作恶事也恶不到哪儿去，至少还有立地成佛的可能。因为他的本性至少是善良的，他也知道恶之为恶，为世人所不齿，为天理所不容，只不过一时糊涂走错了路。倘若真是大奸大恶之徒，头脑中根本没有是非观念，那么要想教化他，难度恐怕就大多了。所以《象传》说，去掉了凶性是值得庆幸的。这从六四、六五两爻的爻位也可看出，六四爻不中却正，阴爻居阴位，六五爻不正却中，为上卦之中爻，它们都有吉祥的一面。

"防微"才能"杜渐"的道理并不深奥，大家都懂，可实际操作起来却有一定的难度，要紧的还是把握一个合适的度。"防微"过轻起不到"杜渐"的作用，反倒让逃脱责任者小看，进而更加嚣张。当然，若你用这一招示敌以弱、欲擒故纵，会显得你很高明。"防微"不当会显得你疑神疑鬼、小家子气，很可能搞得上下离心。"防微"过重更不可取，"人至察则无徒"，你就会成为光杆司令。这是当老板、做企业者必须尽力避免的。

"防微杜渐"的典故

"防微杜渐"这个成语出自《后汉书·丁鸿传》：东汉章和二年，十岁的和帝刘肇即位，由窦太后临朝听政。她把哥哥窦宪由虎贲中郎将提升为侍中，掌管朝廷机密，负责发布诰命；让弟弟窦笃任虎贲中郎将，统领皇帝的侍卫；弟弟窦景、窦环均任中常将，负责传达诏令和统理文书。这样，窦氏兄弟便掌握了朝政，为所欲为，政局混乱不堪。窦太后的倒行逆施、刚愎放纵，引起了一些正直朝臣的不满。当时的司徒丁鸿借着日食出现的机会，向和帝密奏，建议和帝趁窦氏兄弟的权势还未强大，及早加以制止，以防后患。和帝听从了丁鸿的建议，革掉窦氏兄弟的官职，令其自杀。窦家倒台后，国势开始好转。

越成功，越要低调

这几年时常听到有人讲"低调做人，高调做事"，同时，有很多人把这句话当作自己的人生格言。我对这个提法非常赞同。古代先贤以及民间大哲已经无数遍地告诫过我们"木秀于林，风必摧之""枪打出头鸟"，又告诉我们，"人外有人，天外有天"。就是说，一个人若学不会韬光养晦，实在难成大器。无论在官场、商场还是职场，"低调做人，高调做事"都是一种进可攻、退可守，看似平淡、实则高深的处世谋略。它不仅是普通人的处世"圣经"，更是成功者的做人训诫。

这正是归妹卦六五爻给我们的启示。

来看归妹卦六五爻：

> 六五，帝乙归妹，其君之袂，不如其娣之袂良。月几望，吉。
>
> 象曰：帝乙归妹，不如其娣之袂良也，其位在中，以贵行也。

六五爻爻辞"帝乙归妹，其君之袂，不如其娣之袂良。月几望，吉"，讲述了帝乙嫁出少女的情景，这是一个故事。这个故事在泰卦里也出现过，叫作"帝乙归妹"。

帝乙是商纣王的父亲。当时商纣王的父亲帝乙已经看出姬昌，也就是后来的周文王很得人心，会对他的天下造成威胁，于是就把女儿嫁给了周

第五步　飞龙——抓住机遇，马到成功

文王。帝乙的女儿是帝王之女，所以她的地位非常高。帝王的女儿嫁给了一个侯做妻子，这是下嫁。

但是帝乙的女儿品性非常好，她非常谦虚，非常节俭。"袂"本来指衣袖，在这里指衣服。"其君之袂，不如其娣之袂良"，她穿的衣服还不如侧室穿的衣服华美。这说明她虽然处在尊贵之位，但是非常谦逊、守中；虽然高贵，但是仍然节俭又谦虚。"月几望"，月亮还没有到"望"那一天。"月几望，吉"，月亮还没有到最圆的时候，接近圆满而不过分圆满，这样非常吉祥。

这说明了两件事情，一是帝乙归妹这件事情，二是人品这件事情。通过月亮还没有满，亦即事情还没有太过来说明一种品德：虽然高贵，但是为人很低调；虽然成功，但是非常谦逊。人不能太满了，一满就肯定有过错，就有亏了。所以《象传》解释说"其位在中，以贵行也"。她位置居中，在中道，在最尊位，不偏不倚。她虽然高贵，但是节俭、谦逊。她有如上那些宝贵的品德。

可是也有人会说："我们为什么要成功，要没日没夜地艰苦奋斗呢？不就是为了过上好日子，跻身上流社会，随心所欲地生活吗？为什么还要低调？"

诚然，成功之后，很多人努力奋斗的初衷得以实现，开始提升自己的生活品质，穿名牌，住别墅，开名车，周游世界。这些本无可厚非，但是即使你做到了这些，如果不能保持低调，事事谦卑，那你仍然算不得成功，因为你的心态还不是成功者的心态，你的行为举止自然处处显得小家子气，很难赢得真正的尊重，你也难以长久维持这样的成功。

归妹卦的启示：震上兑下，雷泽归妹

归妹卦表面上说的是男婚女嫁，实际上进一步阐发了一种天地阴阳和谐的常道，那就是阴要以阳为归属，阴阳要和谐，这样天地才能

> 长久，万物才能繁衍。归妹卦的六根爻都很有意思，只有三爻和上爻两爻是凶，因为这两根爻都有非分之想，或者处于太高的位置，下面落实不了，所以才凶。其他四根爻，初爻安于做偏室；二爻虽然嫁夫不良，但是她能够守贞；四爻虽然婚期延迟，但是还能待时而嫁；五爻最好，她是一个贵女，但却十分谦逊、十分节俭。这四根爻都符合妇德，符合男女交合之礼。总体而言，归妹卦是从阴的角度，也就是从女子的角度出发，来说明天地之大义的。

功成名就之后，"低调做人"方显大家本色。得意不可忘形，财大不可气粗，居功不可自傲。

清代名将年羹尧战功卓著，雍正给他的恩赐到了无以复加的地步，年羹尧志得意满，完全处于一种被奉承、被恩宠的自我陶醉状态，进而做出了许多超越本分的事情，最终招致雍正的警觉和忌恨，家破人亡。

雍正二年（1724年）十月，年羹尧第二次进京陛见，在赴京途中，他令都统范时捷、直隶总督李维钧等跪道迎送。到京时，黄缰紫骝，郊迎的王公以下官员跪接，年羹尧安然坐在马上行过，看都不看一眼。王公大臣下马向他问候，他也只是点点头而已。更有甚者，他在雍正面前，态度竟也十分骄横，"无人臣礼"。年羹尧进京不久，雍正奖赏军功，京中传言，这是接受了年羹尧的请求。又说整治阿灵阿（皇八子胤禩集团的成员）等人，也是听了年羹尧的话。这些话传到了雍正耳中，大大刺伤了他的自尊心。

年羹尧结束陛见回任后，接到了雍正的谕旨，上面有一段论述功臣保全名节的话："凡人臣图功易，成功难；成功易，守功难；守功易，终功难……若倚功造过，必致反恩为仇，此从来人情常有者。"在这个朱谕中，雍正改变了过去嘉奖称赞的语调，警告年羹尧要慎重自持。此后年羹尧的处境便急转直下，直至最后被雍正赐死。

所以，得意而不忘形，财大而不气粗，居功而不自傲，这才是做人的根本。"高调做事"则是一种责任,一种气魄,一种精益求精的风格,一种执着追求的精神,所做的哪怕是细小的事、单调的事,也要代表自己的最高水平,体现自己的最好风格,并在做事中提高自己的素质与能力。

总之,有品位的人不一定低调,有内涵的人不一定低调,成功的人也不一定低调,但反过来,低调的人会更有品位,更有内涵,也更成功。总之,只有懂得低调做人、高调做事,才能够在人生旅途中走好每一步,宠辱不惊,坚韧前行。

成功距失败往往只有一步之遥

"开元盛世"泛指唐玄宗李隆基以"开元"作为年号前后出现的天下大治的时期，共二十九年。

唐玄宗即位后，先起用姚崇、宋璟为相，后又用张嘉贞、张说、李元纮、杜暹、韩休、张九龄为相。他们各有所长，并且都恪尽职守，使得朝廷充满朝气。唐玄宗和这些大臣齐心协力，解除了各种势力对皇权的威胁。武则天晚年以来动荡的政局，也终于得到实质性的扭转，唐朝政治清明，社会安定。

经过十几年的努力，唐玄宗把国家治理得不仅国富民强，而且享誉世界，达到空前的繁荣，许多海外商人、使者慕大唐盛名而来，波斯、大食、日本经常派使节来朝觐、访问、学习。当时的长安成了国际性的大都市。这一时期是中国历史上著名的黄金时代之一。

但从开元末年起，唐玄宗以为天下安定了，便深居禁中，沉溺声色，怠问政事，导致奸佞专权，朝政日趋黑暗。自开元二十二年起，奸臣李林甫专权达十九年之久，宦官高力士亦日渐被重用。另外，自天宝二年起，因杨贵妃受宠幸，其堂兄杨国忠得以把持朝政。地方上，边地将领各拥兵自重，其中受杨贵妃青睐的安禄山任（平卢、范阳、河东）三道节度使，气焰最为嚣张。天宝十四年（755 年），安禄山趁唐朝内部空虚腐败之机，

第五步 飞龙——抓住机遇，马到成功

发动兵变，史称"安史之乱"。

安史之乱是唐王朝由盛向衰的转折点，整个国家的社会文化经济因之都受到重创。内忧外患使得唐朝的统治渐至崩溃，至哀帝天祐末年（907年），朱温悍然颠覆李唐，中国开始进入五代十国的分崩离析时期。

纵观唐玄宗的一生，可以用一个成语来形容：盛极则衰。遍览历朝历代，除去秦、隋两朝短命，二世而亡以外，其他各朝都经历过一段平稳发展期，而且大多是在开国之初，由开国帝王打下坚实的基础，以后慢慢进入全盛期。其实，秦、隋两朝的开国之君秦始皇和隋文帝，也都有过自己事业的高峰期，也都有过"飞龙在天"的时候，只是老子英雄儿不好汉，儿子过早地葬送了大好河山，捎带断送了他们老子的一世英名。

这也正是既济卦九五爻要告诉我们的道理。

来看既济卦九五爻：

九五，东邻杀牛，不如西邻之禴祭，实受其福。
象曰：东邻杀牛，不如西邻之时也。实受其福，吉大来也。

九五爻的爻辞是说，东边那个邻国杀牛来祭年，规模非常宏大，还不如西边那种微薄的祭祀，不杀牛的祭祀，它更能实实在在地承受到神明的福泽。

祭祀在古代是一个非常重大的事件，一般都非常隆重，比如杀牛、杀羊、杀猪。然而有的祭祀是比较简单的，不必杀牛。用什么祭品主要看祭祀者的愿望。

东边和西边都搞祭祀，东边的祭品是非常盛大的，而西边的祭品是非常微薄的，但结果却是东边还不如西边。东边为阳，西边为阴，这里九五爻居于尊位，表示已经到了最佳时机，已经不必用那些外在的、盛大的祭祀，因为到达成功的顶点就要警惕灾祸的发生。

采用东邻、西邻不同祭祀方式的例子，就是告诫我们，九五爻要警惕，要守德，否则还不如像西邻那样，谦下、谦卑，反而能够实实在在享受到神明的降福。所以《象传》如是解释："东邻杀牛，不如西邻之时也。实受

其福，吉大来也。"

这里的区别就在一个"时"字上。西邻的薄祭非常合时，而东邻的杀牛不合时。所以成功到达最高点时要守时，要守德，要修炼自己的道德，要不断地敬德、守正、修业。

> ### 既济卦的启示：坎上离下，水火既济
>
> 既济卦说明了创业之后守成之艰难，"打江山易，守江山难"说的就是这个道理。如果守正、守中道而且有忧患意识并时刻警惕，就会吉。反之，则会失败。卦里用了些成语、意象解释成功后的各种做法，如果不那样做就会有危险，比如"东邻杀牛，不如西邻之时也"，这就是危险的事情。用了小人也是危险的事，所以一定要像《象传》所说的，做到"君子以思患而豫防之"。欧阳修曾经对既济卦进行过解释："人情处危则虑深，居安则易怠，而患常生于怠，忽也，所以君子既济，思患而豫防之也。"他的意思是说，如果人处于危险的时候或境地，他会思虑很深，而如果在平安的环境下则容易懈怠，这样祸患就容易发生了。所以一定要居安思危，充分意识到守成的艰难。

物极必反，盛极则衰。到达成功的巅峰时更要始终不忘反思与进取，不忘修炼自己的道德，不要再去做那种盛大的事情，而要内收、内敛，这样才能避免终乱的结局。

虚怀若谷，知人善任

电影《天下无贼》中黎叔有一句很经典的台词："二十一世纪什么最重要？人才。"话从一个做贼的老板嘴里说出来，多少有那么一点点滑稽，不过也正说明人才的确是各行各业都忽视不了的重要战略资源。任何企业如果没有一批过硬的人才，就都难免在未来的高素质竞争中捉襟见肘、举步维艰。要想招揽到真正的人才，首先要有一个适合人才发展和施展抱负的优质环境。"没有梧桐树引不来金凤凰"的道理谁都懂，但真做起来却不那么容易。

韩愈在《马说》一文中感叹"千里马常有，而伯乐不常有"。从古到今，哪个朝代没有放浪形骸、大才无用的隐士？哪个朝代没有投暗的明珠？君臣遇合，需要的是机缘凑巧，还有就是双方都是有心人，不放弃一切机会去寻找，去磨合，去适应。

毛遂自荐靠的是毛遂舍我其谁的勇气，韩信为刘邦所用靠的是萧何的一力推荐，乐毅为燕昭王所用是因为燕昭王求贤若渴、独具慧眼，左宗棠为曾国藩所用则是因为两人惺惺相惜。他们不管以何种方式相遇相知，结果是相同的，都为后人留下了一段佳话，双方无疑都是幸运的。

招揽人才还需要注意一点，人才必须是德才兼备的，否则纵有大才，也可能成为你的团队中的害群之马，短期内可能给你创造利益，从长远看，必然是饮鸩止渴，得不偿失。我们不否认历史上存在一种人，才能和品德完全是两码事。战国时杀妻求将的吴起，虽然也创下了不世功业，但千百年来一直为厚道之士诟病却也是不争之实，他的最终结局是乱箭穿身。商鞅助秦孝公变法图强，南门立木取信于民，只可惜商鞅做事并不那么讲究，在国内国外得罪了一大帮人，他的结局是车裂。宋朝的秦桧，诗文作得都不错，也颇有些才华，不过才华却被他用歪了，用在了祸国殃民上，他的雕像至今还跪在杭州的岳王墓前，承受着千秋骂名。

找到合适的人才，自己尽量向大人的境界靠拢，这样就会尽快打造出一个企业的核心，拥有一个能征善战的团队。

春秋时期的齐桓公无疑做到了这一点。齐桓公不计前嫌，任用管仲为相，励精图治，终成春秋五霸之首。史书上记载，当时的齐国"九和诸侯，一匡天下"，九次集合天下诸侯群雄开会，还有一次打着周天子的招牌匡正诸侯的行为。这是何等的威风，都是赖管仲之力获得的。可以说，齐桓公麾下最重要的两个人才就是鲍叔牙和管仲。

鲍叔牙和管仲又是真正意义上的好朋友，以至于后世形成了个成语"管鲍之交"，只要一说哥俩好，就会想起他们两个。其实，在管鲍之交的过程中，鲍叔牙充当的一直是"冤大头"的角色。史书的记载从两人合伙做生意开始。赚了钱后分红，管仲经常多拿多占，有人替鲍叔牙不平，鲍叔牙说：我理解管仲，他是因为家里穷啊。管仲被抓了壮丁当兵，"三战皆走"，打了三次仗，他当了三次逃兵。有人笑话他，又是鲍叔牙站出来替朋友解释：我理解他，他是因为家里有老母亲需要供养啊。管仲做过几任小官，政绩一塌糊涂，鲍叔牙又说：我知道，这是管仲没有找到适合他的职位呀。

就是这么一对朋友，齐国内乱时却选择辅佐不同的主子。鲍叔牙跟了公子小白，管仲跟了公子纠。据说是哥俩商量好了，担心都跟着一个主子不保险，心态和今天炒股、买彩票的人差不多，生怕吊死在一棵树上。

齐国大乱，两人各保着自己的主子出逃。等到内乱平定，去外国迎立

第五步 飞龙——抓住机遇，马到成功

新国君时，哥俩各为其主，各施其计，管仲情急之下，甚至还射了鲍叔牙的主子公子小白一暗箭，可惜（从后来的事态发展看，应该说"幸亏"）他的功夫不到家，只射中了小白的衣带钩。小白听从鲍叔牙之计诈死，赢得时间提前回到齐国，当上了国君，即齐桓公。管仲这下惨了，成了谋害国君的重犯。又是鲍叔牙关键时刻挺身而出，在齐桓公面前极力替管仲开脱，不但开脱，还推荐，说管仲有经天纬地之才，比他自己不知强多少倍。

后人最津津乐道的是齐桓公的反应。按常理讲，对于曾经要置自己于死地的大仇人，没有人不切齿痛恨的。可是齐桓公竟然真的放弃了复仇，还任命管仲做了高官，倚之为股肱之臣。也正是这个深明大义、不计前嫌的决定，成就了齐桓公的一世英名，也成就了齐国的一代霸业。而鲍叔牙知人、容人之名更是千载以来让人心向往之。

鲍叔牙为人自不必说，那叫一个仁义，但我们故事的真正主角是齐桓公和管仲，他们一个容忍了自己的杀身仇人，还给他提供了广阔的表演舞台，另一个放弃了自己原来的主公。最终，他们达到了双赢的目的，在历史上留下了浓墨重彩的一笔，写下了属于自己的华丽篇章。

这就是知人善任。要做到知人善任，先要知人，然后才能善任。知人当中，首先在于知己，其次在于知彼。人贵有自知之明，自知确实很难，而齐桓公却做到了。这也正是师卦所蕴含的道理。

师卦是《周易》的第七卦。从乾卦开始，经过六个阶段，乾、坤、屯、蒙、需、讼，到了争讼以后，必然进入师卦，进入一个众人相争的阶段。"师"即军队。古代，2500人为师，12500人为军。师卦主要讲领导力的问题，讲领导一个军队怎样用兵作战，同样也讲一个管理者怎样管理他的团队。这个卦的卦象，上面为地，下面为水，地水师。

下面来看师卦的卦辞：

师，贞，丈人吉，无咎。

"师"指军队，也指领导军队的人。"贞"即正。如果军队正，领导军队的人行得正，则他是德高望重的人，即"丈人"。《孙子兵法》所云五事，

即道、天、地、将、法中，"将"就是"师"。将须具备五种品德：智、信、仁、勇、严。具备以上五种品德的人即"丈人"。"夫将者，国之辅也"，将乃国家的辅佐，辅强则国必强，辅弱则国必弱，所以将的责任重大。

> 彖曰：师，众也。贞，正也。能以众正，可以王矣。刚中而应，行险而顺，以此毒天下而民从之，吉又何咎矣。

"师"，众人也。"能以众正，可以王矣"，管理者如能使众人都走正道即能治天下。师卦只有一根阳爻，在这种卦象里，阳爻最重要，而阳爻又"刚中而应"，六五爻与之相应，同时也指统治者要刚、中，只有统治者刚、中，才有下属与他相呼应。"行险而顺"，虽然行得险，只要顺势而为，也大吉。"行险"，下卦为坎卦即险，上卦为坤卦即顺。"毒"通"督"。"以此毒天下而民从之，吉又何咎矣"，用这种刚中而应的正道来督（治理）天下则人民顺从他，则为大吉大利。

> 彖曰：地中有水，师，君子以容民畜众。

《象传》从物象来解，"中"指下，"地中有水"即地下有水。上卦为地，下卦为水。众人好比地上积聚的水。"君子以容民畜众"，君子要宽容、养畜人民。"容民"乃大地的品德，"畜众"乃水的品德，水生万物。带兵作战，将领一定要具有宽容之心。老子说："容乃功，功乃王。"只有宽容人民，人民才能从之；只有畜养人民，人民才能顺应之。

师卦还强调知人善任，来看其六五爻：

> 六五，田有禽，利执言，无咎。长子帅师，弟子舆尸，贞凶。

"田有禽"，田猎有收获。"利执言"，有利于形成总结性的语言。"田有禽，利执言，无咎"，打仗回来有收获总结时，要善于总结，则无灾祸。"长子"即丈人，指具有将德的人。"长子帅师，弟子舆尸，贞凶"，长子率领的军队是吉的，而弟子率领的军队载一车尸体回来是凶的。一定要让带领士兵作战的人是长子而不是弟子。

师卦的启示：坤上坎下，地水师

师卦给我们的启示：第一，临阵选将最重要，为将之人需要德高望重，要正心正意，要能容民蓄众。第二，行军作战要有严明的纪律，要"师出以律"。第三，要论功行赏，大到诸侯，小到卿大夫，都要论功行赏。第四，勿用小人，小人用之必坏大事。

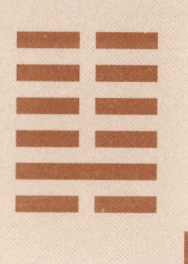

刘邦深谙此理，用韩信带兵，张良出谋，萧何保后，安排得有条不紊，刘邦也因此而成为他这个集团的核心。他非常清楚地知道，一个领导最重要的才能就是知人善任，对下属都有什么才能、有什么长处、有什么短处、放在什么位置上最合适，心里清清楚楚。领导不必事必躬亲，事无巨细都要操心的领导绝非好领导。

好领导的标准就是，能团结一批人才，把他们放在适当的位置上，让他们最大限度地、充分地发挥自己的积极性和创造性。

懂得如何调动部下的积极性，这才是一个领导最大的才能。

分享财富，分享成功

说到分享，我首先想到的就是井卦。

> 九五，井冽，寒泉食。
> 象曰：寒泉之食，中正也
> 上六，井收勿幕，有孚，元吉。
> 象曰：元吉在上，大成也。

井卦中这几句话很直白，也很简单，道理却发人深省，可谓道出了"分享"二字的真谛，所以单独拿出来讲一下。

九五爻是又中又正的一爻，往往非常吉利，井卦的九五爻也不例外。"井冽，寒泉食。"经过了前面诸爻的修炼，德行已经达到了一定地步，显示出来的结果是井水清冽无比，完全可以供人饮用。"寒泉"的意思就是其水可以供人饮用。其实，由六四爻修整以后，井水已然达到了饮用水的各项标准，卫生检疫部门绝对查不出任何问题，可是，为什么非要到了九五爻才可以放心大胆地"寒泉食"呢？因为九五爻"中正也"。阳刚之爻居于最尊贵的位置，也就是说，通过前面的修炼，到了最尊贵的位置，比如当上领导了，有了这个位置，才能去帮助别人。"井冽""寒泉"，这种泉非常清洁，所以可供天下的人饮用。当然，它还表示九五爻具有一种至美的德行、操守，只有这样，才能发自内心地去帮助别人。

上六爻更加吉利，爻辞为"井收勿幕，有孚，元吉"。井完工了，但是不要盖住，表明自我修炼大功告成，已经功德圆满，可是仍然要低调、谦虚，千万不要把功德封闭住，要去广泛地滋养别人，这样才能"元吉"，一开始就吉祥，才能达到《象传》所说的"大成"境界，即有大的成就。井在这里已经完全人格化，比喻君子做人的美德。

通观井卦五、六两爻不难发现，其主旨还是教导我们，获得一定社会地位以后，要"德普施也"。不能忘本，有好处要和大家分享，这里的"大家"涵盖我们所能接触到的所有人，行有余力，甚至应包括整个社会。现在不是有不少企业逢年过节或在企业各种庆典之际打出旗号，说要回报社会吗？如果是发自真心而非一种变相的促销手段，那敢情好，值得大力提倡发扬，说明企业领导人至少把《周易》的井卦给读懂、读透了，也领悟了。

> **井卦的启示：坎上巽下，水风井**
>
> 井卦取了井作为意象，而这个井已经完全人格化，比喻君子做人的美德。六根爻里的三根阳爻象征井水，三根阴爻象征井体。初爻和四爻是阴爻，表示井正在修；二爻和三爻两根阳爻表示井水可以喝；五爻是阳爻，表示水已经洁净，可以饮用；上爻是阴爻，表示修整大功告成，要施用无穷，象征了政治清明的局面，也隐含着对明君的期待。

秦朝末年，楚汉争雄。战争初期，楚霸王项羽不可一世，根本没把汉王刘邦放在眼里，收拾刘邦对他而言只是举手之劳、小菜一碟，所以"鸿门宴"上他才示好放了刘邦。项羽这个人，史书上评价他"妇人之仁"，看起来对小恩小惠毫不在乎，遇到裂土封侯这样的大事，他就舍不得了。手下的将士们跟着他南征北战，图的不就是封侯拜相吗？所以在这个至关重要的大问题上，项羽完败给了刘邦。

人生智慧六步曲

　　说实话，刘邦也不算什么好人，可是他聪明，一下子就看出了问题的症结所在，当韩信连兵百万在战场上为他卖命时，他假装痛痛快快地封了韩信一个王的名号。为什么？没办法，要笼络人心就只能如此。事实证明，刘邦笑到了最后，曾经叱咤风云的项羽倒在了自己的血泊之中。

　　有好处不忘与大家分享，体现的是一个成功人士的度量和胸襟，也是能把事业做大做强者必须具备的素质。

　　你只有真心实意地和大家分享胜利果实，才能得到大家的信任和拥戴，你的胜利果实在将来才会更大更丰满。

诚信助你赢得一切

中孚卦在六十四卦中排第六十一，在节卦之后。简单说，中孚卦就是教导我们心中要永存诚信。诚信不仅是我们安身立命的根本，关键时刻还可以帮我们赢得一切。所谓"人无信不立"，说的就是这个意思。"中"意为心中。"孚"可以解释为诚信，但细究起来，和诚信还有一定的区别。

南宋理学大家程颐讲过，"诚于中为孚，见于事为信"。也就是说，"孚"是存在心中的（所以叫"中孚"），而"信"则是"孚"的外在表现形式，是经过具体实践验证过了的"孚"。

我们来看看中孚卦的卦辞：

中孚，豚鱼吉，利涉大川，利贞。

在中孚卦的作用下，连小猪（豚）小鱼都是吉利的，即德泽已经普施到小猪小鱼这样的小动物身上，大的就更不用说了。《尚书》形容舜的德泽教化，用了个词"百兽率舞"。那些不通人情的野兽们都高兴得跳起舞来了，你说舜是怎么做到的？这里给你答案，靠的是诚信。当然，这有点像童话了，和"豚鱼吉"一样，目的只是渲染"中孚"的魅力。"利涉大川，利贞"，利于渡过大江大河。换句话说就是，有利于事业一帆风顺，同样也有利于占卜。

再看《象辞》：

> 象曰：中孚，柔在内而刚得中，说而巽，孚乃化邦也。豚鱼吉，信及豚鱼也。利涉大川，乘木舟虚也。中孚以利贞，乃应乎天也。

"柔在内而刚得中"，这得结合中孚卦的卦象来说。中孚卦的三、四两爻是阴爻，是柔爻；二、五两爻是阳爻，是刚爻，二、五两爻又刚好居于内外卦的中间位置，所以是"刚得中"。这就表明了诚信就是要柔弱处内，要虚心，这样才能自诚自信。刚健之爻要居外，居外就是要表现出一种信用。内在的是"孚"，外在的是"信"，这样就可以"说而巽"。"说"指内卦的兑卦，"兑"为喜悦。"巽"指外卦，"巽"为顺。只有做到上下和悦、和顺，然后用诚信之德，才能够教化天下，即"孚乃化邦也"，才能够像卦辞里说的那样"豚鱼吉"。"乘木舟虚也"，这里继续强调"虚"。大船的形象是中空的，即中虚的，这样才能浮于水而劈波斩浪，"利涉大川"。"中孚以利贞，乃应乎天也"，心中诚信，又能守持正固，这就是应和了天道的诚信不虚的美德。因为天德对万事万物都是一样的，都是诚信的，不偏不倚，也不虚假。所以这个卦象整体来看是讲诚信，而诚信又必须以中虚为基础，它蕴涵着非常深刻的道理。

曾国藩曾经对中孚卦做过一番解释，解释得非常好。他说："人必中虚，不着一物，而后能真实无妄。"意为，人必须中间是空的，不存在一点点私心杂念，这样才能够真实无妄，才能够诚信。"天下之至诚，天下之至虚者也"，"灵明无着，物来顺应，未来不迎，当时不杂，既过不恋，是之谓虚而已矣，是之谓诚而已矣"。什么叫作"虚"？什么叫作"诚"？就是要"灵明无着"，心中要非常明亮，要虚空。"不着"，不要沾染任何一点私心杂念，这样，事物就来与其相呼应了，这就叫作"虚"。虚才能做到"诚于中"的"孚"及"见于事"的"信"。

"曾子杀猪"是很有名的一个教育故事，教育的核心就是诚信。曾夫人有一次出门办事，孩子哭闹着非要跟去。曾夫人脱不了身，就骗孩子说："你在家等着妈妈，妈妈回来杀猪给你吃肉肉。"孩子被哄住了。等曾夫人

第五步 飞龙——抓住机遇，马到成功

办完事回来一看，曾子已经把猪捆好，磨刀霍霍，最后还真把猪杀了吃了。曾夫人原本只是给儿子开张空头支票，没想到被孩子爹给兑现了。有些人可能觉得曾子很傻很天真，一句敷衍的话愣让他赔进了一头猪。可是细想，孩子是最不能欺骗的，他会把外界加诸他的一切都当作真的对待，因为他还不具备分析判断真假的能力。你骗他一次不打紧，下次他可能就会怀疑一切，这对于他日后的发展是很不利的。诚信需要从娃娃做起，让孩子从小就树立诚信的观念，有百利而无一害。

再举一个例子，"南门立木"。商鞅是战国时期秦孝公的大臣，他倡议并负责进行的变法极大地提升了秦国的国力，为秦灭六国打下了坚实的基础。商鞅在初变法时，怕法令颁布下来老百姓不相信，进而不去遵守，就想了个招儿：在南门外竖起一根木头，宣称谁能把木头扛到北门，赏五十金。木头并不太沉重，南门到北门也不遥远，五十金却能晃花几乎所有人的眼睛。大家都半信半疑。最后，一个人抱着试试看的态度，真把木头扛到了北门。结果，众目睽睽之下，商鞅当场兑现承诺，把五十金给了扛木头者。围观的一干人众看到这里，后悔不迭。从此，商鞅出示政令，所有人奔走相告，深信不疑。

区区五十金，对于一个立志发愤图强的国家来说，算不得什么，对于提高政府的公信力、让民众不惜为之赴汤蹈火的远大目标而言，仍然算不得什么，可商鞅只用区区五十金，就买得了全秦国上下万众一心对变法的支持，靠的是什么？不外"诚信"二字。

中孚卦的启示：巽上兑下，风泽中孚

中孚卦主要讲诚信之道，只有诚实，只有守信，才能进德修业。后来儒家提出了"五德"之说，并在儒家经典中屡屡提到。"五德"就是仁、义、礼、智、信，"仁"排在第一位，"信"排在最后一位，但并不

> 是说"信"不重要，而是说它是"五德"的道德底线，做人做事的最低要求。一旦超越这个底线，说难听点儿，那就不是人了。

　　古人讲究"言必信，行必果""一诺千金"，奉行这些原则的人，就算天涯亡命，也能得到不少人的同情和崇敬。说来说去，还是"诚信"二字。曾子为了不对黄口小儿失信，不惜杀掉一头肥猪。尾生为了不对自己的恋人失信，宁愿被滔滔洪水淹死也不离开约会地点半步。他们傻吗？乍一听，有点儿。可是为什么他们守信的故事能千载流传呢？为什么那个号称"得千金不如得其一诺"的季布能在刘邦下令全国通缉他的险恶环境中毫发无伤呢？答案仍然是"诚信"二字。

　　我们讲古代事例是要从"古"里面萃取对今天的我们有指导或者借鉴意义的东西，以便让我们的生活更加多姿多彩，事业更加蒸蒸日上。

　　诚信要靠自己，要靠自觉。生活和事业中的际遇会让你逐渐明白诚信的永恒魅力，也会送给你不诚信应该咽下的苦果。

　　从今天开始，从现在开始，做一个诚信的人。诚信不但能帮你赢得朋友，赢得生活，更能帮你赢得事业，赢得未来。或者也可以这么说，诚信能帮你赢得一切。

富贵于我如浮云

这一节要说一下否卦。否卦的卦象是乾上坤下,天地否。天地无法交会,因此很凶险。

> 否之匪人,不利君子贞,大往小来。
> 象曰:天地不交,否。君子以俭德辟难,不可荣以禄。

在否卦的卦辞中,"匪人"在"否"这种状态下就不是人了,有人理解为小人,也有人理解为没有人道,后一种理解较好,即在否塞的状况下是没有人道的。"不利君子贞",对君子来说是不利的。"大往小来",大的走了,小的来了;君子走了,小人来了;阳的走了,阴的来了。

君子在这个时候应该怎么做呢?要"俭德",意思就是以俭为德,以保持节俭来避开危难。"辟"通"避"。另外,君子还"不可荣以禄",不要追求荣华富贵,也不要追求禄位。

> 彖曰:否之匪人,不利君子贞,大往小来,则是天地不交而万物不通也,上下不交而天下无邦也。内阴而外阳,内柔而外刚,内小人而外君子,小人道长,君子道消也。

否卦《象传》中有"小人道长,君子道消"的说法,也就是说,小人之道越来越长，君子之道则越来越消减。在这种情形下，君子应该全身避祸，不可过分张扬着追名逐利，要收敛锋芒，甘居下位，视名利如过眼云烟，这样才能等到否极泰来。

泰卦是否卦的反卦，地天泰。它为什么吉祥呢？因为代表君子的乾卦居于坤卦之下，自居低位，而让小人居于高位，不跟小人一般见识，不跟小人争名逐利，所以就没有坏处。要知道，小人是招惹不得的，小人的建设力几近于零，破坏力却是无与伦比的。当君子遇上小人，唯一的办法就是避而远之。

君子按照否卦，要俭德、节俭，以节俭的品德来避开危难。否卦是危难的，那应该怎么办呢？就是要节俭，不可以追求荣华，也不可以追求官位。"禄"指官位。

为什么否卦不是让君子"交通"而是让君子"俭德"，不追求荣华与禄位呢？君子不交则否。那么如何否极泰来？君子如何按照否卦以到达泰卦呢？就是把否卦颠倒一下。颠倒一下，则君子即乾卦居于下位，小人居于上位，则泰。就是告诉君子，要居于下位，要节俭。这是从反面而论，不可追求荣华富贵，要像泰卦一样，甘居下位，不去当官，不去追求荣誉。

九五，休否，大人吉。其亡其亡，系于苞桑。
象曰：大人之吉，位正当也。

"休"，停止。"休否，大人吉"，停止否塞了，大人就吉了。大多数卦以九五爻或六五爻为关键，少数卦以最少的一根爻为关键，如同人卦，五根阳爻，一根阴爻，则那根阴爻六二爻为关键的爻。本卦即以九五爻为关键的爻。九五爻刚居阳位，又得上卦之中位，故又中又正，所以已经结束了否塞的局面成为大人了。"利见大人"，"夫大人者，与天地合其德，与日月合其明，与四时合其序，与鬼神合其吉凶"，此为大人。乾卦为大人，此处的九五爻也是大人。

"其亡其亡，系于苞桑"，这八个字也告诉我们一种人生的大智慧。"苞"，丛生。将要灭亡了，将要灭亡了，但却像系在了丛生的桑树上一样安然无恙,非常坚固。这是一种人生的大智慧,只有"其亡其亡",才能"系于苞桑"。只有时时刻刻想到将要灭亡了,才会坚如磐石。

> **否卦的启示:乾上坤下,天地否**
>
> 倾覆了否,否塞的局面就会结束,所以先否后喜。因为"否终则倾",到了极点,物极必反,必然走向反面。"何可长也?"否塞这个阶段怎么还能长久下去呢?不可能了,所谓"否极泰来"是也。
>
> 否卦从反面告诉我们:如果上下对立了、不交通了,那么局面就一定是否塞的。它也告诉我们,要顺应天道,经常有忧患意识,像九五爻说的那样,时刻想着将要灭亡了,反倒"其亡其亡,系于苞桑",就不会灭亡了。这些都是人生的大哲理。

九五爻为什么能达到"大人吉"呢?《象传》解释:"位正当也。"它又中又正,正当位。

视名利如浮云不单单为了避祸,它还是一种高尚的节操、一种成功者必备的心态。汲汲于名利者必定被名利晃花双眼、晃晕脑袋,进而失去对外界环境的正确分析和判断能力,久而久之,名利必将成为名缰利锁,把他牢牢束缚,最终使他沦为名利的奴隶,到那时,他付出的代价必然是惨重的。

古往今来,这样的例子比比皆是。就说今天那些身陷囹圄的落马高官,哪一个不是曾经呼风唤雨、风光无限?为什么落马?我想大致都和名利心有关。

只有视名利如浮云者,才能时刻保持清醒的头脑,才能随时做出正确的判断,才不会做出利令智昏的事。唯其如此,也才能永远立于不败之地,永远保持无限的风光。

老子在《道德经》中有言:"上善若水。水善利万物而不争,处众人之所恶……夫唯不争，故无尤。"最高程度的善就像水一样，水对万事万物都有好处但却从不贪恋高处，经常待在大家都厌恶的低处……正因为水不争，所以它没有怨尤。仔细体会一下这段话，我想大家应该可以悟出点什么。

许由是我国禅让时代的大隐士，尧久闻他的大名，就想把天下让给他。许由勃然大怒，挂瓢而去，逃到箕山一带隐居起来。尧还不死心，又跑到箕山找许由，说你不愿意接我的班，那就替我做个九州长吧，算是帮我个忙。许由这一次反应更激烈，痛斥了尧一顿，说我连天下都不稀罕，难道会稀罕比天下还小的九州？他认为尧说的话弄脏了他的耳朵，有污他的清听，所以用河水好好洗了洗耳朵。这就是许由"挂瓢""洗耳"的故事。

许由的生活如何我们不得而知，想来应该是能够自给自足的。庄子混得比许由惨，生活无以为继时，曾厚着脸皮找监河侯借粮。都穷到这份儿上了，好朋友惠施推荐他去做大官，却被他狠狠奚落了一通，说自己如果是一只大乌龟，宁愿拖着尾巴在泥潭里逍遥快活，也不愿意死后被人家供奉在庙里享受烟火祭祀。

一个人只有具备了"富贵于我如浮云"的节操，才会遇事拿得起放得下，才不会为名缰利锁所羁绊，才有可能集中全部注意力去做真正有意义的事，才活得潇洒、快乐，永远保持真我的风采。

第六步

亢龙——戒骄戒躁，
急流勇退

这一章讲的是六十四卦的第六爻，也就是《周易》人生六步曲的第六步。第五爻的全盛期、高潮期一过，接踵而至的就是第六爻上爻。没有人喜欢这一爻，原因很简单，它让人有盛极即衰的悲凉感。前边四爻的时候，满怀着一股冲天豪气，要拼搏奋斗，要建功立业，要青史留名。可是到达成功的巅峰之后，必然渐渐衰败，直至消亡。这是世间万事万物一成不变的发展规律。但我们也不用担心，走向一个终点之后，必然面临一个全新的开始，而不是彻底的毁灭，正如凤凰涅槃。乾卦和坤卦正好构成一个大的循环，乾卦上九爻发展下去就是它的反面——坤卦初六爻。而初六爻经过坤卦的发展，到上六爻时也会转移到它的反面——乾卦初九爻。如此循环往复，生生不息。

上爻多亢

第五爻的全盛期、高潮期一过，接踵而至的就是第六爻上爻，多少有点常识的人大抵都不喜欢上爻，原因很简单，它让人有盛极即衰的悲凉感。"天下兴亡多少事，悠悠，不尽长江滚滚流。"长江无语，滚滚东流，亘古如一，可这中间又有多少朝代兴替、英雄白头啊！"吴宫花草埋幽径，晋代衣冠成古丘。"风月无情，王霸雄图，血海深仇，总有一日，尽归尘土。

旧时王谢堂前燕，如今飞入寻常百姓家。这感觉的确让人很不爽。前边四爻的时候，满怀着一股冲天豪气，要拼搏奋斗，要建功立业，要青史留名。至于成功之后应该怎么办，不少人豪气干云的时候根本无暇去想，或者就是偶尔想到，也被自己一笑置之了。是啊，拼搏奋进的过程原本就是最美丽的，就是一种让人血脉偾张的激奋享受，谁还有闲心顾得那个。

于是乎，成功之后，成功者的表现大致分成了三派：

第一派感到索然寡味，所有的追求瞬间化为电光石火、梦幻泡影。得到又能怎样？得不到又如何？照武侠小说的说法，一个人费尽心血追求到一个武功天下第一或者武林盟主的名号之后，往往颓废、消沉了，甚至豪情尽消、胆小怕事了，以后极有可能抛下一切，悄然隐退。

第二派开始可能和第一派一样，感到索然寡味，或者放眼四海，发现唯我独尊之后，惶惶不可终日一阵，但是很快就找到了其他乐子。既然天下已在我囊中,那我就该好好享受了。如此,则声色犬马、酒池肉林、荒淫奢侈地疯癫一阵。不过,我保证他的疯癫不会持续太久,因为一直在身边觊觎的敌人或隐患很快就会出现,把他毫不留情地扔进失败的地狱。

"卦"字的由来

古人占卜时,由于没有书写材料,一般是在地上画出线条表示爻。"卦"字左半边"圭"的最下一横指代大地,大地上一个"十"字表示所画爻的形状,上面再叠加一个"土",象征画完下卦再画上卦。如此,"圭"字具体形象地演示了古人的占卜过程。再加上揭示含义的"卜"字,就成了今天的"卦"字。也有说"卦"是悬挂之意,就是把东西挂于某处,好让人们形象直观地知道它的形状、特点。

第二派成功者正是我们今天在这里要大张旗鼓地批判的。他的做法就是货真价实的"亢",过头了。成功后,庆功酒可以喝,但是不要喝太多,因为喝完后还要去做事。历来说"打江山易,守江山难",就是因为人被胜利冲昏头脑后会迅速抛弃原先秉持的所有原则和美德,所谓"从善如登,从恶如崩",说的就是这档子事。但这事不是不可补救,只要他能够在隐患露出苗头的时候幡然醒悟,"悔"了,而且还有了"悔"的具体行动,重拾旧德、重整旗鼓,就不算晚。

再说第三派,这应该是成功者学习的楷模。他深知盛极即衰、物极必反的道理,成功之后依旧像未成功时一样兢兢业业、戒骄戒躁,不敢有丝毫马虎大意,枕戈待旦,随时准备应对突发事件和不时之需。他非常善于学习,能够在拼搏中学习拼搏,也能够在管理中学习管理。他还深知,成功永无止境,他渴望的永远只是下一个成功,既往的成功在他看来普通得如同脚下踩着的垫脚石。相信这种人一定能够如愿以偿、梦想成真。

当然,一个不可避免也无法逃避的事实是,世间万事万物都有着一成不变的发展规律,那就是发生、发展到高潮之后,肯定要经历平淡,直至

第六步 亢龙——戒骄戒躁，急流勇退

最后消亡。这是人力根本无法改变的。所以，我们看到月缺月圆，根本用不着感慨神伤，因为下个月该圆缺的时候，它还会照旧重复上个月同样的故事。

乾卦上九爻的道理也如此。

《象传》中说："亢龙有悔，盈不可久也。"它只是复述了事物发展的一般规律。而且，乾卦和坤卦正好构成一个大的循环，乾卦上九爻发展下去就是它的反面——坤卦初六爻。而初六爻经过坤卦的发展，到上六爻时也会转移到它的反面——乾卦初九爻。如此循环往复，生生不息。

走向一个极致只是为了迎接一个全新的开始，而不是彻底毁灭。

亢龙有悔，盈不可久

到这里已经没有什么关子可卖了。写书人和读书人心里都不免有几分悲凉，因为大家都知道，高潮部分在九五爻已经过去。都飞龙在天、腾云驾雾了，还想怎么着？其实我们都有这么一种心态，就像看一出戏，刚开始，主角被整得家破人亡、惨不忍睹，一路走来，随处都是陷阱、机关，人受的、非人受的苦、难、罪，他全受了，让观众跟着他揪心揪得疼。他倒也争气，反正就是死不了，最后，沉冤得雪，坏人遭报。大家长长呼出一口浊气，把揪起来的心复位，然后走人。大家心照不宣，没人去管后边还有什么剧情，戏就是戏。

我们大多数人的心态就是这样的。都曲终奏雅了，还能怎么着？看他的柴米油盐哪？没劲。剧作家很讨巧，在关键时刻或高潮部分戛然而止，余音绕梁三日不绝。顿时好评如潮，捎带着，剧作家也赚得盆满钵满，名利双丰收。可惜，《周易》的作者是哲学家。哲学家是想大家都不去想的问题的。他们的队伍中虽然有那么几个人想得太多，走火入魔，发疯了，但绝大部分还是比我们正常的。我们的周文王显然很正常，也很悲天悯人，所以他就很不识趣地在《周易》里搞出一个"亢龙有悔"，也让我们的人生六步曲有了这一步，平平淡淡却很容易波澜乍起、让你痛悔不已的一步。

正题开始，来看乾卦上九爻：

第六步　亢龙——戒骄戒躁，急流勇退

上九，亢龙有悔。

象曰：亢龙有悔，盈不可久也。

爻辞和《象传》都很简单。

《象传》解释："亢龙有悔，盈不可久也。""亢"，太过，龙飞得太高了。"盈"，满。巨龙高飞穷极，升腾得太高了，肯定将有所悔恨，因为太满的东西是不可能长久的。

"戒盈杯"的故事不少朋友应该知道。此杯为一种酒器，斟酒只能七分满，再多就会溢出。传说它最早归唐玄宗李隆基所有，其子寿王和杨玉环新婚合卺时，玄宗将此杯赐予他们，并讲了一大通"盈不可久"、做人不能太贪的道理，说得两口子心悦诚服。不过历史在此事上除了给寿王留下一点颜面外，狠狠给了另外两个当事人一记耳光。过了没多久，玄宗就恬不知耻地将心神放在了这个明媒正娶的儿媳妇身上，最终冒天下之大不韪，将其纳为己有。杨玉环贪权、贪宠，嫁了皇子还不知足，老公公一旦相招，就欣然相就。这两人以自己的实际行动验证了"食言而肥""出尔反尔"是何含义，他们的结局也在意料之中。安史之乱，玄宗以老迈之身仓皇出逃，备受颠沛流离之苦。杨贵妃一门数贵，气焰一度熏天，陪玄宗逃到马嵬驿后，哥哥杨国忠被乱军所杀，她也不能为玄宗所保，自缢而死，"血污游魂归不得"。

韩国出过一本书叫《商道》，也以"戒盈杯"为线索展开。主人公林尚沃几经波折之后，从"戒盈杯"中悟出了盈则亏的道理，终于成为一代"商佛"，和唐玄宗、杨贵妃的故事相比较，其"亢则必悔""悔则必改"的意义就更彰明了。这种道理说实话没有什么新意，我相信每个朋友张嘴都能来那么几个关于"物极必反"道理的谚语或故事。我们中国本来就是礼仪文明之邦，为人做事处处低调谦虚，六十四卦不是还有一个谦卦吗？好吧，我们看孔子的《文言传》能不能教些新东西。

上九曰亢龙有悔，何谓也？子曰，贵而无位，高而无民，贤人在下位而无辅，是以动而有悔也。（《文言传》）

"贵而无位",尊贵到头了就"无位"(阳爻居阴位)。"高而无民",位置太高了所以"无民"。"民"在此指位置居下的下卦。"贤人在下位而无辅","贤人"指九二爻,下卦的中爻。上下卦同位相对,即初对四,二对五,三对上。现在讲上爻,对应的是三爻,而"三多凶","终日乾乾",整日价忙着面壁思过呢,没心思和上爻对。二爻倒是"利见大人",可人家"利见"的是九五之尊,与上爻无关,所以"无辅"。尊贵、高贵如上九爻,却落得"无位"(比喻某一类人尊贵但是没有实际的位子)、"无民"(崇高却管不到老百姓)、"无辅"(贤明的人居下位,没有人能辅助他),自顾尚且不暇,一旦轻举妄动,后悔当然就在情理之中了。

亢龙有悔,穷之灾也。(《文言传》)

"穷",到头、穷尽。整句说明这是穷极太过带来的灾祸。

亢龙有悔,与时偕极。(《文言传》)

"极",木旁,原指房屋最高处的大梁,此处比喻达到极点。巨龙高飞过甚达到极点而终将有所悔恨。非只亢龙,万物皆如此。

盈不可久、物极必反的大道理相信没有几个人不知道,可是这么个高屋建瓴、看不见摸不着的玩意儿怎么去付诸实践呢?相信也没有几个人知道,因为它只总结了一个大家都明白的现象。打个比方,一堆废铁比一支战场上杀敌制胜的钢枪还差着十万八千里呢。"知进退存亡而不失其正"就是一支打造好了的枪。遇到情况需要知道进退,其实是教我们学会退;生死关头要紧的莫过于正确地选择,其实是教我们别送死。这就好办了,实践起来有章可循了。

《周易》对我们还有思想政治方面的教育:

不失其正。(《文言传》)

"不失其正"指不能搞歪门邪道。总之,关键时候,把握时机,进退裕如,以保存自己为第一要务,这样非但永远用不着"悔",连"亢"这样的小过失都不会犯，永远都"飞龙在天"。

我们还要特别注意的一点是，"亢龙有悔"反映了一个天道循环、无始无终的道理，记述了弄潮儿从无到有、从小到大，最后又从有到无、重新开始奋斗的过程。这个时期需要的是更丰富的阅历和智慧、更顽强的毅力和斗志，最后还需要保持一种坦然接受不断"归零"的心态，把从头再来当作人生对自己的一次考验。

邵雍与"梅花易数"

邵雍（1011—1077），字尧夫，又称安乐先生、百源先生，谥"康节"，后世称"邵康节"，宋代易学大师。一日，邵雍在观赏梅花时，偶然看见麻雀在梅枝上争吵，以易理推衍后，预言第二日夜晚会有女子前来摘折梅花，被园丁发觉而追逐，女子惊慌跌倒，伤到膝盖。此预测果真在隔夜丝毫不差地得到了验证，之后邵先生又陆续流传出几个脍炙人口的神占，因此邵康节名闻于当时。大家将这种预测方法取名为"梅花易数"。"梅花易数"自邵康节之后一直被视为秘传绝学，由于其起卦简单方便又断卦神验，一般皆流传于历朝文人士大夫之间，故"梅花易数"又有"君子易"之美称。

走向全新的开始

乾卦上九爻给我们讲述了一个"亢龙有悔"的故事，其启示是盈不可久，物极必反。所谓刚尽柔来，它反的方向是坤卦。

来看坤卦上六爻：

上六，龙战于野，其血玄黄。
象曰：龙战于野，其道穷也。

坤卦上六爻无疑也不例外，它也物极必反，反的方向无疑就是乾卦。我们下面接着讲上六爻的"反"。

"龙战于野，其血玄黄。"一个"战"字点明了主要事件，使全句威风凛凛、杀气腾腾。一个"野"字交代了背景轮廓。一个"血"字暗示了战况之惨烈。而"玄黄"二字又登时让人体会到了"草木为之含悲，风云为之变色"的悲壮气氛。故事性太强了，场面感太浓了，由不得人不跟着热血沸腾。近代大才子苏曼殊为其气势所撼，在赠友人的诗作中引用此典故以壮行色。诗曰："海天龙战血玄黄，披发长歌览大荒。易水萧萧人去也，一天明月白如霜。"那气魄、那意境，绝了。

我私下问过不少对"降龙十八掌"相当有造诣的朋友，对哪一掌比较有感觉，结果不出我所料，对"龙战于野"比较感兴趣的大多是那些血性

第六步　亢龙——戒骄戒躁，急流勇退

小男生，原因也很简单，因为里面有一个"战"字，他们觉得够刺激。而反感派给出的理由也源于那个张牙舞爪的"战"字。

古往今来，把"战"理解为战斗、打仗的人不在少数，其中不乏方家。其实，这些人无一例外，全都犯了"想当然"的错误。"战"在此处当"采战、交合"讲。这不是我一家之言，而是《周易》研究界公认的不争之实。我没有任何诋毁前贤的意思，只能说学无止境。

"龙战于野"，到了上六爻，纯阴之卦坤卦就要走向反面纯阳之卦乾卦，乾卦是龙，所以就要和阳爻的龙在野外交合。野外就是大地。"其血玄黄"，流出的血是玄色的、黄色的。玄黄正是天地交杂之色，所以这里说的就是乾坤交合、天地交合。《象传》说"其道穷也"，还是在解释物极必反的道理。上六爻走到头了，到穷途末路了，必然要改变，要改弦更张，要走向一个全新的开始，这是事物发展的一般规律。

坤卦也有一个总结性质的爻——用六，我们看它怎么说：

用六，利永贞。

象曰：用六永贞，以大终也。

爻辞是"利永贞"。为什么？"以大终也。"因为已经到了一个大的终结。具体说来，乾、坤二卦之中，先有乾后有坤，乾卦自身是一个小的终结，乾、坤连在一起可以看成一个大的终结。因为乾、坤二卦都可以代表六十四卦，从乾卦上九爻走向反面坤卦初六爻，经过坤卦的变化，再从坤卦上六爻走向乾卦初九爻，这已经完成一个过程，就是一个大的终结。这两个卦就构成一个独立的全息元，能够说明万事万物之理。也就是说，乾、坤二卦涵盖了天地之理，所以"以大终也"。接下来再开始的就是全新的一次历程、全新的一次轮回。

坤卦上六爻讲完了，除了纠正一个容易犯的常识性错误以外，我们还被引领到了穷途末路，"其道穷也"。这时候应该怎么办？赖着不走？不可能，没有人愿坐以待毙。打退堂鼓？也不可能，回头已无路。此时上天无路，入地无门，究竟该怎么办？坤卦给出的解决办法是"龙战于野"：自己

的路走到头了，无路可走，那就吸收新鲜血液，招徕作为自己反面的阳气，然后走到阳气那一边，来一个新的开始，从头再来，重新来过。

至于我们呢？一条道终于走到黑的时候，最要紧的也是迅速转变思路、改变思想，赶紧改弦更张。因为这个时候我们已然确认，前方无路，就是个死胡同了，唯一的办法就是"变"，起点、方向、路径都要变，不变的是我们坚持走下去的决心和迎接成功的信心，当然还有我们原本保有的那些美德。万事俱备后，那就勇敢一些，去开辟一条新的道路，走向一个全新的开始。这是无可奈何之下的必然，也是成功路上的必然。

鼎卦的启示：离上巽下，火风鼎

成语"革故鼎新"，"革"指革掉旧的东西，"鼎"指开创新的东西。鼎最早是用来烹饪的，形状像锅，但是有三足两耳。后来鼎逐渐演变为一种象征权力的法器、礼器。所以当时大禹铸九鼎，象征九州，作为传国之宝。因此，鼎卦有两个重大含义：一个是用来烹饪以供养人，喻示要去供养圣贤之人；另一个是象征权力的法器、礼器，告诉我们要端正自己的职守、履行自己的使命。

走向一个全新的开始，走进一片陌生的天地，也许起初你很不适应，但是，不久的将来，在全新道路的艰难跋涉之中，你会发现一片全新的美丽。

才能不够德行补

"有德有才破格重用,有德无才培养使用,无德有才限制使用,无德无才坚决不用。"这是蒙牛创始人牛根生的观点。他在用人方面很有一套。

他这个人一直都信奉"财聚人散,财散人聚"的经营哲学。在伊利的时候,他就曾将自己的年薪作为奖金分给员工,因此很得人心。他离开伊利的时候,有400多名属下跟随他一起离开,并为刚成立的蒙牛引来了1398万元的启动资金。蒙牛除了拥有牛根生,还拥有一批能征惯战的精兵强将。人才成为蒙牛最宝贵的财富。在用人上,牛根生强调"有德有才破格重用,有德无才培养使用,无德有才限制使用,无德无才坚决不用",努力使现有人力资源发挥最大的效用。

熟悉三国故事的人大概都熟悉这么一句俗语:"刘备的江山是哭出来的。"这句话虽然是演义之言,倒也不是完全没有道理。魏、蜀、吴三国的实际缔造者当中,曹操不用说,天纵奇才,文武双全。孙权的父兄都早早开始经营江东一带,有着雄厚的群众基础。只有刘备,曹操已经基本统一北方之时,刘备还在东奔西走,没有属于自己的地盘。可是这并没有妨碍他最后的成功割据。为什么?他靠的主要就是手底下的一帮人才。这些人才为什么会对刘备死心塌地、至死不渝?刘备靠的主要就是德行。刘备和诸葛亮情同鱼水,和关羽、张飞情同手足。这些人都为蜀汉政权的建立立下了汗马功劳，而且最后都为刘备鞠躬尽瘁，死而后已。

这就是德行的力量。《周易》临卦上六爻也注意到了才能和德行之间的辩证关系，我们来看一下：

> 上六，敦临，吉，无咎。
> 象曰：敦临之吉，志在内也。

本来到了上六爻或上九爻，到了最高位，往往太过了，而这里是"吉，无咎"，因为它"敦临"。上六爻这种领导者的才华不是很够，但是居在这么高的位置上，所以一定要敦厚、温柔、仁慈，要有爱，用爱来管理，所以"敦临"应该看成管理的一种本质。管理可以看作三个百分之百，第一是百分之百的爱，第二是百分之百的奉献，第三是百分之百的责任。上六爻就具有这样的美德，所以是"吉"。

《象传》解释："敦临之吉，志在内也。""志在内也"，志向在国家之内，四海之内。意思是，这种敦厚、温柔、仁慈的志向是发自内心的，这种领导虽然才华不够，但是有了百分之百的爱，照样是"吉，无咎"。

临卦的启示：坤上兑下，地泽临

位置不同、才华不同的人要有不同的领导艺术。如果才华不够，或者才华是偏向阴性的，就要多贴近群众，多付出一些爱心，所以临卦用了"知临""敦临"这样一些词。"知临"就是要十分亲近下属，要有智慧，还要符合道义、符合德。上六爻是"敦临"，要温柔、敦厚。如果是有才华的刚性之人，就是初九爻和九二爻，就要"咸临"，要感应别人而去领导，也要从心来做。初九爻和九二爻的位置不同，初九爻对应的人是一般群众，而九二爻对应的人是智者、尊者，所以又有不同的领导方式。总之，要"说而顺"。"说"即要喜悦，要有爱心，并且要顺应天道，否则到了一定时期就会凶。

第六步　亢龙——戒骄戒躁，急流勇退

才能不够德行补。牛根生总是说："先做人，后做事。小胜凭智，大胜靠德。想赢两三个回合，赢三年五年，有点智商就行；要想一辈子赢，没有德商绝对不行。"可以说，他在创业初期，是靠个人魅力吸引人才，但随着企业规模的不断扩张，仅靠个人魅力就远远不够了，还要依靠德行。

为了给蒙牛培养更多的优秀技术和管理人才，2003年4月，牛根生成立了蒙牛商学院，聘请多位专家、教授和高级技术人员教学，所有员工轮流培训学习。开学当天，商学院的教室里便贴上了"尊重人的品德，重视人的智慧，承认人的价值，珍惜人的感情，维护人的尊严，提高人的素质"的标语。

中国素有重视德行的传统。儒家经典《周礼》中有"敏德以为行本"之说。《诗经》里也有"高山仰止，景行行止"的诗句，形容对道德高尚、光明正大者的敬仰、仿效。孔子在《论语》中也说："如有周公之才之美，使骄且吝，其余不足观也。"即使有周公那样的才能和美好的资质，只要一染上骄傲、吝啬的毛病，其余的一切也就不值一提了。这其中，才能、资质属于才的方面，骄傲、吝啬属于德的方面。也就是说，如果一个人才高八斗而德行不好，那么他也是微不足道的。只有德才兼备的人，才是完美的人。如果二者不可兼得，德是"熊掌"，才是"鱼"。圣人一定会舍鱼而取熊掌，舍才而取德。

适应变化，革故鼎新

这一节，我们讲适应变化在人生之路上的重要性。正题开始之前，我先给大家讲一个故事。

彼得大帝（1672—1725）是俄国罗曼诺夫王朝的第四代沙皇。他在位时进行的改革使俄国社会发生了翻天覆地的变化，他对俄国的影响可以说是旷古绝今的。

彼得大帝十岁时就登基了，可惜开始并不得志，朝政一直由他同父异母的姐姐摄政王索菲亚把持。这样的提线木偶，彼得大帝一直做了七年，直到1689年，也就是他十七时，才得以结束。

彼得1689年亲政后，他感到俄国和西欧先进国家相比，各个方面都十分落后。他也深知，俄国要富强，就必须向现代欧洲工商业看齐，就必须进行改革。一颗改革的种子就这样在刚刚扬眉吐气的彼得心中埋下了。

1697至1698年间，彼得大帝身先士卒，强行让一批拥有公爵头衔的青年跟随他到阿姆斯特丹、柏林、维也纳、罗马、伦敦、威尼斯等文明之都学习、访问，向当地人学习能使俄国成为欧洲最强大国家所需要的一切。

这次出国访问和学习使彼得眼界大开，也更坚定了他改革的信念。回国以后，彼得积极推行欧化政策，大刀阔斧、雷厉风行地进行了全面改革。在政治上，他打破了按出身定官阶的制度，推行论功取士，并以强制的办

第六步 亢龙——戒骄戒躁，急流勇退

法来提高贵族子弟的素质，规定他们必须至少学会数学和一门外语，否则不能结婚，也不能保留贵族身份。在经济上，他通过在贷款、税收方面给予优惠和提高报酬等办法，大力发展工业。在军事上，他建立起了一支由步、骑、炮、工兵诸兵种组成的总数20多万人的正规军，还有一支由大批战舰、快艇和2.8万名水兵组成的海军舰队，使俄国跃居军事强国之列。在生活习惯上，他下令脱掉笨重的俄罗斯长袍，改穿轻便的匈牙利军装，等等。俄国迅速跻身世界强国之列。

彼得大帝的改革之所以能够获得成功，和他在改革前的精心准备及妥善解决各种矛盾分不开。

革卦讲的是改革之时的注意事项。

来看革卦上六爻：

> 上六，君子豹变，小人革面，征凶，居贞吉。
> 象曰：君子豹变，其文蔚也。小人革面，顺以从君也。

上六爻是阴爻，居于最上位。"君子豹变，小人革面"，君子要像豹子一样去变革，小人也要去改变自己的倾向和面貌。"征凶"，如果你这个时候冒进也会有凶险，所以"居贞吉"，守住正道，才能吉。这是从正反两方面来说的，前面说君子，后面说小人，这是对比。

上六爻是"君子豹变"，九五爻是"大人虎变"，那么"豹变"和"虎变"有什么区别呢？豹子虽然也很凶猛，但是比不上老虎，虎为百兽之王嘛。大人也要比君子的位置高一些，所以"虎变"指一种重大而猛烈的变革。上六爻的"豹变"就要稍微低一些，是"虎变"之后的一种继续变革，所以"君子豹变，其文蔚也"，而"大人虎变，其文炳也"。"炳"的程度要比"蔚"更强烈一些。"蔚"指文采美德，蔚然成采，因为受了"虎变"的影响。"小人革面，顺以从君也"，小人必须改变自己的面貌，顺从九五爻的美德，因为这个是兑卦，兑为顺。"君"指九五爻。

彼得大帝所实施的改革，绝对是"虎变"，是前所未有的大变革。其改革虽然遭到了强烈的反对，但彼得大帝力排众议，采取强制的手段，使改

革取得了成功。他巩固了俄罗斯中央集权的统治，使俄罗斯国力大大增强，迅速成为欧洲强国。

> **革卦的启示：兑上离下，泽火革**
>
> 革卦是讲变革、改革的，是《周易》里比较重要的一卦，因为《周易》就是讲"变"的。"革"和"变"有一定的区别：革指变革，是一种大的变。《说文解字》中"革"字的解释为："兽皮去其毛，革更之。""革"指一种动作，指一个把兽皮上的毛去掉的过程，引申为革新、改革、革命。所以革卦告诉我们改革、变革的道理：一方面顺应天道，另一方面迎合人民。其六爻则分别表示处在不同的时位，改革有着不同的特征，代表了不同的变化，也会产生不同的结果。

我们所处的环境每天都在发生各种变化，我们只有及时地调整自己的目标和思路，迅速开始行动，革故鼎新，才能处于不败之地。

以人为本，化险为夷

唐太宗李世民说过："为政之要，唯在得人。"这句话的最佳注脚应该是三国时的刘备。

刘备智不如诸葛亮，勇不如关羽、张飞，其他方面比他的那些幕僚们也强不到哪儿去，可为什么那些文臣武将偏偏对他不离不弃、生死追随？关键就在于他的用人之道。

刘备最知道人才的重要性，也知道如何笼络人才，更知道怎样用人才，也正因此，他才能一次又一次化险为夷。著名的弃新野、奔当阳、走夏口、马跃檀溪等，都是刘备人生中最危险的时候，然而他每次都能走出危机，化险为夷。

相比而言，和刘备同时代的枭雄曹操就没有那么幸运了，他经常处于风口浪尖之上，除了华容道那次之外，极少能够化险为夷，而且他还往往因为过分猜疑而作茧自缚，比如杀掉神医华佗使自己的病无人可治。

可以这么说，刘备把《周易》的颐卦上九爻运用得极好。

来看颐卦上九爻：

上九，由颐，厉，吉，利涉大川。

象曰：由颐厉吉，大有庆也。

一般来说，上九爻是不吉利的，但是这里是"吉"。"由颐"意思是依靠上九爻颐养天下，这样就"厉，吉"了，虽然艰险，但是仍然是吉的，有利于涉大川。为什么？因为上九爻居最高位，天下是靠它来颐养的，所以是"厉，吉"。《象传》解释"大有庆也"，就是大有福报。这就是说，以民为本才能获得支持与信任，才能赢得最后的成功。

> **颐卦的启示：艮上震下，山雷颐**
>
> 颐卦讲了两种颐养之道，一种是自养，一种是养人。养自己要本于德行，这样才吉。这就像六五爻，它依靠上九爻来养自己，同时它又非常公道，把自己所得到的养再还给天下百姓，这样就属于有德。如果不本于德，就像下卦的三根爻，那就凶。养别人一定要出自公心、公道，就像上九爻，它是养别人的，别人是由于它而得到养育的，所以只要守公道，虽然艰险，但是仍然吉。另外，颐卦的卦象，上山下雷，雷全凶而山则全吉，这就告诉我们一个非常重要的道理，就是道家和佛家讲的"止"。山不是"止"吗？要止于动，动的东西往往是凶的。《大学》中讲："大学之道，在明明德，在亲民，在止于至善。知止而后有定，定而后能静，静而后能安，安而后能虑，虑而后能得。"佛教讲戒、定、慧，"戒"就是"止"。止都是吉的，妄动往往是凶的。

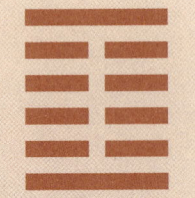

刘备有句名言："夫济大事者，必以人为本。"这说的是建安十三年（208年）的事，当时曹操攻打荆州，抵达襄阳后，得知刘备已向江陵逃窜，曹操亲点五千精锐骑兵，以日行三百里的速度追了过去。曹操速度快，刘备却走得慢，因为他带着一大帮老幼妇孺一起撤退，一天只能走十几里。据《三国志·先主传》记载，当时有人劝刘备不要再管那些人了，赶快退保江陵，刘备却说："夫济大事者，必以人为本，今人归吾，吾何忍去！"

第六步 亢龙——戒骄戒躁，急流勇退

如果说曹操成就霸业靠的是天时，"拥百万之众，挟天子以令诸侯"，孙权成就霸业凭的是地利，"据有江东，已历三世，国险而民附"，那么刘备成就霸业凭借的就是人和，"信义著于四海，总揽英雄，思贤如渴"。因此，刘备的蜀才得以和曹操的魏、孙权的吴形成三国鼎立之势。

与刘备相比，曹操虽然也深知天下之争其实就是人才之争，而且不遗余力，从袁绍手中网罗荀彧、郭嘉、张郃、高览，从刘表手中网罗蒯越、文聘等，手下战将如云，谋士如雨，但曹操并未真正地做到"以人为本"。他一直心存"才不为我所用，则必不能流于他人，为他人所用"的观念，为此黜杀了许多优秀人才，如因嫉妒而杀孔融、杨修，因怀疑而杀崔琰，等等。当然，也正因为曹操没有真正地"以人为本"，所以才会有陈宫、张邈等人的背叛，才会有大批人才流向吴、蜀，最终他只能眼睁睁地看着天下三分，而不是由自己一手打造的魏国统一全国。

成功源于反省，失败源于自大

谈到反省，越王勾践可谓最典型的例子。公元前496年，越王允常去世，其子勾践继位。吴王阖闾极不地道地趁越国国丧之际发兵攻越。吴国虽是乘人之危，但也没捞到什么便宜。越人同仇敌忾，奋力抵抗，大败吴军。吴王阖闾负伤，死于归途中。

父仇子报。吴王夫差继位后，潜心备战了三年，然后率复仇大军杀向越国。越人这次惨败，几乎全军覆没。越王勾践被迫逃到会稽山，派使者向吴国屈辱求和。

按照双方签订的不平等条约，越王勾践要带着夫人和大臣范蠡去吴国服苦役。于是，勾践给阖闾看坟，给夫差喂马，还给夫差脱鞋，服侍夫差上厕所，受尽了嘲笑和羞辱。但为复国大计，勾践不但对所有侮辱照单全收，而且对吴王夫差更加恭敬顺服，甚至还尝过夫差的排泄物。夫差十分感动，三年苦役期满，便放勾践回国了。

勾践回到越国后，日日不忘反省，立志报仇雪耻。他唯恐眼前的安逸消磨了志气，便在吃饭的地方挂上一个苦胆，每逢吃饭的时候，都先尝一尝苦味，自问："你忘了会稽的耻辱吗？"他还用柴草当作褥子。这就是后来人传诵的"卧薪尝胆"。

勾践励精图治，采用大臣文种的建议，送给吴王大批的珠宝麻痹对方；

第六步 亢龙——戒骄戒躁，急流勇退

收购吴国的粮食，使之粮库空虚；送给夫差优质的木料，使吴国耗费人力物力兴建宫殿；散布谣言，离间吴国君臣关系，使夫差中计杀害了伍子胥；施用美人计，用西施使夫差荒废政事。夫差在越人的圈套中越陷越深。

终于，机会来了。勾践趁夫差去黄池会盟之时，全力偷袭吴国。这回轮到吴国失败求和了。但勾践不像夫差那么天真，他并没有给吴国任何喘息和翻身的机会，再次起兵，一举灭掉了吴国，逼得夫差自杀身亡。

这个故事正应了晋卦上九爻之意。

来看晋卦上九爻：

上九，晋其角，维用伐邑，厉吉，无咎，贞吝。

"晋其角"，上升到头了，到角了。因为上九爻是卦的最上爻，所以就到头了，到极点了。好比钻牛角尖，到这个角上了，所以"维用伐邑"。"维"通"惟"。也就是要考虑、计划。这时上九爻上升到极点了，也就是位置最高了，那么就会"伐邑"，讨伐别的邑国，也就是自己的所属国，这样，是"厉吉，无咎"。"厉"，危险。"厉吉"，虽然危险，但可以获得吉庆。"无咎"，没有灾祸。"贞吝"，这件事情总的来说是吉的，但是"吝"，有遗憾。

这个爻辞一般人不能理解。它什么样的情况都说到了，"厉"是危险，"吉"是吉庆，"无咎"是没有灾祸，"吝"是有艰险、有遗憾，它都说到了，如何理解？究竟是吉还是凶？这个答案我们一看到"维用伐邑"这种景象，就可以看出来。

我们要从不同的角度来看，它实际上反映了不同的角度。你已经到头了，你去讨伐别人，于别人自然是危险的，于自己，征伐成功了，那你是吉的。但这整个的过程还是"贞吝"，还是很艰难、有后患的，所以前进到头的时候，不要太张扬，不要太张狂，不要去欺负别人，因为你这样最终只会引起怨恨，你去讨伐别人，最终是结怨、结仇。即使此生不报，你的子孙后代也是"吝"的，也就是"冤冤相报何时了"，也是不利的。所以你只是一心去讨伐别人，那太张扬，不符合你的精神。

上九爻同九四爻，是卦中的两个阳爻，依次偏重于"吝"和"厉"，这是因为太夸张了、太张扬了、太过分了，就去讨伐别人，虽然对你来说有时是吉的，但最终的结果就艰难了。

吴王夫差就没有搞懂这个道理。他在击败越国后，原本可以一举灭掉越国，斩草除根，不留后患，但是他太过自大了，太张扬，以为越国根本没有反手之力，于是日日沉醉于温柔乡里，完全不加防范和警戒。

而越王勾践显然在吴国为奴期间吃尽了苦头，作为一国之君，他是很能忍耐的，把心中的仇恨掩藏得极好。留得青山在，不怕没柴烧。最后他也达到目的了，不仅保住了性命，还抓住了机会东山再起。当然，勾践作为过来人，不会再犯吴王夫差的错误，他一举灭掉了吴国，成就了霸业。

会聚人才，包容方圆

中国历来有尊贤重能的优良传统，尤其春秋以降，诸侯国林立，作为游离人才的"士"阶层崛起并逐渐在国际沟通中占据举足轻重的地位，各诸侯国的首脑认识到了人才的重要性，纷纷不惜血本，招贤纳士。

说到这里，有必要介绍一下"士"这个阶层。

"士"大约是随着周王室的衰落而勃兴的。当时，礼崩乐坏，中央的一套统治秩序不再放诸四海而皆准。也就是说，原先世袭的用人机制被逐渐打破，铁饭碗没了，官场上不再是"上品无寒门，下品无势族"，这就给了出身寒微的人一个出人头地、飞黄腾达的机会。他们中的佼佼者自然不会轻易放过机会，于是纷纷以所学所长游于诸侯之门以求售，"士"阶层由此日渐崛起。

说到这儿，朋友们应该明白了。"士"和咱们今天的求职者一样，而今天的老板就相当于当时的诸侯权贵。不过，那时候士的基本权利是完全没有保障的，他们和老板之间大多是口头承诺，不签合同，不像今天，有一份白纸黑字的契约在，走到哪里咱们都不怕。

那时的士混得好，并非全凭运气。如果他的确有真才实学，那么不用担心，除非点儿特别背，而且一背到底，否则基本上最后都能找着好工作。当然，那些点儿背的，历史上绝大多数连名字都没有留下。

我们只说青史留名的。

六国争霸时的李斯，千里迢迢从楚国跑到秦国找工作，刚刚稳定下来，就赶上六国互相渗透、互派奸细，秦王本着"宁可错杀千人，不让一人漏网"的原则，在国内搞起了大清洗，要把外国人全都轰回老家。李斯不是秦国户口，当然也在被轰之列。可是，他咽不下这口气。别人没办法，他有。他走到半道，给秦王写了一封信，这就是闻名天下的《谏逐客书》。这封信让秦王最终收回成命，派人快马加鞭把李斯从半道请了回去。

李斯才是真正的高手。

战国时，诸侯争霸十分惨烈，士的作用更为凸显。当时养士成风，各国权贵们手下之士动以千计。其中，最有名的是号称"战国四公子"的齐国孟尝君田文、赵国平原君赵胜、魏国信陵君魏无忌、楚国春申君黄歇，他们每位养士都在三千以上。

我们只以孟尝君为例。

《史记·孟尝君列传》记载，孟尝君"食客数千人，无贵贱一与文等"。能做到这一点，非常不容易。而且，孟尝君和门客对话时，屋里屏风后都安排有专人负责记录门客提到的各种困难，然后，孟尝君派人，神不知鬼不觉地替门客解决各种困难。

当时，士里面有个行规，"为知己者死"。因为士们是把脑袋别在裤腰带上为主子做事的，所以有些士的脾气就很大。

我们熟知的冯谖还算好的，弹着长剑唱了几首小曲，无非要些酒食、车马而已，不伤大雅。有的就相当难缠。据载，孟尝君有一次晚上宴客，手下人挡住了灯光，一个自尊心特别强而且疑心特别重的门客就以为孟尝君在黑灯瞎火之中开小灶，于是饭也不吃了，起身要走，要辞职不干了。孟尝君无奈，只好端过自己的饭菜让门客检查，结果门客发现饭菜都是一样的，愧而自杀。

孟尝君后来困在秦国不得归齐，只能偷偷摸摸地走，多亏了他手下的一帮鸡鸣狗盗之徒，他才得脱大难。

还有冯谖，他为孟尝君"薛地市义"的故事，更是尽人皆知。

第六步　亢龙——戒骄戒躁，急流勇退

另外三位公子，也都得到了门客的很大帮助，这不能不说是他们礼贤下士之功。

古语说得好："将军额头能跑马，宰相肚里能撑船。"这就是说，大人物都要有度量，有容人之量，能包容各种各样的人，自然也包括包容比自己强大的人。我们要想做个大人物，就要像萃卦一样，会聚、包容比自己更高明、更强大的人，这样才能真正显示出我们的品德，赢得各种人才的尊重和追随。

萃卦是《周易》的第四十五卦，《序卦传》说："物相遇而后聚。"前面第四十四卦姤卦讲的是"相遇"，相遇之后当然就是会聚了。所以，"萃"指一种聚会，或者一种会聚。"萃"字是草字头，下面"卒"代表声音，上面"草"代表草木滋生。草木滋生就叫"会聚"。所以萃卦实际上讲的就是会聚之道——怎样来会聚人才，怎样来会聚财物，怎样来会聚美德。

来看萃卦的卦辞：

萃，亨，王假有庙。利见大人，亨，利贞。用大牲吉，利有攸往。

萃卦的卦象，上面是泽，下面是地，泽地萃。萃卦的会聚之道是亨通的"王假有庙"。"假"指"感应"，"假"通"及格"的"格"，叫"感格"，"感格"就是"感应"。君王感应了神灵，他去祭祀来感应神灵，然后就能保住自己的宗庙，也就是保住自己的江山社稷。这是要与神灵相感应，就是用美德来会聚，用自己的美德来感应神灵。"利见大人，亨，利贞。"对大人来说是有利的。言外之意，对小人来说是不利的。这个就是指，君王要会聚大人。什么叫"大人"？我们在前面第二步的《自我提升，永无止境》小节已经说得很清楚——必须达到四个"合"，才能叫"大人"。这种大人当然亨通，有利于贞问。"用大牲吉，利有攸往。""大牲"指大的"牺牲"。用来祭祀的"牺牲"一般有三牲：牛、羊、豕。牛就叫"大牲"。《说文解字》上说："牛，大牲也。"既然是君王，他祭祀就一定要用大祭品来表示虔诚，这样才"利有攸往"，有利于继续前往。

萃卦的整个卦象就是讲，一个君王以祭祀来会聚神灵。"神灵"实际上

指祖先、祖先的精神美德。只有继承和发扬了祖先的精神美德,才能保住自己的江山社稷。那么,这个会聚规格一定要高,要用"大牲"。

如果不是君王,而是一般人祭祀,就不一定非要在乎祭品的大小。所以,这个卦里,也提到了一种很微薄的祭祀,这也可以,也是有利的,只要心中虔诚。

来看萃卦的彖辞:

> 彖曰:萃,聚也。顺以说,刚中而应,故聚也。王假有庙,致孝享也。利见大人,亨,聚以正也。用大牲吉,利有攸往,顺天命也。观其所聚,而天地万物之情可见矣。

"萃,聚也","萃"就是会聚的意思。"顺以说,刚中而应,故聚也。"为什么这个卦象表示"聚"呢?因为这个卦的下面是坤卦,"坤"为顺,上面是兑卦,"兑"为喜悦。既柔顺又喜悦,刚爻又居上卦的中央,走中道,并且能与下面的六二爻相呼应,上下呼应,所以当然就是会聚了。因此我们可以看出,这个君王指刚中之爻九五爻,九五爻能够会聚下面的三根阴爻,所以叫作"会聚"。"王假有庙",王为什么能感应神灵而保住宗庙呢?"致孝享也",因为他表达的是一种孝道,奉献的是一种诚心。这个"孝"字非常重要,对祖先、对上要"孝",要奉献("享"就是"奉献"的意思)诚心,这样,祖先当然就会保佑他了。"利见大人,亨",为什么对大人来说是有利的,是亨通的呢?"聚以正也",因为九五爻讲的是会聚之道,会聚之道遵循的是一种正道。"用大牲吉,利有攸往,顺天命也",顺应的是一种天命,这种天命实际上就是指一种天道的规律。这就是指,会聚要符合天命。比如,你会聚人才或者钱财,都要顺从天命。如果你会聚财富,却不顺天而行,那么虽然暂时你会有一些聚集,但是终究会遭到天谴,财富终究是保不住的。这是无数的事例都已经证明了的。所以"观其所聚,而天地万物之情可见矣"。

萃卦中的会聚,可以体现出天地万物的性情,只要是天地万物,只要是会聚,无论会聚什么,其情况都可以从萃卦中体现出来。所以,我们不能说这个"聚"就是聚钱财,或者聚人才,这是不一定的。因为天下万物,只要是会聚,道理都可以在萃卦中体现出来。

> **萃卦的启示:兑上坤下,泽地萃**
>
> 萃卦讲的是会聚之道,"物以类聚,人以群分""道不同不相为谋",只有同类的事物才可能会聚在一起,因此我们必须用美德来感应神灵,然后才能会聚神灵,会聚祖先,会聚大人,会聚钱财。一定要有一种虔诚、中正的美德,因为如果这种美德、这种心志被扰乱,那么它的会聚必然也会混乱。所以萃卦初六爻和九五爻都强调一个"志"字,告诉我们,会聚一定要守正道,然后再把守正道的会聚之道推广到万物之会聚。

我们重点来看一下萃卦上六爻:

上六,赍咨涕洟,无咎。
象曰:赍咨涕洟,未安上也。

"赍咨",叹息,嗟叹。"涕"指眼泪,"洟"指鼻涕。"涕洟",痛哭流涕。也就是说,只有哀叹,只有痛哭流涕,才无咎,才没有灾祸,因为上六爻是居于最高位的。《象传》解释"赍咨涕洟"的原因是"未安上也"。上六爻居于最高位,但是它却不能安居于上。上六爻居于这个上位,求居不得,所以只有在恐惧、流涕(这都是一种反思的行为)的时候,才能无咎,才没有大的灾祸。

说到痛哭流涕,大家脑海中可能会立即浮现出一个人——刘备。刘备无疑是《三国演义》中最能哭的人了。《三国演义》中,有三十余处写到刘备的哭。刘备作为一代"枭雄",罕见地能哭,而且哭的作用往往能被他发挥得淋漓尽致,叫人不能不佩服。哭就是刘备招揽人才、赢得人心的重要手段。毛宗岗曾说："先主基业，半以哭而得成。"一句话道出了刘备能哭的奥妙和玄机。

当然，我不是教大家都用哭的手段来招揽人才，这是不太实际的，要具体问题具体分析。但领导者一定要懂得包容人才之道。一个领导用人如果像"武大郎开店"，只要比自己矮的，而比自己高的人一律免谈，或者勉强要了心里却百般不是滋味，老惦记着给人穿小鞋、上眼药，那就大错特错了，他的事业和企业肯定经营不好。

我们会聚人才，一定要包容方圆，包容比自己能力更强的人，为企业延揽更多、更好、更强的人才。

摒除猜疑，主动沟通

说到猜疑，明朝最后一任皇帝崇祯可以说仅次于曹操。正是因为他的多疑，大将袁崇焕才会冤死狱中，明朝才会提前灭亡。

这话还要从努尔哈赤说起。明朝末年，努尔哈赤败于明将袁崇焕之手，重伤而死。杀父之仇焉能不报？谁来报？当然是努尔哈赤的儿子皇太极了。皇太极在服丧一年后即亲率大军分兵三路南下，先把锦州城包围了起来。袁崇焕绝不是泛泛之辈，料定皇太极是声东击西，其真实目标是宁远，于是自己留守宁远，派部将带领四千骑兵援救锦州。果然，援兵还没出发，皇太极的主力部队就到了宁远城下。袁崇焕亲自到城头上督率将士守城，驻扎城外的明军援军和城里的明军内外夹击，后金落败。皇太极又掉头攻打锦州，但锦州也固若金汤。后金军士气低落，皇太极无奈退兵。

可是，阉党魏忠贤却把这个战功抢注在自己名下，反而责怪袁崇焕没有亲自援救锦州，应属失职。袁崇焕愤而辞职。

公元1627年，昏庸的明熹宗驾崩，他的弟弟朱由检即位，他就是明思宗，也叫崇祯帝（崇祯是年号）。崇祯帝恨透了祸国殃民的阉党，即位当年就宣布了魏忠贤的十大罪状，大力惩办了阉党。此时，许多大臣请求把能力出众的袁崇焕召回朝廷效力。崇祯帝认为袁崇焕的确值得重用，于是一举提拔他为兵部尚书，负责指挥整个河北、辽东的军事。崇祯帝还赐给袁崇焕一口尚方宝剑，准许他全权行事。士为知己者死，袁崇焕感念崇祯的知遇之恩，重新回到宁远，选拔将才，整顿队伍。

公元1629年10月，皇太极再次南下，率领几十万后金军，从龙井关、大安口（今河北遵化北）绕到河北，直扑北京。崇祯帝当然是全北京最为心慌意乱的那一个，直到听说袁崇焕已星夜兼程带兵赶到，心才稍稍定了一些。但是阉党余孽却散布谣言，说这次后金兵绕道进京，完全是袁崇焕引进来的，说不定里面还有什么阴谋呢。

三人成虎。崇祯帝本就是个猜疑心极重的人，听了这些谣言自然也有些起疑。正在这个时候，有一个被后金兵掳去的太监从金营逃了回来，向崇祯帝密告，说袁崇焕和皇太极已经订下密约，要出卖朝廷。这个消息简直像晴天霹雳，崇祯帝一时愤怒到了极点。

原来，这个太监被后金军俘虏以后，被关在后金军营里。有一天半夜醒来，他听见两个守卫的后金兵在外面轻声闲聊："刚才我看到主上（皇太极）一个人骑着马朝着明营走，明营里也有两个人骑马过来，跟主上谈了好半天话才回去。听说那两人就是袁将军派来的，他已经跟主上秘密约定，眼看大事就要成功啦……"

这个太监偷听了这段话，惊得眼珠子差点掉出来，后来他趁看守他的后金兵不注意，偷偷地逃回了皇宫，并立即向崇祯帝如实报告。崇祯帝听了也信以为真。他哪里知道，这刚好中了皇太极的反间计。

不久，满怀拳拳报国之心、身负冤屈的袁崇焕便走向了生命的尽头，在北京西市被凌迟处死。所谓凌迟，便是千刀万剐，是极刑中的极刑。刚愎自用而多疑的崇祯皇帝，亲手将最后一个可能挽救他并使大明王朝免于毁灭的人送上了绝路。

接下来，让我们看一下睽卦上九爻是怎么解释这件千古冤案的：

上九，睽孤，见豕负涂，载鬼一车，先张之弧，后说之弧。匪寇婚媾，往遇雨则吉。

象曰：遇雨之吉，群疑亡也。

第六步　亢龙——戒骄戒躁，急流勇退

上九爻说，在背离的时候十分孤独，此时出现了三个景象：第一个景象是"见豕负涂"，即看到猪背负着泥土；第二个景象是"载鬼一车"，即一辆大车上载满了鬼怪在奔跑，那么他就"先张之弧，后说之弧"，即先张弓准备射这一车的鬼怪，然后却又放下了弓箭，因为他又发现车上的不是鬼怪；第三个景象是发现好像有人来抢东西，但后来仔细一看却又不是强寇，而是来求婚媾的，这时"往遇雨则吉"，即遇到了下雨就会吉祥，意即阴阳和合了就会吉祥。前面是处在背离的状态之下，感到孤独的时候就会猜疑，所以这三个景象都是在猜疑的时候出现的，这是一种心理的变态反应，把这种猜疑解除之后就会恢复平和的心理状态。所以《象传》就说，如果各种猜疑都消失了，那么他就会诚心实意地与别人相和，就会是吉庆的。

从人的心理规律来分析，人在分离、孤独的时候容易猜疑，容易出现各种幻象，那么此时应该怎么办呢？上九爻是与六三爻相呼应的，在六三爻时，由于猜疑而出现了种种幻觉，所以在背离到极端的时候，往往会群疑纷纷。那么如何才能解除猜疑呢？这里说要"遇雨"。雨，一者指阴阳和合才能下雨，二者指一种心平气和的状态。比如，猪背上沾满了泥土，经过雨水的冲刷便洗干净了；原来恍恍惚惚看到似乎载了一车的鬼怪，后来因为下雨冲散了迷雾便看得清楚了。这就引申为要解除猜疑、掌握真相。天地万物的真相都是相交、相沟通的，那么背离的情况是怎么形成的呢？那都是人为的，都是因为猜疑而造成的。这一点对我们为人处世有很大的教益，就是一定要求大同，要和合。遇到不同的东西也没有关系，但是要与之沟通、与之交和，要以柔为事、小心谨慎，这样才能慢慢地解除猜疑。

猜疑是沟通的大敌。崇祯帝在国家生死关头，不分青红皂白听信谗言杀掉国之栋梁袁崇焕，绝对是其人生最大的败笔。其实只要崇祯帝冷静下来想一想，就会发现其中疑点很多。怎能仅凭一个太监的几句话就处死一个战功赫赫的大将？证据何在？袁崇焕根本没有叛国的理由啊！但崇祯帝当时已经昏了头脑，被猜疑蒙蔽了心目，终于铸成大错。

曹操也是一个疑心很重的人。早年他在刺杀董卓失败后，被官府通缉，与陈宫一起逃至吕伯奢家。曹吕两家是世交，吕伯奢一见曹操到来，本想

杀一头猪款待他，可是曹操先是听到磨刀之声，又听说要"缚而杀之"，便疑心大起，以为吕伯奢起了杀心，于是不问青红皂白，先下手为强，一口气杀了吕伯奢全家。

　　这世上每天都在上演猜疑酿成的悲剧。我们大家肯定都有过被误会的经历，如果误会得不到及时澄清，就会发展为猜疑；猜疑不能及时解除，就可能导致不幸。

　　喜欢猜疑的人，通常都是心胸狭窄的人。与他们相处时，要非常讲究方式方法。首先要多赞美，构筑一个轻松的交流环境。其次，对于一些中伤和猜忌，要有理有节地进行解释，据理力争。

　　猜疑可以说是沟通最大的敌人。猜疑妨碍了人们的交流，也在人与人之间竖起了一面面高墙。我们想要在生活中避免猜疑，就要时时刻刻注意多与别人沟通、交流。人与人之间如果少一些猜疑，就会多一些信任。

得人心者得天下

得人心者得天下，这个道理早在《周易》损卦里面就有描述。

来看损卦上九爻：

上九，弗损益之，无咎，贞吉，利有攸往，得臣无家。

"弗损益之"，不用自我减损，同样也能"益之"。这里的"益之"指被别人补益。被谁呢？被六三爻。"无咎，贞吉"，接受别人的补益当然没有灾祸，当然"贞吉"。"利有攸往"，守持正道就有利于前往。"得臣无家"，得到广大臣民的爱戴，而不限于一家一户，这样就能大得民心。

下面来看看《象传》的解释：

象曰：弗损益之，大得志也。

"大得志"就是大得民心，因为上九爻损小家而益大家。六三爻是损，上九爻是益，就是六三爻损了自己小家去益上九爻这个大家。上九爻居最高位，为君王，他是大得民心的，因为他得到了六三爻的补益。

得民心者得天下。损小家而益大家，民必拥戴之。

再来看一下益卦上九爻：

> 上九，莫益之，或击之，立心勿恒，凶。

"莫益之，或击之"，没有人来增益它，反而有人要攻击它。"立心勿恒，凶"，心志不够恒定，这样是有凶险的。益卦的上九爻是损人益己，所以别人当然不会去增益它，有人反而要攻击它。而损卦的上九爻是损己益人，所以是吉的。

下面来看看《象传》的解释：

> 象曰：莫益之，偏辞也。或击之，自外来也。

"偏辞"的意思是言辞片面。因为上九爻片面地求益，片面地追求自己的利益，这样的结果就是遭到外人的攻击。这就是说，损人利己要不得，必失人心。益卦同损卦正相对，只求一己之利必遭唾弃。

古往今来，无数事例证明：人心向背，决定成败。想当年，刘邦率领大军攻入关中，距离秦都咸阳只有几十里路了，在霸上这个地方歇脚。子婴眼看江山不保，只好向刘邦投降。刘邦进咸阳一看，那叫一个眼花缭乱，心想终于到了享受的时候了，就想立即见识一下豪华的秦王宫。但他的心腹樊哙和张良却立马阻止了他，劝他别为此失掉民心。刘邦虽然心痒，但还是接受了他们的意见，下令封闭王宫，并留下一些士卒保护王宫和藏有大量财宝的库房，随即还军霸上。

为了赢得更多的民心，刘邦心一横，把关中各县父老、豪杰全召集到一处，郑重地向他们宣布道："秦朝的严刑苛法，把众位害苦了，应该全部废除。现在我和众位约定，不论是谁，都要遵守三条法律。这三条是：杀人者要处死，伤人者要抵罪，盗窃者也要判罪！"然后，刘邦在霸上静候各诸侯军的到来。这就是历史上有名的"约法三章"。接着，刘邦又派出大批人员，到各县各乡去宣传"约法三章"。百姓们果然十分捧场，纷纷取了牛羊酒食来慰劳刘邦的军队。

由于坚决执行约法三章，刘邦得到了关中百姓的信任、拥护和支持。关中是秦朝的发祥地，也是兵家必争的战略要地，能否取得关中的民心是成功与否的关键。刘邦的"约法三章"使原本惊恐不安的关中民众放下心来，因此获得了关中百姓的全力支持，这为他日后夺得天下奠定了坚实的基础。

而项羽就不同了，他进军咸阳后，将秦宫中的财宝、美女洗劫一空，然后纵火焚烧秦宫，大火三月不止。此举使他失去了大部分民心。

在竞争激烈的商场、职场、官场，同样也是得人心者得天下。如果要在激烈的竞争中永远立于不败之地，就必须设法赢得人心。

不盲目，不冒进

盲目冒进是一个人初步成功之后最容易犯下的错误，闯王李自成之所以失败，原因也在此。

明朝末年，李自成在陕西米脂起义，不久后投奔高迎祥，成为高迎祥手下的一名闯将。高迎祥死后，李自成被拥为"闯王"，率领起义军转战于河南一带。当时，河南是灾情比较严重的地区，李自成在谋士的帮助下，提出"均田免粮"的口号，赢得了广大农民的支持，人们互相流传"杀牛羊，备酒浆，开了城门迎闯王"。起义军迅速壮大，发展到百万人。1643年，李自成攻下襄阳，改为"襄京"，称"新顺王"。1644年1月，李自成在西安称帝，尊西夏李继迁为太祖，建国号"大顺"。刚登上帝位四十多天，还没站稳脚跟，李自成便又急忙率领五十万大军攻打北京城。北京城不攻自破，崇祯帝朱由检吊死煤山。

李自成及其将领被一次又一次的胜利冲昏了头脑，进驻北京城后根本没有施行任何巩固政权、加强队伍纪律的措施，烧杀劫掠，劣迹斑斑。更要命的是，刚刚攻下北京城不到一个月，他又仓促率领步兵六万，号称十万大军，奔赴山海关征讨吴三桂。这支疲惫的部队遇到军纪严明、经验丰富、训练有素的吴三桂部队，结果自然是一败涂地。逃回北京时，他仅剩三万余人。莫名其妙的是，在这样糟糕的处境下，李自成非但不命令部

第六步 亢龙——戒骄戒躁，急流勇退

队休养生息，反而在三天后再次称帝，并怒杀吴三桂一家大小三十四口，逼得吴三桂一气之下投降了清军。称帝后第二日，李自成便撤往西安，由山西、河南两路撤退。从此，他一溃千里，三十九岁即兵败身亡。

纵观李自成的一生，几乎都是在马背上度过的，没有停下来整顿反思的时刻。他不顾自己的实力，屡屡盲目冒进，终致兵败身死。而同样是农民起义，明太祖朱元璋当年的策略就高明得多，他采取了"高筑墙、广积粮、缓称王"的稳健战略，"高筑墙"就是巩固根据地，"广积粮"就是加强后勤保障，"缓称王"就是不当出头鸟，既避免自己成为众矢之的，又不破坏反元联盟。然后，他再伺机消灭其他地方割据势力如陈友谅、张士诚、方国珍等，最终顺利坐上皇帝的宝座。

震卦上六爻所要讲述的就是"不盲目，不冒进"的道理。

来看震卦上六爻：

上六，震索索，视矍矍，征凶。震不于其躬，于其邻，无咎。婚媾有言。

象曰：震索索，中未得也。虽凶无咎，畏邻戒也。

"索索"，恐惧不安的样子。"震索索"，就是在打雷的时候惊惧不安，畏首畏尾，不敢前进。"视矍矍"，两眼惶恐不安，露出惶恐不安的眼神。"征凶"，再往前冒进的话，必然有凶险。

因为已经到上六爻了，到头了，上六爻又处在一个阴柔的时位，能力尚不够，若还要冒进，当然会有凶险。"震不于其躬，于其邻，无咎"，那么在惊雷还没有涉及自己的时候，就是还没有涉及自身、刚刚涉及邻居的时候，就要预先戒备了，这样才没有灾祸。"婚媾有言"，如果要谋取婚姻，那就会导致"有言"。"言"，争议。这根爻实际上说了三种情况：

第一种情况是处在上六爻这个爻位的时候，只有惶恐不安、不冒进，才能够避开风险，否则，就一定会有凶险。

第二种情况是在这个雷声还没有涉及自身而刚刚涉及邻居的时候，就要预先戒备，实际上就是要防患于未然。

第三种情况是婚媾有言,如果在这个时候求婚媾,这里是上六爻,配的应该是六三爻,这个能不能配呢?这是两阴,不能配,只有一阴一阳才能相配,所以肯定有争执。在这个时候求婚媾,因为阴阳不和谐,所以有争执。

《象传》的解释是,震雷的时候,恐惧不安是因为"中未得也"。"中未得"实际上就是未得中,说明这一爻不是居在适中的位置,所以很不安,不能冒进,所以"虽凶无咎"。为什么"虽凶无咎"?为什么前面是真凶,后面的做法就是无咎呢?"畏邻戒也",因为畏惧邻居受到雷的惊扰而预先戒备了。所以这根爻说明了,虽然在惊雷的时候有危险,但是只要预先戒备,不冒进,同样可以转危为安,没有灾祸。

震卦的启示:震上震下,震为雷

震卦取了雷动之象,就是打雷,意思是告诉我们,在雷动时要谨慎行事,千万不要触犯法律,因为在古人那里,打雷就是上天震怒的表示。如果触犯法律、触犯天道了,天理就不容。俗话说"天网恢恢,疏而不漏",就像打雷一样,它会打到任何一个地方。所以震卦有两个意思:一个就是要谨慎戒惧,按照天道来做,这样才能有福。另一个借指君主的号令,因为君主的号令也要贯彻执行到所有的人、所有的地方,远近无一遗漏,这样才能保住江山社稷。其六根爻则指处在六种不同爻位的不同做法,会导致不同的结果。

请大家牢记震卦上六爻给我们的启示吧,要稳扎稳打、步步为营,成为笑到最后的那个人。

急流勇退是大智慧

"杯酒释兵权"这个典故，想必大家都听过。话说宋太祖赵匡胤"黄袍加身"后不久，建隆元年（960年）四月，昭义节度使李筠起兵反宋，被侍卫马步军副都指挥使石守信等击败于长平。一波未平，一波又起。建隆元年九月，后周太祖郭威的外甥淮南节度使李重进在扬州反叛，打出"驱逐赵贼、恢复周室"的旗号。这次宋太祖决定亲自带兵出征。近两个月后，叛乱终于被平定。

因为"二李之乱"，宋太祖心里总是不踏实。有一天，他单独召见赵普，问："自从唐朝末年以来，换了五个朝代，没完没了地打仗，不知道死了多少老百姓。这到底是什么道理？"

赵普说："道理很简单，藩镇权力过大。如果把兵权集中到朝廷，天下自然就太平无事了。"

赵普说完，立时明白了宋太祖的良苦用心——原来他是想借自己的口把他不好说出来的话说出来啊。于是赵普大胆地给出了建议："禁军大将石守信、王审琦两人，兵权太大，请皇上把他们调离禁军，以防后患。"

太祖说："这两个人我很信任，他们绝对不会有负于我。"

赵普说："臣并不担心他们叛乱。但是据臣所知，这两个人的领导才能有限，管不住下面的将士。有朝一日，下面的人闹起事来，只怕他们也身不由己呀！"

几天后，宋太祖宴请石守信、王审琦等几位老将。酒过三巡，宋太祖举起一杯酒，先请大家干了杯，然后说："要不是有诸位辅佐，朕根本不可能坐上皇位。但是你们不知道啊，做皇帝其实还不如做个节度使自在。不瞒各位，这一年来，朕就没有睡过一夜安稳觉。"

石守信等人听后忙问是什么缘故。宋太祖说："这还不明白？皇帝这个位子，谁不眼红呀！"

石守信等人听后连忙跪在地上表忠心："现在天下一统，谁还敢对陛下三心二意？"

宋太祖摇摇头，说："对你们几位我还信不过？只怕你们的部下贪图富贵，也把黄袍披在你们身上啊！"

石守信等听到这里，感到大祸临头，连连磕头，请求圣主给指一条生路。于是，宋太祖隐晦地说明了自己的意思。第二天，石守信、王审琦等人便上书声称自己有病，要求解甲归田。宋太祖自然欣然同意，收回他们的兵权，并赏给他们一大笔财物，打发他们到地方做闲职去了。后来，宋太祖还把两个女儿分别嫁给了石守信和王审琦的儿子。

这就是历史上有名的"杯酒释兵权"的故事。其实这个故事讲的也正是遁卦的上九爻要告诉我们的道理。

来看遁卦上九爻：

上九，肥遁，无不利。

象曰：肥遁无不利，无所疑也。

"肥"通"飞"。"肥遁"，飞快地隐遁，高飞而远遁。"肥遁，无不利"，正如天飞快地离开下面的那座山，这样是没有什么不吉利的。《象传》解释说，高飞而远遁是没有什么不吉利的，是没有什么可迟疑的。

遁卦告诉我们的是隐遁、隐退之道。《广雅·释诂》解释"遁"有三个含义：一是去也，即离开；二是蔽也，即隐蔽；三是退也，即隐退。所以遁卦讲的是怎么离开，然后怎么退避、归隐。

第六步　亢龙——戒骄戒躁，急流勇退

遁，亨，小利贞。

象曰：遁亨，遁而亨也。刚当位而应，与时行也。小利贞，浸而长也。遁之时义大矣哉。

"小利贞"，柔小者是有利的。所以，遁卦崇尚柔小。"遁亨，遁而亨也"，只要隐退就能亨通。"刚当位"，刚爻当位，处于正位（指九五爻）。"而应"指九五爻与六二爻相应，这样就可以隐遁了。"刚当位而应"意思是，九五爻是帝王、是至尊，但至尊还要回到六二爻，居于高位还要隐遁，这样做"与时行也"，绝对能够亨通。"与时行也"，即与时偕行。"行"非专指前进，而是包括了"进"与"退"两方面，"退"也是一种"行"，故此处"与时行也"指与时遁也、与时俱遁。在这个时位，该隐遁就应隐遁。注意，这个时位并不只指每一根爻的时位，而是说，每一卦都是一个大时位，六十四卦是六十四个时位，是一个更大的时位，走到这一步时如果想要恒久，就得隐遁，隐遁了才能恒久。"浸而长也"，"浸"是"渐渐"之意。渐渐地往上长，表示遁卦的阴气渐渐地往上长，已经长到了第二位，所以"遁之时义大矣哉"，遁这个时位的意义太伟大了。这也是我一贯认为的，儒家和道家都应用了《周易》的思想，该刚则刚，该柔则柔。

对于开国君主而言，开国元勋们"功高盖主"的问题是最为困扰他们的难题，尤其对于那些出身低微的开国君主而言。因此，才有了一幕幕"飞鸟尽良弓藏，狡兔死走狗烹，敌国破谋臣亡"的惨剧不断上演。明太祖朱元璋对待开国功臣们当然也不例外，"胡蓝之狱"使得大明的开国功臣被屠戮殆尽。

石守信等人得以善终实属罕见。这就是急流勇退的智慧。如果石守信等人当时恃仗军功，不主动请辞或者干脆谋反，那结局就可想而知了。

把自我修炼进行到底

大家肯定很奇怪，我们已经讲到人生的第六步了，为什么又讲自我修炼？不是已经成功了吗？

是的，走到这一步已经成功了，但成功之后是"亢龙有悔"，也就是到了由盛转衰的时候了。怎样才能挽救这种衰败？只有将自我修炼进行到底。这也正是贲卦的启示。

来看贲卦的卦辞：

贲，亨，小利有攸往。

"贲"就是修饰、文饰的意思，又可引申为文明、文化。"文化"一词出于此，"人文"一词也出于此。

孔子曰："言以足志，文以足言。"意思是，言论是用来阐发志向、心志的，文章是用来阐述言论的，实际上是一种修饰的手段。孔子曰："不言谁知其知。"如果不说出来，谁知道你的心里在想些什么。孔子曰："言之不文，行之不远。"如果言语不加以修饰，那么影响也不深远，所以需要文学。《诗经》里有三种修饰方法，赋、比、兴，从语法上说，都是文饰。《礼记》中，先王用乐即音乐来文饰。"无本不利，无文不行"，正如人之穿漂亮服饰美化自己，吸引眼球。最高的修饰是什么？是不文，不文才是大智慧。

第六步　亢龙——戒骄戒躁，急流勇退

贲卦的卦象，上为山，下为火，山火贲。山下有火，形象很美。离、火又代表一种动物——野鸡，山里的野鸡很漂亮。

卦辞的意思是，贲卦是亨通的，会有小小的利，可以继续前进。

象曰：贲，亨，柔来而文刚，故亨。分刚上而文柔，故小利有攸往。（刚柔交错，）天文也。文明以止，人文也。观乎天文以察时变，观乎人文以化成天下。

"柔来而文刚，故亨"，柔性修饰刚强，阴阳交互，故而亨通。六二爻居于下，修饰九三爻，柔爻辅佐刚爻，故而亨通。刚爻上九爻文饰六五爻，所以阴辅佐阳，大利；刚辅助柔，小利。刚柔掺杂在一起，阴阳相配合。日月星辰刚柔交错是天的文采，也是天道，人道也应如此。在人间有明净的心，止于礼仪，这是人类的文明。明为离卦，止为艮卦。"人文以化成天下"即文化。"文化"是一个过程，是动态的，而"文明"是一个结果，是静态的。观察天文就知道时令的变化、自然的规律；观察人的举止，具有文明举止的人，就去教化天下。现在很多人有知识没文化，即没有礼仪举止、心地不光明、不文明、不按礼仪来做事。我们既要外在漂亮、内在光明，还要用礼仪来教化天下。贲卦主要是讲文化的。

象曰：山下有火，贲。君子以明庶政，无敢折狱。

山下火焰燃烧，象征着文饰，君子效法此，无论大小政务，都按贲卦文饰，但不可用此来断狱。贲卦讲以德治国，用阴柔、文明的方法治理国家。

讲到这里，我们应该已经非常明白"贲"隐含的意义了，其实它就是德，充塞于天地之间，普施万民，惠及万物，无喜无忧，无欲无求，不盈不亏，不止不休。

个人自我修炼的最高境界是如老子所言的"大巧若拙，大智若愚"。这恰恰是贲卦上九爻的深义。

来看贲卦上九爻：

上九，白贲，无咎。

象曰：白贲无咎，上得志也。

上九爻，返璞归真，不装饰。老子讲究三个复归：复归于无极，复归于朴，复归于婴儿。最上者得到了自然之美，即"大巧若拙，大智若愚"。套用一句话，也可以说"大贲若白"。

我们要明白，道德修养并非一朝一夕便可奏效，它是一项需要终身不懈坚持的事业。从这个意义上讲，它有些类似佛家的修持。

小说上经常会有这样的情节：把得道高僧置于情欲交困的场景之中，考验他的定力和道行，很多经历过无数大风大浪的有道之人就是在悬崖边上一念之差，没有勒住欲望之缰，而败坏了一世英名。这是我们应该特别注意并且引以为戒的。

贲卦的启示：艮上离下，山火贲

文化必须符合自然。文饰从下往上地修饰，不是越来越浓重，而是不修饰才是最高的修饰。最重要的是互相修饰，你修饰我，我修饰你，双赢。

反省自己，回归正道

刘义庆著的《世说新语》中记载了这么一个故事，是关于三国吴至西晋时的人周处的。周处是高干子弟，因幼年丧父，无人管束，变得凶狠暴戾、轻狂放荡，久而久之，成为乡里一害，人们见了他，避之唯恐不及。周处开始还傻乎乎的，不知道怎么回事，依然我行我素、为非作歹。

有一天，周处看见一个老者，就上去问他："嗨，老头，你说今年粮食大丰收，老少爷们儿咋还跟死了亲娘老子一样不高兴呢？"老者一看是他，说话就没好气："三个祸害都没有除掉，有什么好高兴的？"周处一听挺感兴趣，又问："哪三害？"老者告诉他是南山猛虎、水中蛟龙，还有一个祸害乡亲的恶人。周处少年气盛，当下自告奋勇，要为乡人除害。他先上山杀虎，又入水斩蛟。蛟比虎难对付，尤其在水中。周处随着它在水中浮沉了三天三夜才把它搞定。等他提着战利品连滚带爬上岸后，才发现举乡同贺，都在庆祝三害一时俱灭。

周处羞愧难当，决心改邪归正，于是跑去找到了当时的大名士陆机、陆云兄弟求教。陆氏兄弟很赞赏周处的做法，并对他进行了勉励。周处果然洗心革面，不但成为年轻人学习的楷模，还做了大官，最后在一次平叛战争中英勇捐躯。

古今中外，像周处那样能够弃恶从善并最终为国家建功立业的不乏其人。我们姑且不去评论人性善还是恶这两种对立观点的短长，但从"恻隐之心，人皆有之"一点来看，就可断定"向善之心，人亦皆有之"。其实，不管外在表现如何，我们每个人的内心都蕴藏着一个巨大的美德宝藏，只不过那些恶人没有遇着合适的机会将其开掘出来罢了。所谓"人人皆可为尧舜"并不是一句毫无根据的诳语，它指的是一种理想状态下可以实现的情形。就像我们今天在食品行业普遍采取的真空包装技术一样，在这种技术问世之前，又有谁能想到食品可以恒温储存那么长时间？可真空包装技术也不是绝对完美的，真空包装食品也有保质期。世上没有真正完美的事物，所以也就有了那么多的遗憾。

世人，尤其那些大彻大悟的智者、圣人，劝告作恶者悔悟的词语很多，譬如"放下屠刀，立地成佛"，譬如"苦海无边，回头是岸"。其实，我们现在学习的《周易》中也有类似的例子，履卦的上九爻即其中之一。

我们先大致了解一下履卦。

> 履虎尾，不咥人，亨。

履卦是小畜卦的反卦，排在小畜卦之后，为六十四卦的第十卦。天泽履，本意指鞋，此指行动、实践、走路。意即在获得小小的成功之后，还要具体地去实践。

卦辞的意思是：踩在老虎的尾巴上，老虎没来咬他，这是亨通的。

履卦总的来说是教我们要依礼而行，而且还要小心地前进，因为履卦前进的路上老虎很多。六爻中有两爻都正好踩在老虎尾巴上，你说危险不危险？所以才要小心为上。

> 象曰：履，柔履刚也。说而应乎乾，是以履虎尾，不咥人，亨。
> 刚中正，履帝位而不疚，光明也。

履卦只有一条阴爻，即六三爻，所以它最重要。它下面有两根阳爻，所以它是柔踩在刚上。在行动的时候遇到了艰险，但是不能被艰险所阻挡而失败，最重要的一个原因是"说"。"说"通"悦"，意思是柔顺、和悦。

因为柔顺，因为和悦，所以顺应了天道。顺应了天道指顺应了上卦（乾卦）。刚健中正的九五爻履帝位而亨通，而且因为光明，所以天道光明带来地道光明和人道光明。

> 象曰：上天下泽，履。君子以辨上下，定民志。

《象传》兼说该卦来历。上天下泽，因伏羲之母在雷泽踩巨人脚印受孕而来。君子按照此卦来辨别上下、安定民心。

再看履卦上九爻的爻辞和《象传》，如下：

> 上九，视履考祥，其旋元吉。
> 象曰：元吉在上，大有庆也。

履卦的上九爻是吉，很难得，比乾卦的"亢龙有悔"要好。为什么呢？因为它走了回头路。往上走行不通，它经过考察和审视后，就折回来了，所以不但"元吉"，还"大有庆"，是真的"立地成佛"了。"视""考"均是考察、审视的意思。"旋"指回旋、回还，此处指返回初九爻。

《周易》与重阳节

农历九月九日，为传统的重阳节，又称"老人节"。因为古老的《周易》认为：一、三、五、七、九，奇数为阳；二、四、六、八，偶数为阴。月与日相连，合于重"阳"之数的有一月一日（正月初一，春节）、三月三日（上巳节，修禊）、五月五日（端午节）、七月七日（七夕，乞巧节）、九月九日（重阳节）。大约自西汉初年起，只有九月初九称重阳或重九，因为《周易》象数学认为"数至九而极"，又因为"九九"与"久久"同音，九在数字中又是最大数，有"长久长寿"的含意。重阳节登高，始于东汉桓景举家登高避灾，与西汉初年的佩茱萸、插菊花、饮菊酒相结合，而成为重阳节的习俗。

履卦上九爻的爻辞和《象传》都很简单，寥寥数字，但却说明了一个人世间至深至大的道理，即走回头路的问题。几乎所有人都知道，回头可能一片花红柳绿、大好风光，但有些人明知道走错道了，还一条道走到黑，原因多多，无可言传。《红楼梦》里有一副对联曾经让笔者感触良多，摘出和朋友们共勉，联曰："身后有余忘缩手，眼前无路想回头。""想回头"是想了，真"回"没回，单说。

当然，这里还要特别指出，"走错道"不单单指做了天理国法所不容的事，严格意义上说，这只占其中的一小部分。只要你做的事对你无利，而回头后又对社会至少无害，都叫"走错道"了。举个例子，你干一个职业干了几十年，庸庸碌碌，年近半百了突然发现自己更适合另一个行当，这也叫"走错道"了，劝你趁早改行。从艺无大小，重在怎样释放出自己最大的能量。我们前面已经重点讲过，《周易》人生六步曲的六步和生理年龄没有太大关系，它只是记录你人生经历特定时段的标尺。如果你十岁入行，那么可能二十岁就到了第五步，然后可能会开始一轮新的循环，再从"潜龙勿用"开始。如果你六十岁才入行，那么即使你处在六十岁这么大年纪，那也是"潜龙勿用"。

最后奉劝朋友们一句，这也是把履卦上九爻作为结尾的意旨所在：反省自己，回归正道。

后记

《周易》的精髓——变

《周易》告诉我们的人生智慧，如果用一个字来表述，那就是"变"。在本书的结尾，我要再特别强调一下这一点。《周易·系辞下》中有一句话："穷则变，变则通，通则久。"就是说，事情到尽头就会发生变化，变化了就能通达，通达了就能长久。这句话非常重要。《周易》六十四卦，三百八十四爻，包罗万象，变化无穷。每一卦、每一爻都不是孤立存在的，彼此都有着千丝万缕的联系，甚至可以相互转化。

《国语·周语》里讲了一个占筮的事例：晋成公是晋文公的庶子，晋国自晋献公骊姬乱晋后，制定了不做君主的晋国公子便不能留居晋国内的法令，"尽逐群公子"，故晋襄公即位后，晋成公便避居到周地。后晋灵公被杀，晋国正卿便从周迎立晋成公回国当国君。此时晋人进行了一次占卜，得到一个乾之否卦。"之"即"变"，即得到乾卦，变位否卦。乾卦的内、外卦都是乾，下面三根阳爻变成阴爻，则成否卦。乾代指君主，坤代指人臣。变卦否的外卦为乾，指示成公可以为君，但否的内卦为坤，说明他的子孙不一定仍是国君，所以说"配而不终"。又因为否卦相对于乾卦变动了下三爻，而晋国的制度说不做君主的公子不能留居国内，只能到晋国以外为臣，所以说"君三出焉"，"必三取君于周"，即必定三次从周迎立君主。晋人认为晋成公是第一个从周迎立回国的，第二个必定是公子周，后来果然如此。

晋成公的孙子晋厉公被杀，晋国人将姬周迎立回国做了君主，这就是晋悼公。"晋孙谈之子周"，"晋孙谈"指晋襄公的孙子姬谈，"周"即姬谈的儿子姬周，又称公子周、公子纠、周子、孙周。

这是一个典型的卦变。《周易》六十四卦之所以被称为一个极其严谨、首尾连贯、环环相扣的体系，是因为它是通过不断的卦变建立起来的。

什么是卦变呢？就是卦与卦之间的联系与变化。乾、坤二卦可以变出十二消息卦，即乾变出姤、遁、否、观、剥、坤六卦，坤变出复、临、泰、大壮、夬、乾六卦。再比如，屯卦倒过来就变成蒙卦，需卦倒过来则变成讼卦，等等。

《周易》卦变的形式，大体可分为三类：第一类是爻变位不变，第二类是位变爻不变，第三类是爻变位亦变。比如，乾卦六根爻纯阳，一爻变阴则为姤卦，二爻变阴则为遁卦，三爻变阴则为否卦，四爻变阴则为观卦，五爻变阴则为剥卦。接着，四爻再变回阳又成晋卦，然后三爻再同时变回去即为大有卦。

乾之策二百一十有六，坤之策一百四十有四，凡三百有六十，当期之日。"期"是一整年的意思，在这里念jī。"策"指策数，九的策数是三十六，六的策数是二十四。一个乾卦是六根阳爻，所有爻的策数加起来不就是二百一十六吗？坤卦是六根阴爻，所有爻的策数加在一起就是一百四十四。这两个数加起来刚好是三百六十，刚好是一年的天数，"当期之日"。我们取一个约数。所以它代表了三才，代表了闰月，代表了四时，代表了一年的天数，还代表了万物之数。我们今天为什么说"万事万物"，不说"千事千物"？就是从这里来的。"二篇之策万有一千五百二十，当万物之数也"，"二篇"指六十四卦的上下二篇，六十四卦的策数加在一起是一万一千五百二十，这就是万物之数。这就是说，六十四卦把天地万物所有的事情全部包括了。所以"八卦而小成，引而伸之，触类而长之，天下之能事毕矣"，所有的事情都给讲全了。

"显道神德行，是故可与酬酢，可与祐神矣"，这就是说，你掌握了六十四卦、象数，神灵就保佑你，因为这就是一个天机。所以"知变化之

后 记

道者，其知神之所为乎"，"变化之道"就是神妙。就是说，宇宙阴阳变化的规律是非常神妙的，是不可测的，"阴阳不测之谓神"。《周易》是以不测为测，它要去预测这个神妙变化的规律，所以说《周易》讲的就是宇宙万事万物变化的大规律，讲我们人怎么去知道这个变化，怎么去顺应这个变化的大法则。

我们今天学习《周易》，就是学习如何掌握这个规律，掌握这个足以让你事业成功、人生幸福的规律。对于这个规律，人们一贯从六十四卦的卦位变化去探求，但是经过数十年的研究，我突然意识到，也许思维定式让我们忽略了一些东西。若从六爻的爻位变化横向着手，会不会有些新的发现呢？没想到，如此一来，一下子豁然开朗，很多困惑多年的问题竟都迎刃而解。

在讲授《周易》管理课程的时候，我常对我的学生说，如果六十四卦顺序是经，那么各卦的六爻爻位变化就是纬，一纵一横将成功之道讲解得淋漓尽致。以乾卦的六爻——潜龙、见龙、惕龙、跃龙、飞龙、亢龙为例，从完善自我到广结人脉，从每日反省到小有所成，从马到成功到戒骄戒躁，分明就是一部步步递进的个人奋斗史！其后卦卦如此，每卦六爻都蕴含着事物萌芽、发生、发展、繁荣、衰落直至消亡这一客观规律。如此一来，我们岂不是找到了最简易、最便捷的使用《周易》的法子？

简单地说，我们的人生就可以分为潜龙、见龙、惕龙、跃龙、飞龙、亢龙这六个阶段。

不管你处在哪个阶段、遇到什么难题，只要去六十四卦相应爻位的那一爻里面去找，就肯定能找到答案，时时、事事抢占先机，进而"运筹帷幄之中，决胜千里之外"。

希望每一个中国人都学会用《周易》的伟大智慧，为自己的人生导航。

张其成
2023 年 4 月